Bernd-Ulrich Hergemöller

WEDER – NOCH

Traktat über die Sinnfrage

mit einem Vorwort von
Heinz Robert Schlette

D1717276

FELIX MEINER VERLAG
HAMBURG

CIP-Kurztitelaufnahme der Deutschen Bibliothek

Hergemöller, Bernd-Ulrich:
Weder — noch : Traktat über d. Sinnfrage /
Bernd-Ulrich Hergemöller. Mit e. Vorw. von
Heinz Robert Schlette. — Hamburg : Meiner,
1985.
  (Paradeigmata ; 6)
  ISBN 3-7873-0637-4
NE: GT

© Felix Meiner Verlag GmbH, Hamburg 1985

INHALT

VORWORT

Seit einigen Jahren — seit wann genau? — beobachtet man, jedenfalls in der wissenschaftlich-technischen Welt des „Westens", ein zunehmendes Interesse an jenem nicht- oder meta-wissenschaftlichen Bereich, den man mit Wörtern wie Mythos, Religion, Mystik, Intuition, innere Erfahrung und ähnlichen kennzeichnen kann, ein Interesse, das nur mit Einschränkungen den großen traditionellen Religionen — wie etwa dem Christentum — zugute kommt, wohl aber eine neue Sensibilität für das Mystische, Mythische oder das „Numinose" zum Ausdruck bringt oder zu bringen scheint. Bisweilen wird versucht, ebendiesen Bereich — ich nenne ihn den änigmatischen — von der Basis neuester wissenschaftlicher Einsichten aus zu rechtfertigen bzw. neu zugänglich zu machen; ich erinnere nur an Raymond Ruyers Werk: „La Gnose de Princeton" (1974), deutsch: „Jenseits der Erkenntnis. Die Gnostiker von Princeton" (Wien/Hamburg 1977) und die bekannten Bücher von Fritjof Capra, „The Tao of Physics" (1975), deutsch: „Das Tao der Physik. Die Konvergenz von westlicher Wissenschaft und östlicher Philosophie" (Bern, München, Wien ^{2}1984), und „The Turning Point" (1982), deutsch: „Wendezeit. Bausteine für ein neues Weltbild" (Bern, München, Wien 1983). Solchen Überlegungen und Intentionen, die ich hier nicht zu bewerten habe, mag innerhalb der tradierten Religionen jene Mentalität korrespondieren, die man generell und generalisierend „fundamentalistisch" nennt und die man nicht nur im Islam und nicht nur in den Vereinigten Staaten antrifft.

Zahlreiche Einzelphänomene, Neugründungen, Bestrebungen der unterschiedlichsten Art, die vorzuführen viel Zeit in Anspruch nähme, bestätigen — im Ganzen genommen — das Andauern des persönlichen Interesses an „meta-wissenschaftlichen" Fragen und das Unbehagen an einer bloß wissenschaftlich-technisch entworfenen Lebensform ebenso wie an der Beliebigkeit, dem Nebeneinander, der Rivalität, ja dem Chaos der divergierendsten Ansprüche, Behauptungen und (Heils-)Angebote innerhalb jenes außerwissenschaftlichen, änigmatischen (nicht selten polemisch als „ideologisch" oder als „irrational" bezeichneten) Bereichs.

In dieser verworrenen Lage setzen, das darf man gewiß vermuten, nicht wenige ihre Hoffnungen auf „die Philosophie". Allein, sie stellt sich dem, der sich mit ihr befaßt, recht bald als ein Sortiment der verschiedensten Lehren und Meinungen dar (sofern sie sich nicht ohnehin darauf beschränkt, ihre Geschichte zu erforschen oder — immerhin — zu rekonstruieren). Auch in ihr stehen Überzeugungen gegen Überzeugungen, Erfahrungen gegen Erfahrungen, wenn das auch nicht immer eingestanden wird, und außerdem Methoden gegen Methoden, Erwartungen gegen Erwartungen, Ansprüche gegen Ansprüche. Dabei soll oder sollte sich alles, gemäß der Etymologie, um die *Sophia* drehen, doch schon die Übersetzung dieses Wortes offenbart die Verlegenheit: Weisheit, Wahrheit, Wissen — was ist gemeint?

Viele sind von der Wißbarkeit, der Beweisbarkeit und der Wahrheit ihrer Philosophie überzeugt. Sie sind Wisser, Gnostiker, wenngleich philosophische. Die Praxis bestätigt aber, daß derartige „gewußte" philosophische Wahrheiten nicht verallgemeinerungsfähig sind und daß es nur zu Streit führt, den anderen, der dieses Wissen nicht teilen kann, für dumm oder gar auf bösartige Weise uneinsichtig zu halten.

Diese Problematik ist nicht neu. Sie ist seit der Antike bekannt, und zwar meist unter dem Namen Skepsis, und obwohl die großen Philosophien der Antike ebendiese Skepsis glaubten überwunden zu haben und vielleicht sogar die Absicht verfolgten, sie zu überwinden, und wegen dieser Absicht geschätzt (und besonders gut überliefert?) wurden, vermochte die Skepsis zu überdauern. Sie stellt sich inzwischen oft als Agnostizismus dar und bestreitet, nach wie vor, die Möglichkeit sicherer Erkenntnis in bezug auf die tradierten metaphysischen Themen, d. h. in bezug auf Metaphysik überhaupt.

Eine derartige *Agnosis*, die also der religiös-mystischen, der fundamentalistischen wie der sich philosophisch gebenden *Gnosis* entgegensteht, hat, wenn ich nicht irre, in unserer westlich-wissenschaftlichen Gesellschaft und auch in der Philosophie heute keinen hohen Kurswert. Immer noch will man w i s s e n , schreckt man vor dem Eingeständnis des Nicht-Wissen-Könnens zurück, denunziert man als Resignation, was keineswegs auf Resignation beruht oder Resignation ist, sondern ein Fazit am Ende aller theoretischen und praktischen Wege sein dürfte. Die vielberedete „Sinnfrage" — das Wort ist bereits (aber bezeichnenderweise) zu einem weltanschaulichen Kürzel geworden — wird heute oftmals in Umlauf gehalten, weil man von ihr positive Wirkungen für Politik, seelische Gesundheit, Religion und Christentum erwartet. Daß aber der Weg des modernen philosophischen Bewußtseins nicht (vereinfacht gesagt) „von der Sinnfrage zur Gottesfrage" verläuft, sondern umgekehrt von der (alten) Gottesfrage (und Metaphysik) zu einer neuen und verschärften Sinnfrage (im Angesicht aller neuzeitlich-modernen Zweifel, Proteste und Negationen), wird noch wenig gesehen und bedacht. Das *Alpha privativum* scheint gegenüber den Wissern und ihren Spielarten von *Gnosis* wenig vertrauenswürdig; das ist sehr seltsam, weil es die Lebenspraxis auf seiner Seite hat, was viele hinter vorgehaltener Hand auch zugeben, aber auch, weil das Mißlingen der diversen, sich gegenseitig zerstörenden theoretischen Ansprüche und die Beliebigkeit auf den religiös-mystischen Erfahrungsspielwiesen im Grunde die *Agnosis* favorisieren.

Zum Philosophieren gehört seit alters nicht nur die Liebe und der Wille zur *Sophia*, sondern auch die Liebe und der Wille zum ξυνόν, zum Gemeinsamen oder zum Allgemeinen. So sagt es jedenfalls das Heraklit-Fragment B 2: „Daher muß man dem Allgemeinen folgen. Aber obwohl der Logos allgemein ist, leben die Menschen, als ob jeder eine Privatvernunft hätte." Was aber zeigt sich uns heute angesichts der Fülle der Lehren und Meinungen über die höchsten oder tiefsten Fragen als das den Menschen als solchen Gemeinsame? Ist es nicht ebenjene *Agnosis*? Führt nicht jede „*Gnosis*" zu Spaltungen, da sie uneinlösbare Ansprüche in die Menschheit hineinbringt? Wenn aber die *Agnosis* das Gemeinsame wäre, wäre sie dann nicht, legitimer und zweckmäßiger als jede *Gnosis*, die einzig vertretbare Basis für einen umfassenden Humanismus und insofern auch – für Frieden?

Dieser hier nur grob skizzierte Problemansatz wird in dem Werk von Bernd-Ulrich Hergemöller ausführlich erörtert. Gerade daß Hergemöller über die Analyse der Sinnfrage und die Bestimmung der *Agnosis* hinaus die sich von hier aus ergebenden Konsequenzen für die Ethik, die politische Philosophie und die Politikwissenschaft, die Sozialphilosophie, die Religionswissenschaft, die Pädagogik aufzeigt, macht den Wert und die Aktualität seines Buches aus. Mit Recht mischt sich Hergemöller von seinem Entwurf einer agnostischen Theorie aus in jüngste philosophische Auseinandersetzungen ein (ich nenne nur die Namen Apel, Habermas, Krings) und bringt er neue, bislang nicht oder zu wenig beachtete Reflexionen ins Spiel. Sein Buch ist zudem reich an geistesgeschichtlichen und kulturellen Seitenblicken, historischen Assoziationen, engagierten Stellungnahmen.

Es könnte freilich sein, daß die sogenannte „Zunft" dem Buch die ihm zustehende Aufmerksamkeit versagt, denn sein Verfasser gehört dieser Zunft nicht an. Er ist ein ausgewiesener Historiker; als solcher hat er sich seit Jahren auch philosophischen Studien gewidmet. Nun, vielleicht habe ich eine falsche Meinung von der eigenen Zunft . . . Im übrigen dürfte es wohl klar sein, daß es gerade in der Philosophie heutzutage, aber vielleicht nicht erst heute, schwer fällt, ein Buch zu finden, dem man auf jeder Seite zustimmen könnte. Da Hergemöllers Werk aus großem persönlichem Interesse geschrieben ist und Fragen aufgreift, von denen heute nicht wenige Menschen umgetrieben werden, kann man nur wünschen, daß das Buch auch außerhalb der philosophischen Fachgrenzen in anderen Disziplinen, insbesondere in den Naturwissenschaften und den Theologien, sowie in der theoretisch interessierten Öffentlichkeit weite Beachtung findet.

Neben vielem anderen haben die Nazis auch das Wort „Weltanschauung" korrumpiert; es lebt natürlich weiter (bekanntlich auch als deutsches Wort in nicht-deutschen Sprachen). In einer Lage wie der skizzierten besteht meiner Ansicht nach das Bedürfnis, in den ungeheuer weiten und chaotisch wirkenden Komplex Weltanschauung eine im Maße des philosophisch Möglichen vertretbare „Ordnung" zu bringen, mit anderen Worten: das Bedürfnis nach einer philosophischen Weltanschauungslehre. Nicht eine abermals neue *Gnosis* ist damit gemeint, wohl jedoch die Ausarbeitung der grundlegenden humanen Gemeinsamkeiten in ihrem Verhältnis zu den – hoffentlich – bleibenden unaufhebbaren Verschiedenheiten. Indem eine solche Weltanschauungslehre auf der Basis der *Agnosis* den erkenntnistheoretischen Status

der nicht-agnostischen Positionen freizulegen vermöchte, könnte sie meines
Erachtens insofern eine philosophische Friedenslehre sein und werden, als
sie dazu beizutragen vermöchte, das Nicht-Verallgemeinerungsfähige als solches zu begreifen und auf seine öffentliche „Durchsetzung" zugunsten des
Verallgemeinerungsfähigen zu verzichten. Das klingt natürlich sehr formal
und benennt zunächst nur eine Perspektive, eine Intention, eine Richtung.
Dennoch wird damit eine für die Zukunft nicht nur theoretisch-philoso-
phisch, sondern auch politisch-praktisch eminent wichtige Problematik
aufgeworfen, zu der meiner Ansicht nach Hergemöllers Studie einen außerordentlich wichtigen Beitrag leistet, über den man nicht mit Schweigen
hinweggehen sollte.

Hergemöllers Grundlegung einer Theorie und Praxis aus der *Agnosis*
heraus, die man auf die Formel bringen kann: „*Agnosis versus Gnosis*",
gehört also in den Bereich all jener Bestrebungen, die Humanismus und
Frieden intendieren, denn sie macht die auf „Entscheidung" beruhenden
Positionen als solche bewußt, erweist dementsprechend zahlreiche Streitur-
sachen und Streitpunkte als obsolet und ruft zu einer konstruktiven Toleranz
um des gemeinsamen L e b e n s willen auf.

Bonn, im Januar 1985   Heinz Robert Schlette

VORBEMERKUNG DES VERFASSERS

Pro captu scriptoris —
habent sua fata libelli:

Die Büchlein — so könnte man das bekannte Zitat des Terentianus Maurus leicht abwandeln — haben nicht nur in der Vorstellungswelt der Leser, sondern auch bezüglich der subjektiven Entwicklung der Verfasser ihr je eigenes Schicksal.

Wenn daher ein Hochschullehrer für Mittelalterliche Geschichte einen dezidiert philosophischen Text publiziert — was er weder in den Augen der *„medieval"* noch in denen der *„philosophic community"* tun dürfte — bedarf dies einer kurzen Vorbemerkung.

Der erste Entwurf zu „Weder — Noch" entstand vor mehr als zehn Jahren gegen Ende meiner Studienzeit. Während eines Aufenthaltes in Bad Rippoldsau/Nordschwarzwald im Jahre 1975 trat der Grundgedanke — die Kombination der Sinnfrage mit dem modernen Agnostizismus — hinzu. Herr Professor Schlette, den ich sowohl aus seinen Büchern als auch persönlich seit meiner Studienzeit kannte, ermunterte mich, den privat konzipierten Text umzugestalten und die reguläre Drucklegung in Angriff zu nehmen. Da ohne dessen kritisches Engagement und ohne dessen wiederholten freundschaftlichen Mahnungen das Werk kaum zum Abschluß gelangt wäre, gilt ihm mein besonderer Dank.

Es dauerte mehrere Jahre, bis ich neben meinen sonstigen Arbeiten das Manuskript in die Form gebracht hatte, in der es nun erscheinen soll. Manche Ergänzungen, Literaturbelege und Überlegungen traten in dieser Zeit hinzu. Für viele wichtige Hinweise und Diskussionen habe ich insbesondere meinem Vetter, Herrn Dipl.-Math. Ludger Bernzen, zu danken.

Vielmals danke ich auch der „Stiftung zur Förderung der Philosophie" (Korschenbroich), die die Drucklegung durch einen namhaften Zuschuß gefördert hat.

Es bleibt abschließend der Wunsch, daß das Büchlein nicht nur von einigen Rezensenten mißmutig mit dem rechten Daumen durch„gearbeitet", sondern auch von dem ein oder anderen Interessierten intensiv gelesen werde.

Münster, im Januar 1985   Bernd-Ulrich Hergemöller

Ein Werk über die Sinnfrage scheint wenig originell. Viele, zu viele Abhandlungen zu diesem Thema erwecken berechtigtes Mißtrauen. Zu oft verbergen
sich hinter anspruchsvollen und umfassenden Titeln vorgefaßte Glaubens-
systeme, zu oft werden Leser von Vorgaben enttäuscht, die die Verfasser
nicht einzulösen gedenken oder vermögen.

Aus Enttäuschungen aber kann das Bedürfnis erwachsen, sich einem
Problem erneut zu stellen, zumal, wenn es noch nicht erschöpft ist. In der
Tat kann die Sinnfrage als eine zentrale Aufgabe gegenwärtigen Denkens
angesehen werden, die eine erneute, vertiefte und systematische Behandlung
verdient.

Die Methode, die hierbei verfolgt werden soll, kann man zunächst die
skeptische nennen: „Die Skepsis", definiert Sextus Empiricus, „ist die
Kunst, auf alle mögliche Weise erscheinende und gedachte Dinge einander
entgegenzusetzen, von der aus sie wegen der Gleichwertigkeit der entgegengesetzten Sachen und Argumente zuerst zur Zurückhaltung, danach zur
Seelenruhe gelangen."[1] So sollen nun auch hier — analog zu den Geboten
des pyrrhonischen Skeptizismus — die verschiedenen traditionellen Sinnentwürfe, die bejahenden und verneinenden, einander gegenübergestellt werden,
mit dem Ziel, darzutun, daß die argumentative Basis, auf der beide beruhen,
von gleicher Art und Weise ist (*isostheneia*), daß daraus zunächst philosophische Urteilsverweigerung (*epoché*), daraus wiederum praktische Konsequenzen (angefangen bei der *ataraxía*) folgen.

Schon durch die Überschrift hebt sich dieser Traktat von der Bejahung
des „Entweder — Oder" als Forderung einer entschlossenen Wahl zugunsten
des einen oder des anderen ab und führt das Problem weiter zum „Weder —
Noch", zur Anerkenntnis der Lehre vom Nicht-Erkennen-Können metaphysischer Grundbehauptungen. Für diese Lehre aber hat sich im Verlauf der
letzten einhundert Jahre der Begriff 'Agnostizismus' eingebürgert. Im Gang
der neuzeitlichen Philosophie fand die antike Skepsis nämlich erneute Würdigung und entscheidende Umwandlung: Ihre problematischen Stellen (wie
die Fragen nach dem eigenen Wahrheitskriterium und -anspruch, nach den
logischen Grundlagen und nach der erkenntnistheoretischen Wertung der
„Phänomene") wurden insbesondere durch Immanuel Kant aufgezeigt und
in seiner transzendentalen Kritik sowohl am „Dogmatism" als auch am
„Scepticism" auf eine neue Ebene gehoben. Indem der Königsberger
Philosoph im „Experiment der reinen Vernunft" die Frage aufwarf, nach
welchen Bedingungen unserer Erkenntnis sich die Gegenstände richten müssen,[2] gelangte er zwar ebensowenig wie der Pyrrhonismus zu einer positiven
Entscheidung der Wahrheitsfrage, bestimmte aber zugleich kritisch gegen-

über dem Dogmatismus die Grenzen und Möglichkeiten der menschlichen Erkenntnisfähigkeit.

Infolge dieser theoretischen Neuformulierung der gnoseologischen Grundproblematik und auch infolge der Tatsache, daß sich die argumentative Zielrichtung von Skepsis, Kritik und Aufklärung primär auf die Theismus-Atheismus-Frage als Hauptproblem der desultorischen Entscheidungsforderung zu konzentrieren begann, wurde offensichtlich das Bedürfnis nach neuen Begriffen geweckt. So vermochte sich seit seiner „Erfindung" in der Londoner *Metaphysical Society* im Jahre 1869 der Terminus 'Agnostizismus' als Umschreibung dieser vernunftbegründeten kritischen Form metaphysischer Urteilsenthaltung und Skepsis mehr und mehr durchzusetzen.[3] Entsprechend diesem philosophiegeschichtlichen Prozeß stellt sich vorliegende Arbeit ausdrücklich in den Zusammenhang des modernen Agnostizismus und versucht eine Position zu bestimmen, die als aporetisch-agnostische umschrieben werden soll.

Die antike Lehre hatte ihre Aussagen mit einem Purgativ verglichen, zu dessen Funktion es gehört, sich nach getaner Arbeit auch selbst abzuführen, — damit hatte sie sich vor der Gefahr des Selbstwiderspruchs und der dogmatischen Erstarrung bewahren wollen.[4] Wittgenstein hat in einem anderen Bild — um die Unsinnigkeit jeder metaphysischen Implikate seines eigenen *tractatus* zu verdeutlichen, — seine dort aufgeführten Sätze einer Leiter gleichgestellt, die der Benutzer nach vollendetem Aufstieg wegwerfen könne.[5]

Beide Bilder, durch die die Vermeidung von logischen Selbstwidersprüchen mit noch größeren erkauft wurde, verdeutlichen skeptisch-agnostische Grundhaltungen, von denen sich vorliegende Arbeit abzusetzen bemüht ist: Es wird sowohl für unbefriedigend gehalten, die Vernunft gleichsam frei-schwebend und spielerisch mit *techné* und *dýnamis* letztlich endlos und zirkulär zu beanspruchen (antike Skepsis), als auch von vornherein den größten Teil ihrer Selbstäußerungen als sprachlich-philosophisch sinnlos zu bezeichnen („positivistischer" Agnostizismus). Demgegenüber soll die *Vernunft* als Basis zur Prüfung und Analyse der verschiedenen Entwürfe akzeptiert werden. Aufgezeigt werden soll der Prozeß (in der doppeldeutigen bildlichen Bedeutung des Wortes) der Vernunft, in welchem sie ihre Erkenntnis- und Aussagemöglichkeiten bestimmt, — mit dem leitenden, ebenfalls kantianischen, Primat, zu Aussagen über Handeln und Praxis überzugehen.

So werden sich zwar im folgenden materiell keine neuen Erkenntnisse ergeben (— bis auf jene, die in der Anlage einer neuen Systematik verborgen sind —), aber Ansätze und Vorschläge dazu, die bis zur Unübersichtlichkeit zerfaserten Antwortmöglichkeiten und Sinnentwürfe jedweder Provenienz systematisch zusammenzufassen und einander gegenüberzustellen, um auf diese Weise die Notwendigkeit philosophischer *Epoché* und darauf gegründeter Praxis zu demonstrieren.

Da sich dieser Traktat weniger dem antiken Skeptizismus als dem neuzeitlichen Agnostizismus verpflichtet wissen möchte, braucht er sich dem typisch skeptischen Problem der Erkenntnis von Wahrheit und Wirklichkeit nur im Vorfeld zu stellen. Wie Realität ausgesagt und ob bzw. wie sie erkannt werden kann, soll nicht Hauptgegenstand der Untersuchung sein. Dennoch kann hier vorweg auf die Möglichkeit verwiesen werden, ebenfalls die skeptisch-agnostische Methode zur Anwendung gelangen zu lassen: So wird im folgenden nicht von einem grundsätzlichen Zweifel an der Existenz der Erscheinungen ausgegangen (der Phänomene) — dies wäre die Richtung eines radikalen, „nihilistischen" Skeptizismus (Gorgias) — aber von dem Zweifel, daß es möglich sei, aus dem uns sinnlich Gegebenen auf die wahre Realität, das *An Sich* des erscheinenden Gegenstandes oder Sachverhaltes, zu schließen. Entgegen dem „naiven Realismus"[6] wird angenommen, daß eine grundsätzliche erkenntnistheoretische Differenz zwischen dem Erscheinenden und der Wirklichkeit an sich besteht. Mit Kant (und Schopenhauer) kann man zwar versuchen, den Erkenntnisvorgang näher zu analysieren — namentlich durch die Annahme von Raum und Zeit (und Kausalität) als „reinen Formen der Anschauung" — muß sich aber gerade dann mit der Feststellung begnügen, daß e i n e Hälfte der Wirklichkeit dunkel und unerreichbar bleibt. Es wird an der Leistungskraft des Intellekts festgehalten, zugleich aber betont, daß dieser in enge Grenzen verwiesen ist, aus denen er sich nur unvollkommen zu befreien vermag.

Des weiteren gestatten die Grenzen dieser Abhandlung nicht, ausführlich über das zugrundegelegte Menschenbild Aufschluß zu erteilen. Vorausgesetzt wird ein trichotomisches Modell, das den Menschen als Einheit von Körper (*sóma*), Seele (*psyché*) und Geist (*nous, intellectus, ratio*) ansieht. Unter 'Körper' wird der Träger dieser drei Konstituenten verstanden, der jeweils von eigenen Neigungen und Bedürfnissen („Trieben") geleitet wird; unter *Psyché* die Gesamtheit der gefühlsmäßigen und erlebnishaften Zustände und Bedingungen (Zuneigung, Abneigung, Liebe, Angst, Freude etc.); unter *Ratio* das Ensemble der intellektuellen Fähigkeiten. Dieses alte trichotomische Modell, das in verschiedener Form das bis heute führende geblieben sein dürfte, erleichtert nicht nur das Verständnis des Menschen als solchen, sondern auch die Beurteilung der einzelnen philosophischen Ansätze, indem es die heterogenen philosophischen Argumente auch auf die Differenz im vorausgesetzten anthropologischen Bild zurückführen kann.

Diese Arbeit bleibt im Rahmen der abendländischen Rationalität, d. h. sie bemüht sich, die historisch vorgegebenen Argumentations- und Kommunikationszusammenhänge, in denen das hier praktizierte Denken immer schon steht, zu berücksichtigen. Ohne das Bild eines ewig gleichen transzendentalen Selbstbewußtseins anachronistisch wiederzubeschwören, postuliert sie zumindest in d e r Form eine gesamt-menschheitliche Einheit der Vernunft, daß sie einige wenige Grundfragen, wie die nach dem eigenen Leben, dem eigenen Tod, dem Ziel und dem Zweck — kurz nach dem 'Sinn' (in der

unten zu entfaltenden Dreidimensionalität des Wortes) — für prinzipiell
gleich und „ewig" hält, d. h. sie als Leitfragen hinter allen philosophischen,
theologischen und weltanschaulichen Äußerungen zu entdecken sucht.

Dieser rationale Ansatz (den wir — gerade angesichts der heutigen vielfältigen Verwendung des Wortes — n i c h t 'transzendental' o. ä. nennen
wollen) schließt u. U. gleiche Berechtigung der psychischen Ebene nicht
aus. Es wird somit zwar behauptet, daß eine K l ä r u n g der menschlichen
Grundfragen nur im Bereich der *Ratio* möglich sei, aber auch, daß ein
Mensch trotz eines Maximums an rationalen Gründen dem gefühls- und erlebnishaften Moment den Vorzug geben kann.

Dies ist der inhaltliche, methodische, erkenntnistheoretische und anthropologische Rahmen, in dem die Sinnfrage, die trotz allem als die wichtigste des Menschen angesehen wird, neu untersucht werden soll. Die folgenden kurzen Ausführungen zur Philosophiegeschichte und die daraus
herbeigezogenen Beispiele erheben nicht den Anspruch auf Vollständigkeit,
sondern nur auf kurze und exemplarische Illustration der jeweils angesprochenen Argumentationsfigur. Es wird nicht der Versuch unternommen,
eine möglichst materialreiche Arbeit zusammenzutragen, sondern, einen
handlichen Traktat zu erstellen, der den Überblick erleichtern und Orien-
tierungshilfe sein kann in der Sache, die alle angeht.

1. ZUR DEFINITION DER SINNFRAGE

1.1. DIE BEDEUTUNG DES WORTES 'SINN'

Was bedeutet das Wort 'Sinn'? Die begriffsgeschichtliche Fragestellung erfordert einen Blick in das Grimmsche Wörterbuch der Deutschen Sprache. Dort werden im 10. Band von 1905 nicht weniger als 24 Varianten aufgeführt, die wie folgt systematisiert werden sollen:[7]
— Zunächst bezeichnet 'Sinn' den weiten Bereich dessen, „worauf Wahrnehmung beruht und was sie erreicht"[8]. Hierbei kann man zwischen den ä u ß e r e n und den i n n e r e n Sinnen unterscheiden. Die äußeren meinen „die Fähigkeit des Organismus, bestimmte Reize der Außenwelt (exogene Reize) oder des Körperinneren (endogene Reize) durch besondere Reizempfänger (Rezeptoren) aufzunehmen, in Erregungen zu verwandeln sowie . . . diese über bestimmte Nervenbahnen (Sinnesnerven) den zugehörigen Zentren des Gehirns (Sinneszentren) zuzuleiten . . ."[9] Vereinfacht werden auch die körperlichen Organe der Wahrnehmung selbst als 'Sinne' bezeichnet („die fünf Sinne").
Der Bereich der inneren Sinne umfaßt ein weites Feld verschiedener Inhalte, die sich aber in allen Nuancierungen bereits in der Literatur um 1800 nachweisen lassen: Bewußtsein; Vorstellung / Gedächtnis; Verstand / Intellekt; inneres Wesen / individuelle Veranlagung / Gesinnung; Gefühl / Gemüt sowie Wille / Absicht / Intention. 'Sinn' bezieht sich somit sowohl auf die intellektuelle Seite des Menschen — insbesondere auf den inneren Reflexions- und Urteilsprozeß („ratender Sinn") — als auch auf die psychisch-emotionale Seite, indem er „die einem jeden eigenthümliche geistigseelische veranlagung, die seine sonderart ausmacht"[10] umschreibt.
— Im Zusammenhang hiermit hat die Bedeutungsvariante 'Auffassungsgabe' eine gewisse Eigenständigkeit erlangt. 'Sinn' benennt demnach „das geistesleben nach seiner receptiven seite, die empfänglichkeit für eindrücke, das auffassungsvermögen"[11] (Sinn für Musik, Kunst, Technik, Geschichte etc.). Diese Bedeutung, die noch im Grimmschen Wörterbuch als ungewöhnlich empfunden wird, ist jedoch in Ansätzen bereits im gesamten 19. Jahrhundert gang und gäbe (früher Marx!) und hat sich seitdem als eine der führenden durchgesetzt.
— Die Verwendungsmöglichkeit von 'Sinn' im weiten Sinne von 'Bedeutung' wird von demselben Lexikon als „in neuerer Zeit nur noch üblich und sehr gewöhnlich" bezeichnet.[12] 'Sinn' meint demzufolge „bedeutung, meinung, geistiger gehalt, tendenz einer äusserung, eines werkes oder (seltner) einer abhandlung im gegensatz zu ihrem wortlaut bzw. ihrer äusseren erscheinung".[13] Man hat diese Form — die für die Sinnfrage des 20. Jahrhunderts

mitentscheidend wurde — kurz die „hermeneutische Bedeutung" des Sinn-
begriffes genannt.[14]

Die dezidiert philosophische Sinnfrage ist damit von den Brüdern
Grimm bzw. deren Nachfolgern noch nicht konkretisiert worden, — vor
allem, weil sie in diesen Jahren noch in der Entfaltung begriffen und trotz
mancher Ansätze im 19. Jahrhundert unter dieser Bezeichnung noch nicht
allgemein verbreitet und akzeptiert war.

Man kann vom heutigen Standpunkt aus in philosophischer Hinsicht
ebenfalls drei größere Bereiche namhaft machen:
— 'Sinn' meint zum ersten den Zusammenhang der Zweck-Mittel-Relation,
Zweckdienlichkeit im weiteren Sinne, oder „konstitutive Beziehung einer
Handlung oder Aussage zu dem, was sie intendiert".[15]
— Zum zweiten spielt die Variante 'Bedeutung' eine wichtige Rolle, die
aber nicht nur allgemein den Gehalt von etwas Unbekanntem bzw. Rätsel-
haftem meint, sondern generell das „Eigentliche", „Wesenhafte", den
„umfassenden Zusammenhang", das „tragende Ganze"[16] des Menschen
und der Welt umgreift.
— Schließlich benennt 'Sinn' in der derzeit häufigsten und allgemein
üblichen Form den höchsten Wert, die absolute „Wünschbarkeit" (Nietzsche), das letzte Ziel, das end-gültige Woraufhin und Worumwillen von
Mensch und Menschheit.

Wir wollen diese spezifisch philosophische Sinnfrage im folgenden kurz
analysieren:[17]

1.1.1. Sinn als Zweckdienlichkeit

Eine Handlung wird als 'sinnvoll' bezeichnet, wenn sie zur Erreichung eines
Zweckes (Zieles bzw. Teilzieles) etwas Nötiges beiträgt. 'Sinnwidrig' ist sie,
wenn sie der Erreichung dieses Zieles zuwiderläuft; 'sinnlos', wenn sie zur
Erlangung des angestrebten Zweckes nichts beiträgt.[18]

Die empirische Naturbeobachtung hat vielfach zur staunenden Feststellung einer Kette endloser Zweckdienlichkeiten im mineralogischen, pflanz-
lichen und tierischen Bereich geführt: So bewirkt die Sonne die Photosyn-
these der Pflanzen, diese wiederum produzieren Sauerstoff, welcher den
Säugetieren lebensnotwendig ist.

So dient der Mund zum Kauen, das Auge zum Sehen, das Herz zur
Blutzirkulation, und alle Organe zusammen zur Erhaltung des menschlichen
Körpers.

Schopenhauer hat diese Zweckmäßigkeit eine doppelte genannt: „theils
eine i n n e r e , d. h. eine so geordnete Uebereinstimmung aller Theile eines
einzelnen Organismus, daß die Erhaltung desselben und seiner Gattung
daraus hervorgeht, und daher als Zweck jener Anordnung sich darstellt.
Theils aber ist die Zweckmäßigkeit eine ä u ß e r e , nämlich ein Verhältniß
der unorganischen Natur zu der organischen überhaupt, oder auch einzelner

Theile der organischen Natur zu einander, welches die Erhaltung der gesammten organischen Natur, oder auch einzelner Thiergattungen möglich macht und daher als Mittel zu diesem Zweck unserer Beurtheilung entgegentritt."[19]

In analoger Weise wurde — vielfach auch in popularisierenden Texten — vom zweckrationalen Handeln einzelner Menschen auf die Zweckhaftigkeit des gesamtgeschichtlichen Prozesses geschlossen, wobei die einzelnen — auch negativen — Ereignisse des historischen Ablaufs als sinnvoll, kausal erklärbar und notwendig angesehen werden konnten. So entstanden die Begriffe 'Sinn der Natur' und 'Sinn der Geschichte' dadurch, daß die Menschen die engen Grenzen ihrer Erkenntnismöglichkeit überschritten und sich auf die fiktive Warte eines ihnen unmöglichen Erkenntnisstandpunktes begeben haben. Keineswegs sind wir jedoch berechtigt, wie Schopenhauer sagt, unsere menschlichen Vorstellungen von Zweckmäßigkeit auf die Natur zu übertragen,[20] und keinesfalls dürfen wir, wie Marx formuliert, die 'Geschichte' als separates Wesen ansehen, das ungeheuren Reichtum besitze oder die Kämpfe kämpfe.[21] Somit können beide Begriffe nur noch entweder in bewußt analoger Ausdrucksweise oder gezielt metaphysischer Absicht verwandt werden.

1.1.2. Sinn als Bedeutung
1.1.2.1. Bedeutung von Handlungen

Eine zweckdienliche Handlung, Geste, Mimik, wird als 'sinnvoll' bezeichnet, wenn deren äußere Form das Gemeinte adäquat vermitteln kann. So ist es 'sinnvoll', wenn ein Autofahrer einem anderen gegenüber mit dem Zeigefinger an die Stirn tippt oder ihm mit der geballten Faust droht. Identität von Sinn als Zweckdienlichkeit und Bedeutung liegt vor, wenn die Entschlüsselung einer Handlungsweise ohne weiteres gelingt.

Etwas anders verhält es sich, wenn diese Vermittlung mißlingt: dann liegt nur eine sinnvoll gemeinte, aber real-funktional sinnlose Handlung vor: Wenn z. B. ein französischer Autofahrer einem Deutschen Zeige- und Ringfinger entgegenstreckt — das Zeichen für den gehörnten Ehemann, das in Frankreich als üble Beleidigung gilt — dieser aber die böse Absicht nicht versteht, ist der Sinn der Handlung nur intendiert, aber nicht erfüllt, weil deren Bedeutung unklar geblieben ist.

Daneben gibt es zahlreiche Handlungen, die weder einen Sinn als Zweckdienlichkeit noch als Bedeutung haben. Solche reflexen, nervösen oder unwillkürlichen körperlichen Aktionen gewinnen lediglich für den Fachspezialisten der Psychoanalyse eine gewisse Bedeutung. Ausgeprägtere Formen dieses Verhaltens liegen vor, wenn der Mensch nicht zweckrational geplante ('sinnlose') Handlungen vornimmt, die dennoch recht auffällig sind und in ihrer Bedeutung leichter erschlossen werden können: Versprechen, Verlegen, Vergessen u. a. „Freudsche Fehlleistungen" sind hier zu nennen.[22]

1.1.2.2. Bedeutung von Wort und Schrift

Die angedeuteten psychischen Probleme weisen schon in den Bereich von Sprache und Wort (Psycheme, Grapheme, Phoneme), auf den sich ein nicht geringer Teil der Sinndeutung erstreckt. Namhafte Spezialbereiche verschiedener Wissenschaften und Disziplinen, die philosophische Hermeneutik, die Geschichtswissenschaft, die biblische Exegese oder die klassische und moderne Philologie, leben von der Deutung von Wort und Schrift, also von der Entdeckung nicht offenkundigen Sinnes.

Auch hier können vier Bereiche unterschieden werden: So gibt es zunächst sinnvoll gemeinte und sinnvoll gedeutete Sprache — man denke an die Übersetzung einer Fremdsprache, an die Entzifferung eines bislang unbekannten Zeichensystems — die jeweils ohne größere Brüche und Verständnisschwierigkeiten vor sich gehen.

Zweitens erweist sich ein Zeichen- oder Lautsystem als mehrdeutig: Hier eröffnet sich der weite Bereich der Hermeneutik und Interpretation, der gerade von der (z. T. zeitgebundenen) Polyvalenz des Vorgegebenen lebt. Alte Hieroglyphen, schlecht entzifferbare Codes, religiöse und weltanschauliche Texte, Gedichte und Romane, fallen unter diese Kategorie.

Natürlich gibt es auch drittens eine Menge sinnloser, nichts Tiefsinniges bedeutender Worte und Schriftzeichen. Das Gelalle eines Kindes, das Gegröhle eines Volltrunkenen, das Gekritzel auf einem Schmierzettel, all' dies ist im alltäglichen Leben ohne besonderen Sinn, wenngleich es unter besonderen (psychoanalytischen) Aspekten auf seine Bedeutung hin untersucht werden kann.

Als letzten Punkt kann man die sinnlos gemeinten, aber sinnvoll gedeuteten Worte namhaft machen, die von Freud zum ersten Mal systematisch untersucht worden sind: Der Satz „Hier ist allerlei zum Vorschwein gekommen" ist zwar sinnlos, weil er mit einem Prädikatsnomen operiert, das es nicht gibt, aber dennoch sinnvoll zu interpretieren, weil er als Kombination zweier Wörter gedeutet werden und somit Auskunft über die innere Aussage-Intention des Betreffenden erteilen kann.

1.1.2.3. Bedeutung von Natur und Geschichte

Die obige Feststellung, daß nicht selten auch der Natur ein Sinn als Zweckmäßigkeit zugeschrieben wird, gilt in analoger Weise auch hier. In diesem Fall wird der Interpretationsprozeß, der bei menschlichem Handeln und Produkten menschlicher Denkleistung eine Berechtigung hat, auf die Erscheinungen der Natur übertragen. So versuchten die römischen Priester durch die Beobachtung der Natur zu Aussagen über den Willen der Götter zu gelangen: Sowohl den unwillkürlichen Oblativauspicien (Blitzschlag, Epilepsie etc.) als auch den terminlich gebundenen Impetrativauspicien (Eingeweideschau, Hühnerfraß) wurde eine hohe Bedeutung abgerungen. Vergleichbare Denkmodelle finden sich zu allen Zeiten — in der mittelalterlichen Mikro-Makro-Kosmos-Spekulation oder in heutigen Grenzbereichen der anerkannten Wissenschaften, etwa in der Astrologie.

In gleicher Form kann die Frage nach der Bedeutung von Geschichte und bestimmten geschichtlichen Ereignissen gestellt werden. Derartige Auslegungsversuche finden sich in denjenigen Entwürfen, die auch eine Theorie der Geschichte als ganzer konzipieren, und sie sind nur dann möglich, wenn die Geschichte auch im ersten Sinn als Zweckdienlichkeit aufgefaßt wird. Im Bereich des Volksaberglaubens und der landläufigen Redensarten finden sich zahlreiche Relikte der gleichen Denkstrukturen: Spinne am Morgen, bringt Kummer und Sorgen; Schäfchen zur Linken, tut Freude dir winken.

1.1.3. Sinn als Ziel

Wenn wir Sinn als 'Zweckdienlichkeit' und als 'Bedeutung' fassen, ist die dritte Verwendungsmöglichkeit schon indirekt involviert: Die Zweckdienlichkeit umschreibt das Verhältnis einer Leistung zu einem vorgegebenen Ziel, ohne daß eine genaue Bestimmung und Begründung dieser teleologischen Vorgabe erfolgen muß. Sinn als Bedeutung ist insofern angesprochen, als gewisse Antwort- und Argumentationsfiguren aus dem Bereich der Deutung mit denen aus dem Bereich der Zielvorstellungen identisch sind.

Gegenüber diesen beiden genannten Bedeutungen von 'Sinn', die zunächst dem rein funktional-empirischen Bereich entnommen sind, reicht die Bedeutung 'Ziel' (télos) in den Kernbereich der klassischen Metaphysik hinein und wird daher im Rahmen eines durch den neuzeitlich-empirischen Wissenschaftsbegriff geprägten Denkens am ehesten auf Kritik stoßen. In diesem Bezugszusammenhang ist es logisch verboten, die Sinnfrage in die Form zu kleiden: " W e l c h e n   Sinn hat Leben?", sondern es muß die Form gewählt werden: " H a t   Leben Sinn?" Man darf nicht die Existenz von 'Sinn an sich' voraussetzen, sondern muß die petitio principii durch eine offene Frage von vornherein zu vermeiden suchen.

So sehr der Mensch dazu neigt, dem eigenen Leben einen Sinn zuzuschreiben, wird er auch dazu verleitet, der Natur als ganzer ein Telos zu unterstellen. Die Beobachtung der Kausalität innerhalb der natürlichen Vorgänge läßt den Menschen allzu leicht vom eigenen bewußten Denken auf die Natur schließen, der man entweder eine immanente Teleologie unterstellt oder sie unter den Willen eines Höheren Wesens ordnet: Theismus und Pantheismus treffen sich an diesem Punkt.

Offensichtlich ist es für den Menschen noch suggestiver und faszinierender, der gesamten geschichtlichen Entwicklung seiner Gattung, die er doch immer als Summe der einzelnen menschlichen Handlungen und Lebensläufe interpretieren kann, einen Gesamtsinn und einen Endzweck zu unterstellen. Klassische Beispiele in der deutschen philosophischen Tradition sind Hegel und Marx:

Hegel deutet die Geschichte als Entwicklungsgeschichte des Geistes, das Wesen des Geistes aber als Freiheit. Geschichte ist nach ihm „Fortschritt im Bewußtsein und der aus diesem Bewußtsein resultierenden Verwirklichungen der Freiheit". Somit kann er mit einem berühmten Wort aus den „Vorlesungen über die Philosophie der Geschichte" von einem „Trieb der Perfektibilität" sprechen, von einem Prinzip, das die Veränderung selbst zu einem Gesetzlichen mache, und das der göttlichen Vernunft, die auf einen geschichtlichen Endzweck zulaufe, entspreche.[23]

Der Marxismus hat wichtige dieser Grundanschauungen übernommen, allerdings den Grund für den Trieb der Perfektibilität und die Art und Weise des geschichtlich-dialektischen Ablaufs grundsätzlich in den gesellschaftlichen und ökonomischen Voraussetzungen verankern wollen. Er deduziert die These von geschichtlichen Gesetzmäßigkeiten nicht aus einer Analyse des Bewußtseins der Freiheit, sondern aus dem konkreten Prozeß der materiellen Entwicklung. So werden aus der Beobachtung vor allem des Verhältnisses zwischen materiellen Produktivkräften und objektiven Produktionsverhältnissen Abstraktionen und Gesetzmäßigkeiten entwickelt, nach denen sich die Menschheitsgeschichte dem Endziel einer klassenlosen Gesellschaft zubewege. Hegels „Wirklichkeit der sittlichen Idee", der bürgerliche Staat, fällt bei Marx unter die „Vorgeschichte der Menschheit";[24] das Reich der Freiheit beginnt erst nach der sozialistischen Revolution.

Teleologische Momente aber finden sich nicht nur in den philosophischen Klassikern des 19. Jahrhunderts, sondern auch in vielen Theorieansätzen der Gegenwart: Im Neo-Evolutionismus und in der Systemtheorie; in der „älteren" (Lorenz, Eibl-Eibesfeldt) und der „neueren" (Wickler, Seibt) Human-Ethologie, in der Evolutionstheorie der Kultur (Dawkins) oder in der „Drei-Stadien-Theorie" der moralischen Entwicklung (Piaget, Kohlberg, Habermas, Apel). Ein nicht geringer Teil der z. T. heftig geführten Kontroversen läßt sich auf den Versuch reduzieren, gerade jene teleologischen und quasi-metaphysischen Momente aufzuspüren und auszumerzen, gegen die alle Vertreter dieser neueren Disziplinen ursprünglich ins Feld gezogen waren.[25]

Eine skeptisch-agnostische Behandlung der Sinnfrage wird nicht das Ziel haben, althergebrachte teleologische Konnotationen zu repristinieren, sondern kritisch gerade vor jenen Gedankengebäuden zu warnen, die — mitunter wieder im Gewande weltwissender Vernunft — Zusammenhänge und Gesamttheorien entwerfen, die die Grenzen des Wißbaren längst hinter sich gelassen haben.

1.2. DIE FRAGE ALS SOLCHE

Geht man davon aus, daß der Mensch das einzige mit Vernunft begabte Wesen ist, das man empirisch nachweisen kann, so schließt diese banale Feststellung die Tatsache ein, daß er das einzige Wesen ist, das f r a g e n kann, — auch wenn dies nicht zugleich meint, daß er auf alle Fragen auch eine Antwort zu finden imstande ist. Erzählungen über andere fragende Wesen, etwa über einen Gott, der den Menschen fragt, wo sein Bruder Abel sei, oder über einen Engel, der zornig-rhetorisch fragt: „Wer ist wie Gott?" (*mi-cha-el*) muten legendär und exegesebedürftig an.

Schon das Bewußtsein dieser einzigartigen Fähigkeit spornt an, die Fragestellung sowohl im wissenschaftlich-szientistischen Bereich auszuschöpfen und voranzutreiben als auch im denkerisch-philosophischen Bereich das stete Fragen und Infragestellen zu unternehmen. Diejenige Disziplin aber, die sich im äußersten und abstraktesten Sinne als Fraglichmachen und Infragestellen dessen vollzieht, was sich als fraglose und selbstverständliche Wahrheit ausgibt, wird herkömmlicherweise 'Philosophie' genannt.[26] So ist der Grundsatz, daß es nichts geben darf, das nicht befragt würde, wie Jaspers formuliert, das „Grundelement des Philosophierens."[27] Somit kann Philosophie „radikal"[28] als „nie beruhigtes Fragen"[29] verstanden werden.

Fragen wir demnach nach dem Wesen und der Bedeutung der Frage, so werden wir zugleich berücksichtigen müssen, daß sie Wesenselement und Konstituens jeden abstrakten, offenen Denkvollzuges ist, jener geistigen Bemühung, die man seit den Tagen der Griechen „Liebe zur Weisheit" nennt. Wenn Fragen als solches aber in enge Nähe zur Weisheit rückt, gilt es auch das schwere Wort Heideggers verständlicher zu machen, daß Fragen die Frömmigkeit des Denkens sei.[30] Ebenso wie man die vertrauensvolle Haltung eines gläubigen Menschen als 'Frömmigkeit' bezeichnen kann, der sich einer bestimmten Sphäre und Haltung ergibt, auf ihr basiert und sich stets auf sie bezieht, sie als Wirklichkeit akzeptiert, obgleich sie sich nicht in gleichem Maße kognitiv darstellt wie die ihm erscheinenden Gegenstände und Sachverhalte; ebenso kann man jene Grundhaltung, Grundentscheidung des fragenden Menschen analog als 'Frömmigkeit' bezeichnen, die ihm seinen Halt und seine Existenzweise, seine Sicherheit trotz aller Unsicherheit, seine Rückbindung trotz aller Ungebundenheit, vermittelt. Während allerdings die „Frömmigkeit des Herzens" die Dialektik der Unsicherheit mithineingenommen hat in eine grundsätzliche Entscheidung für das Transzendente, bleibt die „Frömmigkeit des Denkens" im Bereich der Frage stehen, die keinen Halt hat außer dem ihrer eigenen Kraft und Dynamik. Wenn somit die Philosophie der eigentliche Ort systematischen Fragens ist und wenn die Sinnfrage die wichtigste philosophische Frage überhaupt ist — wie unten noch darzutun sein wird — so ist die Sinnfrage folglich diejenige Frage, auf die es zuerst und zumeist ankommt, d. h. auf welcher alle anderen Fragen basieren, die den Menschen als Ganzen berühren.

Merkwürdig genug ist und bleibt die Fähigkeit, Fragen zu stellen, unbeschadet dessen, daß sie auch beantwortet werden können. Es handelt sich dabei um eine Fähigkeit von solcher Bedeutung und Invarianz, daß man sie zu den Grundeigenschaften des Menschen rechnen muß.

Demgegenüber wirken Versuche, sie auf metaphysische, entwicklungsgeschichtliche oder andere Art und Weise zu erklären, ein wenig hilflos an. In neuerer Zeit hat sich Jacques Monod für den Gedanken engagiert, daß es einen evolutionären Grund gebe, der uns zur radikalen Frage nötige: Er hat im Zusammenhang mit seiner Theorie über die Genese von Mythen und Metaphysik die Ansicht vertreten, daß das Bedürfnis nach Erklärung und Sinn angeboren sei. In der Urgesellschaft habe nämlich das Stammesgesetz eine ungewöhnlich starke und verbindliche Kraft besessen, das man zur weiteren Absicherung bald mythisch und metaphysisch überhöht habe. In diesen urgesellschaftlichen metaphysischen Überhöhungszwängen und Gesetzesformen aber sieht er den biologisch-genetischen Grund, der noch uns Heutige zwinge, dem von ihm als 'Angst' charakterisierten Bedürfnis nach Erklärung, nach Erforschung der Frage nach dem Sinn des Daseins, stattzugeben.[31] Einen größeren Reiz als den einer spekulativen Theorie kann man diesen Gedanken wohl schwerlich abgewinnen.

Weniger materialistisch, stärker metaphysisch hat Schopenhauer die Fragefähigkeit des Menschen und den Widerspruch zu den ihm zu Gebote stehenden Antworten zu erklären gesucht: Die Fragefähigkeit gehört nach ihm dem Intellekt zu. Dieser wird von ihm als Diener, *mechané*, Exekutivorgan des Willens (zum Leben) verstanden; der Intellekt erhellt durch seine Fähigkeit zur Erkenntnis und Kausalerklärung die dem Willen dunkle Welt, ohne sich aber (außer in der Kunst und Philosophie) von dessen Einflüssen und Banden losreißen zu können.[32] Die eigentliche Aufgabe des Intellektes ist es demnach nur, im Dienste des Willens für die Bewältigung des Lebens und die Erhaltung des Menschen Sorge zu tragen; zu diesem Behufe ist ihm die Fähigkeit zu rationalen Schlüssen und Deduktionen gegeben. Diese formale Fähigkeit aber gibt ihm auch die Möglichkeit, mit seinen Fragen und Schlüssen in jene Gebiete vorzudringen, die er kraft Amtes gar nicht erschließen kann. So kann sich der Intellekt auch dem Willen fragend nähern und zu ergründen suchen, was jener Wille, der sich in der Welt und als die Welt darstellt, zuletzt schlecht hin an sich selbst sei?[33] „Diese Frage aber ist nie zu beantworten, weil, wie gesagt, das Erkanntwerden selbst schon dem Ansichseyn widerspricht und jedes Erkanntes schon als solches nur Erscheinung ist.“[34] Versucht der Intellekt sich hinter die Phänomene („Vorstellung“) zu begeben, das *An-Sich* zu ergründen, wird es ihm nie gelingen. Schopenhauer hat somit einen in sich konzisen Gedankengang entwickelt: Der Intellekt dient dem Willen und hat zu diesem Zweck formale Fähigkeiten erhalten. Diese setzten ihn in die Lage, nach Dingen und Sachverhalten zu fragen (etwa nach dem *An-sich* der Phänomene), die er aufgrund seiner begrenzten Funktion nicht erhellen kann. Es gehört zur Qual und zum Leiden des menschlichen Lebens, diesen Widerspruch auszutragen.

Sieht man vom metaphysischen Gesamtzusammenhang des Schopenhauerschen Systems ab, wird man nicht umhin können, diesem Erklärungsversuch des aufgezeigten Problems ein hohes Maß an Plausibilität zuzusprechen: Die formalen und technischen Fähigkeiten des Intellekts, die dieser benötigt, um das eigene Leben zu sichern und zu erhalten, sind von solcher Struktur, daß sie in einem unendlichen Regreß Frage an Frage heften, bis sie notwendig recht bald in Bereiche kommen, in denen es keine gesicherten Antworten mehr gibt.

Dies angenommen, muß auch die früheste Vertretung der Gattung *homo sapiens* — des vernunftbegabten Sinnenwesens — die Möglichkeit zur Sinnfrage gehabt haben: „Zwischen den Höhlen von Les Eyzies und Lascaux", schreibt André Malraux, „wo die Résistants im Winter 1943 Waffen versteckt hielten, da habe ich mich gefragt, indem ich mir ferne Rentierherden im prähistorischen Schnee ausmalte, ob nicht der Mensch geboren worden ist, als er zum ersten Mal beim Anblick eines Leichnams geflüstert hat: 'Warum?'"[35] Dies macht deutlich, daß die Sinnfrage zum Menschen als solchem gehört und daß sie in der „*condition humaine*" als solcher wurzelt. Es hat wenig Sinn, sie evolutionistisch oder urgeschichtlich herleiten und deuten zu wollen, sondern es muß gesehen werden, daß sie dem Menschen eignet, weil dieser als einziges aller bekannten Lebewesen fähig ist, seine Situation, seine Endlichkeit, seine Grenzen zu reflektieren. Es gehört aber zur Tragik des fragenden Wesens, daß seine Fragen letztlich ohne Antwort bleiben.

1.3. SINNFRAGE
1.3.1. Sinnfrage und Interesse

Begreift man 'Sinn' als Einheit von Zweckdienlichkeit, Bedeutung und Ziel in Bezug auf das menschliche Leben; versteht man 'Frage' als anthropogene Grundeigenschaft, die in der Warum-Frage wurzelt, so ist die explizite Sinnfrage die Artikulation eines menschlichen Bedürfnisses, die als die wichtigste und bedeutsamste Art menschlicher Selbstreflexion angesehen werden kann.

Zunächst will es scheinen, als gebe es relevantere und grundsätzlichere Probleme. Es sind besonders zwei, die hier zu nennen wären: Erstens kann die Meinung vertreten weden, daß an den Anfang allen systematischen Fragens das Problem der erkenntnistheoretischen Konstituierung von Existenzaussagen (Daß-Aussagen), das heißt eine kognitiv-erkenntnistheoretische Diskussion um die Möglichkeiten und Grenzen des menschlichen Verstandes und der Vernunft, zu treten habe. Zweitens findet sich vielfach die Suche nach einem entscheidenden Oberbegriff — sei er nun Gott, Substanz, Geist oder Sein geheißen — als Grundproblem philosophischer Anstrengungen.

Halten wir dem ein bekanntes Camus-Zitat entgegen: „Es gibt nur ein wirklich ernstes philosophisches Problem: den Selbstmord. Die Entscheidung, ob das Leben sich lohne oder nicht, beantwortet die Grundfrage der Philosophie. Alles andere — ob die Welt drei Dimensionen und der Geist neun oder zwölf Kategorien habe — kommt erst später. Das sind Spielereien; zunächst heißt es Antwort geben."[36] Der Denker des Mythos von Sisyphus artikuliert hier vehement und recht „unphilosophisch" (im Sinne traditionell-logischen Philosophierens) die Sinnfrage als Kernproblem der Philosophie: „Also schließe ich, daß die Frage nach dem Sinn des Lebens die dringlichste aller Fragen ist."[37] Die Begründung für diese Dringlichkeit und Vorrangigkeit findet Camus nicht in Theorien und Konstruktionen, sondern im konkreten, vom Tode begrenzten Menschendasein selbst. Auf die Frage, warum diese Frage die wichtigste sei, antwortet er: „der Handlungen wegen, zu denen sie verpflichtet. Ich kenne niemanden, der für den ontologischen Beweis gestorben wäre . . . Dagegen sehe ich viele Leute sterben, weil sie das Leben nicht für lebenswert halten . . . "[38]

Der Gedanke ist einleuchtend, denn es ist offenkundig, daß der Mensch kein Ereignis seines Lebens namhaft machen kann, das für ihn entscheidendere Folgen hätte als der Tod. Der Wechsel vom Leben zum Tod, vom Sein zum Nicht-mehr-hier-sein, ist der größte Wechsel, dem der Mensch unterliegen kann. Wenn demnach eine Frage als logische Konsequenz (ohne jede ethische Wertung) die Alternative: Leben (Weiterleben) oder Nicht-mehr-Leben (Suizid) aufwirft, dann wird man darin die konsequenzenreichste und bedeutsamste Frage des Menschen erblicken dürfen.

Somit geht die Sinnfrage auch den beiden exemplarischen Grundfragen der Philosophie voran: Geht man davon aus, daß an den Anfang aller Fragen diejenige nach der menschlichen Erkenntnis als solcher, ihrer Grundlagen, Reichweite und Grenzen gehöre, so wird man schon bei den Begriffen 'ich denke' und 'etwas' (Realität) im Dickicht schwierigster Gedanken und Systeme sein: „Wenn ich den Vorgang zerlege, der in dem Satz 'ich denke' ausgedrückt ist" — schreibt Nietzsche — „so bekomme ich eine Reihe von verwegenen Behauptungen, deren Begründung schwer, vielleicht unmöglich ist, — zum Beispiel, dass i c h es bin, der denkt, dass überhaupt ein Etwas es sein muss, das denkt, dass Denken eine Thätigkeit und Wirkung seitens eines Wesens ist, welches als Ursache gedacht wird, dass es ein 'Ich' giebt, endlich, dass es bereits fest steht, was mit Denken zu bezeichnen ist, — dass ich w e i s s, was Denken ist . . . "[39] Und so wird letztlich derjenige, der noch vor kurzem unmittelbare Gewißheit (zumindest über die Tatsache, daß er — entsprechend dem cartesianischen Ansatz — denke und sei) zu besitzen glaubte, von dem modernen Philosophen nicht viel mehr als „ein Lächeln und zwei Fragezeichen" zu erwarten haben.[40]

Die gleichen Schwierigekeiten tauchen bei der Reflexion des Objektes der Erkenntnis auf: Ob das Ich überhaupt etwas außer seiner selbst zu erkennen imstande sei, ob die Erkenntnis zu den Dingen selbst oder nur zu

den Phänomenen vordringen könne, ob es unmittelbar Erkanntes und Ge-
wußtes gebe, wie die Scheinwelt und Seinwelt zueinander sich verhalten.

Die Frage nach dem Sinn des Lebens würde in solchen Zusammenhängen
geradezu absurd klingen, und demjenigen, der trotz allem auf Klärung gerade
dieser Frage beharren würde, wird seitens dieser Erkenntnistheoretiker und
Grundlagendenker keine andere Wahl gelassen, als sich mehr oder weniger,
gewissermaßen als Entlastung und Abkürzung des kognitiven Prozesses, auf
den Standpunkt einer bestimmten erkenntnistheoretischen Haltung zu stellen: so wie wir eingangs die Gewißheit des eigenen Seins vorausgesetzt und
gegenüber der Erkenntnis der Dinge und Sachverhalte einem skeptisch-
kritischen „Phänomenalismus" das Wort geredet haben.

Ferner gehört es zum festen Bestand philosophisch-metaphysischer Traditionen, das Denken und Zweifeln nach Möglichkeit in einem Grundbegriff
zu verankern, den die meisten 'Gott' nennen, der aber vielfältige Namen
tragen kann. Greifen wir zur Veranschaulichung die Frage nach dem 'Sein'
heraus und nach der Bedeutung des Wortes, dem 'Sinn' von 'Sein', die in
den Zwischen- und Nachkriegsjahrzehnten vor allem durch Heidegger
wieder ins Bewußtsein breiter Kreise gebracht worden ist. So kann man nun
den Heideggerschen Denkweg verfolgen, das Sein des Seienden in der Sorge-
struktur des Daseins, der dreidimensionalen 'ekstatischen Erstrecktheit'
sehen; man kann das 'Sein' über den Weg durch das 'Nichts' als das ganz
andere zum Seienden interpretieren; man kann selbst die transzendentalphilosophische Sicht Kants zu übersteigen versuchen, indem man es ablehnt,
'Sein' als „reine Proposition der Modalität des Seienden" zu bezeichnen;
und man kann sich letztlich als Hirte und Prophet eines ausständigen, in
Hoffnung erwarteten Seins ausgeben; — immer wird der Fragende und
Suchende vor neuen Schwierigkeiten und Rätseln stehen, denen er sich
staunend nähert, — und immer wieder wird er in seinem Grundanliegen enttäuscht werden.

So muß derjenige, der die Frage nach dem Sinn des Lebens zu seiner
Zentralfrage erhoben hat, radikal die Ebene der reinen Logik überschreiten,
auf welcher ihm Grundfragen vorgestellt werden, die mit seinen ureigensten
Interessen wenig zu tun haben. Er muß den Mut aufbringen, auch psychisch
und emotional engagiert diejenige Frage, die ihn als Gesamtperson (in
trichotomischer Einheit) am stärksten beschäftigt und bedrückt, in den
Mittelpunkt seines Denkens zu rücken. In dieser Differenz zwischen dem
rationalen und dem seelischen Bereich liegt es letztlich begründet, daß sich
keiner, um den Gedanken Camus' auszuspinnen, das Leben nehmen wird,
weil er keine selbstgewissen Existenzaussagen zu tätigen weiß oder weil er
über den Begriff der „reinen Proposition" Kants zur Verzweiflung gelangt;
— aber er wird es sehr wohl tun, wenn er in der Gesamtheit seines Mensch-
seins der Überzeugung ist, daß das Leben (für ihn) keinen Sinn (mehr) habe
(bzw. noch nie gehabt habe).

Will man diesen Aspekt durch einen in der neuzeitlichen Philosophie gebräuchlichen Terminus abstützen, liegt der des 'Interesses' auf der Hand: Kein Interesse des Menschen ist so groß wie das an seinem Leben und an der Frage, ob dieses Leben zu leben sei oder nicht. Dieses Interesse ist sowohl theoretischer als auch praktischer Natur; es wird aber prinzipiell beherrscht vom Primat der Praxis. Es geht um die Frage, ob Leben allerst für den Menschen möglich und ermöglicht sei, ob dessen Tun eine begründete und nicht nur vordergründige Basis erhalten könne, oder ob Leben in seinem Sinn zu negieren und logischerweise zu beenden sei. Wie und in welcher Form sich die Praxis vollzieht, ist ein sekundäres Problem, dessen Grundstrukturen aber in der Abfolge vorliegenden Gedankenganges entwickelt werden sollen.

Kant hatte seinerzeit formuliert: „Alles Interesse meiner Vernunft (das speculative sowohl als das praktische) vereinigt sich in folgenden drei Fragen: 1. Was kann ich wissen? 2. Was soll ich thun? 3. Was darf ich hoffen?"[41] Diese drei grundsätzlichen Fragen stehen nach ihm aber nicht gleichberechtigt nebeneinander, da die erste Frage rein spekulativ sei und in Hinblick auf die beiden anderen Zielfragen (Tun und Hoffen) so wenig ergebe, „als ob wir uns aus Gemächlichkeit dieser Arbeit gleich anfangs verweigert hätten."[42] Tun und Hoffen bilden also den Bezugsrahmen der theoretischen Erkenntnis, die Spekulation dient nicht sich selbst, sondern der Befriedigung menschlicher Grundinteressen.

So spricht der Begriff des Interesses sowohl die logische als auch die emotional-pragmatische Ebene des Menschen an. Wenn wir uns demnach an diese Formulierungen anlehnen und sagen, daß der Mensch an keiner Frage vergleichbar großes Interesse habe wie an der nach dem Sinn seines Lebens, müssen wir allerdings die zweite Frage Kants im Hinblick auf das vorliegende Problem verschärfen: Es heißt dann nicht mehr: „Was soll ich thun?" sondern: "Soll ich überhaupt etwas tun; wie kann ich praktisches Handeln begründen? Ist Leben sinnvoll?" Entsprechend der oben genannten dreifachen Dimension des Wortes 'Sinn' stellt sich auch die Sinnfrage konkret unter drei verschiedenen Aspekten:

1.3.2. Sinnfrage als Prüfung einer Funktionstauglichkeit

Wird 'Sinn' als 'Zweckdienlichkeit' verstanden, so ist die Sinnfrage die Prüfung einer Funktionstüchtigkeit, einer Zweck-Mittel-Relation. Sie stellt sich dann in der Form, ob das Leben in der konkreten Situation des Fragenden einem einmal akzeptierten und persönlich bejahten Sinn noch gerecht zu werden vermag oder nicht. Die Bejahung einer solchen Frage ist Sinnbejahung, die Verneinung Sinnverneinung. Die bei uns gängige Relation zwischen Leistung und Zweck ist eng mit dem Begriff 'Lohn', 'Verdienst' gekoppelt. Somit stellt sich die hinter der Prüfung einer Funktionstauglichkeit verborgene Sinnfrage meist in der Form, ob sich das Leben 'lohne'. Damit wird vorausgesetzt, daß der Betreffende ein ursprüngliches Ziel, meist ein irdisches oder himmliches Glück, angestrebt habe und nun vor Voraussetzungen gestellt wird, die ihn zu einer neuen Reflexion dieses Zweck-Mittel-Verhältnisses nötigen. Er wird sich fragen, ob die von ihm eingesetzten Mittel, seine tägliche Mühsal und Arbeit, den geringen Anteil an Glückserfahrung in seinem Leben wettmachen; — oder, religiös gewendet, ob die letztlich ungesicherten transzendenten Verheißungen die irdischen Entbehrungen und Entsagungen rechtfertigen.

Die Reflexion der Sinnfrage (in ihrer zweiten und dritten Bedeutungsdimension) stellt aber ihrerseits diese zu erstrebenden Werte und Lohnzusagen wieder in Frage, indem sie sie skeptisch auf deren eigentlichen Gehalt und Zweck hin untersucht. So erweist es sich, daß diese Form der Zweck-Mittel-Frage letztlich auf die teleologische Sinnfrage zurückgeführt und nicht als erschöpfende Reflexion verstanden werden kann.

Und umgekehrt gilt die Aussage Camus', daß dem Leben einen Sinn absprechen nicht notwendig zu der Aussage führen muß, daß das Leben sich n i c h t lohne,[43] (wenn hier unter 'Sinn' ein metaphysischer oder transzendenter verstanden wird). Ein gewisser 'Lohn' für seinen Einsatz, einen gewissen Gewinn vom Leben kann durchaus derjenige erzielen und genießen, der jedem jenseitigen Sinn längst abgeschworen hat. So besteht zwischen 'Lohn' und 'Sinn' kein zwangsläufiges Verhältnis.[44]

1.3.3. Sinnfrage als Untersuchung der Bedeutung

Selten wird ein Mensch, der die Sinnfrage stellt, ausschließlich an eine mögliche Diskrepanz zwischen Zielvorgabe und konkretem Einsatz denken. Frage nach dem Sinn des Lebens umfaßt — oftmals in einer emotional-affektiven Ausdrucksform — den Bereich all' dessen, was dem Menschen zutiefst unklar liegt. „Wer sind wir? Wo kommen wir her? Wohin gehen wir? Was erwarten wir? Was erwartet uns?"[45] heißt es zu Beginn von Blochs 'Prinzip Hoffnung', — und einfacher noch könnte man mit Kant fragen: „Was ist der Mensch?"

Das Geheimnisvolle, Ungewußte, hinter den Grenzen der menschlichen Erkenntnisfähigkeit Liegende und gerade darum so Bedrängende und Beunruhigende ist mitgemeint, wenn die Frage nach dem Sinn gestellt wird. Dann geht es nicht nur um das Problem, ob das Leben sich lohne, ob ein zu erwartender Glücksgewinn die Plackerei des alltäglichen Lebens aufwiegen könne, sondern es geht um die Bedeutung des menschlichen Lebens, die Frage seiner inneren Wahrheit, um die Suche nach dem eigentlichen Sein hinter dem Schein, nach dem *An-Sich* hinter den Phänomenen.[46]

Die Frageformen, unter denen man sich diesem Aspekt der Sinnfrage nähert, sind: „Wer bin ich e i g e n t l i c h ?"[47] „Was hält die Welt im Innersten zusammen?"[48] „Woher kommen wir, wohin gehen wir?", „Was ist der Mensch in seinem Wesen?" o. ä.

In der religiösen und theologischen Anthropologie hat man seit den Tagen der Griechen ein Menschenbild entworfen, das auf diese Fragen antworten zu können vermeint. Bei diesem Menschenbild wird zwischen dem vergänglichen Äußeren, dem Leib und seinen Affekten, und dem Unvergänglichen, Ewigen, der Seele, unterschieden: Hier in der Seele liege nun, so wird gesagt, die eigentliche innere Destination des Menschen, die Basis der anthropologischen Sonderstellung und die Antwort auf das Woher und Wohin. Diejenigen Richtungen, die von einer Präexistenz (mit anschließender Postexistenz) der Seelen ausgingen, konnten auf diese Weise zugleich auf die Frage antworten, was vorher war und nachher sein wird.

Nicht nur die einfache Vor- und Nachexistenz der Seele wird etwa von Platon ausgesagt, sondern sehr viel mehr: Die Seele, die vor der leiblichen Existenz des Menschen Kenntnis der Wahrheit, des Guten und der Ideen erlangt hat, bildet die personale Basis des Menschen und setzt ihn in den Stand, sich selbst zu erkennen und nach Wahrheit zu streben (*éros*): „Wenn sie (die Seele) sich auf das heftet, woran Wahrheit und das Seiende glänzt, so bemerkt und erkennt sie es und es zeigt sich, daß sie Vernunft hat ... Dieses also, was dem Erkennbaren die Wahrheit mitteilt und dem Erkennenden das Vermögen hergibt, sage, sei die Idee des Guten ... Ebenso nun sage auch, daß dem Erkennbaren nicht nur das Erkanntwerden von dem Guten komme, sondern auch das Sein und Wesen habe es von ihm, obwohl das Gute selbst nicht das Sein ist, sondern noch über das Sein an Würde und Kraft hinausragt."[49]

Aristoteles unterschied später differenzierter zwischen der *anima vegetativa* (Pflanzenseele), *anima sensitiva* (Tierseele) und *anima rationalis* (Menschenseele); 'Seele' war hier allgemein die Umschreibung für das belebende Prinzip der Natur, das durch Zeugung weitergegeben wird. Unsterblichkeit und Präexistenz besitzt nur die menschliche Seele, die den Menschen im Sinne des Hylemorphismus prägt und darum *forma corporis* oder *quoddammodo omnia* genannt wird: Ein merkwürdiges und unbestimmtes Wort zugleich, das „gewissermaßen (in gewisser Weise) Alles"; es umschreibt nicht nur die zentrale Bedeutung, die Aristoteles der Seele beimißt, sondern auch, daß sie der Kern und die Basis ist, für alles, was der Mensch erkennen und erfahren kann — und dies wiederum ist potentiell unbegrenzt.[50]

Dadurch, daß das Christentum zur Zeit der Aristoteles-Rezeption den Stagiriten fast wörtlich ausgeschrieben und griechische Zentralbegriffe in lateinischer Version wörtlich übernommen hat, konnte es weitgehend vergessen machen, daß es die Seelenlehre zwar nicht aus ihrer wesentlichen Stellung verdrängt, aber doch erheblich relativiert hatte: Nun galt nicht mehr Präexistenz und Postexistenz. Schon die junge Kirche hatte Mühe, alle Präexistenzialisten, die zu einer eigenen Ketzergruppe gestempelt wurden, aus ihren Reihen zu verbannen, und der hoch- und spätmittelalterliche

Kampf gegen den Averroismus galt in erster Linie der Lehre von der Relativität der Individualseele und der Ewigkeit der Weltenseele.

Christlich orthodox war jedoch die Seele, wie Boëthius treffend zusammenfaßt, *rationalis naturae individuae substantia* — die unteilbare Grundlage der vernunftbegabten Natur. Sie wird dem Menschen unmittelbar von Gott verliehen, — über den genauen Zeitpunkt haben sich die Theologen (bis heute) weidlich zerstritten — und geht in Einheit mit dem Fleische nach seinem Tode ein in die ewige Seligkeit, Verdammnis oder zeitlich befristete Reinigung.

Diese grundsätzliche Neuerung verdrängte die Seele aus ihrer klassischen Rolle als quasi-autonome metaphysische Größe in die eines göttlichen, kontingenten Gnadengeschenkes. Auf diese Weise wurde nicht nur die grundsätzliche Einheit des Menschen in stärkerem Maße betont als in der klassischen Anthropologie, sondern auch die Allmacht und Souveränität, die Schöpfermacht und Gnade des dreifaltigen Gottes. Auf die Frage nach dem Woher und Wohin antwortete die christliche Lehre nicht mit der Feststellung einer vorher und nachher existierenden Seele, sondern mit der einer göttlichen Gnadentat.

Es ist kein Zufall, daß gerade diese Seelentheologie in weiten Kreisen der Gläubigen bis heute wenig bekannt und weitgehend unverstanden geblieben ist. Allzu erläuterungsbedürftig scheinen den Christen die Sätze von der Auferstehung des Fleisches oder der Leiblichen Aufnahme Mariens in den Himmel; suggestiver und einfacher ist es offensichtlich, zumindest in populären Darstellungen, Predigten und Heiligenviten, die Vorstellung aufrechtzuerhalten, daß sich nach dem Tode die Seele trenne und in die Ewigkeit eingehe. Greifen wir zum Beleg eine noch unter Pius XII. erschienene Heiligenlegende heraus, so lesen wir dort etwa (zur hl. Angela von Foligno): „ . . . und ihre Seele ging in jenen Abgrund des Lichtes und der Wahrheit und Gottheit ein, den sie so oft in ihren Gesichten geschaut hatte", einige Seiten später über Gemma Galgani: „nahm sie am Karfreitag drei Stunden am Todeskampf des Erlösers teil, bis dann am Karsamstag, den 11. April 1903, das schuldlose Opfer seine Seele aushauchte", und — dies zugleich ein Höhepunkt dichterischer Gestaltung — über Papst Coelestin V.: „Er wurde in das feste Kastell Fumone gebracht . . . bis er am 19. Mai 1296 aus der Zeitlichkeit schied und seine bergehungrige Seele [sic !] wie eine makellose Taube zu den ewigen Hügeln flog."[51] Würden wir uns in die Frömmigkeitsgeschichte des 19. Jahrhunderts vertiefen, in die Entwicklung der Volksmission („Rette deine Seele"), in die Bereiche der volkstümlichen Gebete und Sprüche, würde der Eindruck erhärtet werden, daß es dem Christentum nicht recht gelungen ist, das urmenschliche Fragen nach dem Woher und Wohin durch seine Modifikation der Seelenlehre tatsächlich zu befriedigen.

Kritik an dieser Form der Seelenlehre, an diesen Versuchen, das Wesen des Menschen zu ergründen, setzte mit der Aufklärung ein. Mit Pathos und Macht wurde sie von Marx gegen Hegel und Feuerbach fortgesetzt: „Aber das menschliche Wesen ist kein dem einzelnen Individuum inwohnendes Abstraktum. In seiner Wirklichkeit ist es das ensemble der gesellschaftlichen Verhältnisse"[52] heißt es in der sechsten These *ad Feuerbach*, und ein wenig weiter: „Das Wesen kann daher nur als 'Gattung', als innere, stumme, die vielen Individuen natürlich verbindende Allgemeinheit gefaßt werden."

So streitet Marx die autonome Existenz jeden metaphysischen Wesensgrundes ab; das, was 'Wesen' genannt wurde, hat allenfalls noch als abstrakter Oberbegriff bestimmter Eigenschaften der Gattung Mensch irgendeine Bedeutung. Das Sein der Menschen wird demgegenüber anders bestimmt: „. . . und das Sein der Menschen ist ihr wirklicher Lebensprozeß . . ."[53] „Zum Leben aber gehört vor Allem Essen und Trinken, Wohnung, Kleidung und noch einiges Andere . . ."[54] Eine Beschreibung der menschlichen Bedürfnisse (merkwürdigerweise läßt Marx die Aufzählung offen, ob aus Prüderie oder Unsicherheit, weiß man nicht) käme somit dem gleich, was früher 'Wesen' genannt wurde. Die Frage nach dem Woher und Wohin muß dementsprechend ebenfalls in der Gattung aufgehoben werden. Ein autonomes, eigenständiges Weiterleben des ganzen Menschen nach seinem Tode gibt es nicht, dennoch ist der Mensch eingebunden in die Gattung, und so ist „der Tod der harte Sieg der Gattung am Individuum."[55]

Mit diesen Sätzen geben sich andere, neuere, auch durch den Marxismus geprägte Denker nicht mehr zufrieden. Unter Rückgriff auf die jüdisch-eschatologische und idealistisch-romantische Position entwirft etwa Ernst Bloch eine eigene, oft dunkle, Lehre vom Wesen des Menschen. Auch hier fallen 'Sinn' und 'Bedeutung' insofern ineins, als die Reflexionen über das Wesen des Menschen zugleich die Antwort auf die Sinnfrage enthalten.

„Das Bin ist innen" sagt er, „Alles Innen ist dunkel. Um sich zu sehen und gar, warum es ist, muß es aus sich heraus."[56] An anderer Stelle: „Daß man lebt, ist nicht zu empfinden. Das Daß, das uns als lebendig setzt, kommt selber nicht hervor. Es liegt tief unten, dort, wo wir anfangen, leibhaft zu sein . . . Aus dem bloßen Innern greift etwas hervor. Das Drängen äußert sich zunächst als 'Streben', begehrend irgendwohin . . ."[57] Bloch geht vom dunklen Ich aus, vom „ungehabten Daß", das zunächst dumpf und unerkennend sein Leben vollzieht, aber im Streben und Begehren stets über sich hinaus will. So wird die rein negative Empfindung des Nicht-Habens, Begehrens, Wünschens, das 'Nicht' der Versagung und des Fehlens, in ein 'Noch-Nicht' verwandelt, in eine dialektisch-tendenzhaft vorantreibende Kraft, die das dunkle Ich weiterführt. Ausgehend von den primären Trieben (gestützt auf den 'Hunger') werden die Hoffnungsstrukturen universell, übergreifend, total, schließlich sind sie eingebunden in den dialektisch-dynamischen Prozeß der gesamten Materie (*mater-ia*), die in quasi-aristotelischer Dynamik (*en dynamei-einai*) einen letztlich unbekannten Ziel zusteuert. Dieses aber kann Alles oder Nichts sein. Wenngleich letztendlich auch hier der Agnostizismus lauert, bleibt 'Hoffnung' Blochs letztes Wort sowohl für die Gattung als auch das Individuum einschließlich der eigenen Person. „Neugierde, Jagdtrieb und Flügelschlag" waren — in einem kurz vor seinem Tode mit Johann Baptist Metz geführten Gespräch — seine spontanen Assoziationen zum Begriff 'Tod', und sein letzter Brief an denselben vom 23. Juni 1977 beginnt mit den Worten. „'Siehe, ich mache alles neu' — dieses erzchristlichste Wort lebt noch."[58]

Die Versuche, die Relation von Sinn und Bedeutung in den verschiedenen Denkansätzen und Entwürfen aufzuzeigen, führen auf ein weites Feld. Ganz anders würden sie sich — um dies zumindest zu erwähnen — im östlichen Denken darstellen, das grundsätzlich von einer Relativierung des Subjektes (an-atman) und von der Lehre des „Entstehens in gegenseitiger Abhängigkeit" (pratítyasamutpada) ausgeht[59] und eine Sinnfrage in der hier analysierten Form gar nicht kennt. Mit den aufgezeigten Beispielen dürfte dennoch verdeutlicht worden sein, daß die Sinnfrage zugleich die Frage nach dem Wesen des Menschen einschließt und daß umgekehrt jeder Entwurf über das Sein und Wesen des Menschen auch die Sinnfrage umgreift.

1.3.4. Sinnfrage als Frage nach dem Ziel

„Die metaphysischen Kategorien leben, säkularisiert, fort in dem, was dem vulgären höheren Drang die Frage nach dem Sinn des Lebens heißt. Der weltanschauliche Klang des Wortes verurteilt die Frage" schreibt Adorno kritisch und ablehnend in der „Negativen Dialektik".[60] Er hat zumindest in der Beobachtung recht, daß die Sinnfrage im Verlauf ihrer modernen Entwicklungsgeschichte primär als eine metaphysische Frage aufgenommen wurde, die nach dem Sein hinter dem Schein, nach dem Bezugszusammenhang mit einer höheren oder zeitlich ausstehenden Sphäre fragt. Eine solchermaßen metaphysische Sinnfrage wurde dann als Überhöhung der Frage nach der einfachen Nutzanwendung und nach dem Lohn des Lebens verstanden, indem sie prinzipiell theologisch-teleologisch ausgerichtet wurde.

Die Frageform, in der die teleologische Sinnfrage gekleidet wurde (wird), lautet in ihrer einfachsten Variante. „Wozu lebe ich?" In der Frage nach dem 'Wozu' setzt der fragende Mensch seine Existenz in Bezug zu einem Ganzen und Höheren, unterwirft sie einem 'Worumwillen', einem Zweck. Oder, positiv gewendet. „Sinn . . . meint Antwort auf die Frage nach einem Wofür des menschlichen Lebens. Mit ihm ist Leben charakterisiert als Leben in Beziehung, das die Möglichkeit der Bejahung, also sein Recht und seinen Wert, von der Beziehung her bekommt. Diejenige Beziehung, durch die solche Bejahung möglich ist, muß das Einzelleben partizipieren lassen an einem Sein, das ihm überlegen ist an Wert und Dauer, das es zugleich in Anspruch nehmen und ihm Bedeutung zusprechen kann . . ."[61]

Besonders die christlich-jüdische Lehre von einem beschreibbaren Anfang und Ende der gesamten Menschheitsgeschichte vermochte die Sinnfrage in einen Rahmen zu kleiden, der ihr eine eigentümliche Leuchtkraft und

Prägnanz verlieh. Die Lehre von der *Creatio ex nihilo* am Anfang allen Ge-
schehens und von der Parusie Christi am Ende der Tage — verbunden mit
einer Deutung der Weltenzeit als Abfolge verschiedener Weltzeitalter — er-
möglichte es der christlichen Theologie, dem Menschen einen festen Platz
im zeitlichen Ablauf zuzuweisen und ihn stets nach vorn, auf sein Ziel zu
fixieren. Als die Hochscholastik diese heilsgeschichtliche-eschatologische
Komponente mit der räumlich-aristotelischen Teleologie kombinierte, hatte
sie ein universales sinnhaftes Bezugssystem geschaffen, das letztlich nur von
seinem Ziel und Zweck (*causa finalis*) her definiert werden konnte. Die
eigentliche Zweckursache aber war Gott in seiner Liebe. Die neuzeitlichen
Katechismusverse: „Wozu sind wir auf Erden? — Um Gott zu lieben, ihm zu
dienen, um auf ewig bei ihm zu sein" stellen eine geradlinige Fortsetzung
dieser Vorstellungen dar, (bzw. eine simplifizierte Fassung des Hegelschen
Systems.)

Die teleologische Sinnfrage findet sich in der nach-hegelschen Philosophie keineswegs nur noch in metaphysischen Systemen (den religiösen),
sondern durchaus in dezidiert anti-metaphysischen; wenngleich — hier gilt
es an das Adorno-Zitat zu erinnern — der Verdacht unabweislich ist, daß
wieder metaphysische Kategorien herkömmlichen Zuschnitts verborgen
sind. Denken wir an so ungleiche Philosophen wie Marx und Nietzsche!
Wenn Marx die Entwicklung der Klassengesellschaft und die Revolution als
notwendige Form des Austrags der dort entstandenen Antagonismen deutet,
wenn er schließlich den Bereich der menschlichen Entfremdung nur als
„Vorgeschichte" der eigentlichen Geschichte ansieht und als Endzustand
eine Assoziation imaginiert, „worin die freie Entwicklung eines jeden die
Bedingung für die freie Entwicklung aller ist"[62] so hat er damit, ohne dies
explizit zu formulieren, ein gesamtgeschichtliches Ziel (einschließlich der
konkreten Verständnishilfen und Handlungsanweisungen) umschrieben, das
an die Stelle des bisherigen transzendenten Ziels getreten ist.[63]

Und Ähnliches gilt für Nietzsche, wenn er seinen Zarathustra sagen
läßt: „Der Übermensch ist der Sinn der Erde. Euer Wille sage: der Übermensch s e i der Sinn der Erde. Ich beschwöre euch, meine Brüder, b l e i b t
d e r   E r d e   t r e u und glaubt denen nicht, welche euch von überirdischen
Hoffnungen reden! Giftmischer sind es, ob sie es wissen oder nicht."[64] Auch
hier hat er ein hohes, letztes Ziel ausgemalt, dem seine Umwertung aller
Werte gelten soll.

Somit operiert jede teleologische Sinnfrage notwendigerweise mit einer
Erkenntnisbehauptung, die sie nicht hat und nicht haben kann. Sie entwirft
ein Ziel, dem sie alles, das Individuum wie die Gesamtgesellschaft, zu unterwerfen heißt. Gerade ihr muß daher Skepsis gelten.

1.4 DER DREIFACHE ASPEKT DER SINNFRAGE

Eine — zunächst formale — Annäherung an die Sinnfrage erfordert nicht nur eine Differenzierung nach ihrer inhaltlichen Bedeutung, sondern auch nach ihrem Geltungsbereich, ihrem „Sitz im Leben" des und der Fragenden. Während wir im ersteren Falle von verschiedenen (Bedeutungs-)'Dimensionen' sprachen, verwenden wir hier den Ausdruck 'Aspekte', um anzudeuten, daß sich hierunter keine gattungsmäßigen Differenzierungen, sondern nur verschiedene Sichtweisen ein- und desselben Problems verbergen. Auch hier kommen wir *nolens-volens* zu einer dreifachen Unterscheidung:

1.4.1. Der individuelle Aspekt

Die Fragen: „Lohnt sich mein Leben?", „Wer bin ich eigentlich?", „Wozu bin ich auf Erden?" betreffen zunächst den individuellen Aspekt und verdeutlichen das vehemente Interesse des einzelnen Menschen an der Sinnfrage.

Dahinter steht die These, daß die Sinnfrage zunächst und primär das einzelne Individuum betrifft, das trotz aller gesellschaftlichen Eingebundenheit sein eigenes Leben leben und seinen eigenen Tod sterben muß, das sich demnach jeweils als einzelnes zu den ihm eigenen „eigentlichen" Fragen verhalten muß. Dieses individuell-possessive Verhältnis des Menschen zu sich selbst hat in Heideggers Kunstbegriff der 'Jemeinigkeit' wohl seine schärfste Präzisierung gefunden, und wir können das, was er zum 'Sein' des 'Daseins' schreibt, ohne Schwierigkeiten in Analogie zu dem setzen, was wir über die Beziehung des Menschen zur Sinnfrage aussagen wollen: „Das Sein, darum es diesem Seienden in seinem Sein geht, ist je meines. Dasein ist daher nie ontologisch zu fassen als Fall und Exempel einer Gattung von Seiendem als Vorhandenem. Diesem Seienden ist sein Sein 'gleichgültig', genau besehen, es 'ist' so, daß ihm sein Sein weder gleichgültig noch ungleichgültig sein kann. Das Ansprechen von Dasein muß gemäß dem Charakter der Jemeinigkeit dieses Seienden stets das Personalpronomen mitsagen 'ich bin', 'du bist'."[65]

Wenn wir — ein wenig befreit von der weiteren Abfolge des Gedankengangs von 'Sein und Zeit' — das 'Sein des Daseins' als die spezifisch menschliche Seinsweise interpretieren, zu der wesentlich die Sinnfrage zählt, wenn wir also hinter dem Wörtchen 'Sein' die Bedeutung 'Sinn' aufleuchten sehen, können wir sagen: Das Sinnverhalten ist ein radikal subjektives. Es ist s o auf die Person des einzelnen bezogen, daß es sich für Heidegger verbietet, als Substantivierung etwa das Wort 'Jeseinigkeit' zu prägen, das einen stärker objektiv-deskriptiven Charakter erhalten hätte, sondern daß er von der 'Jemeinigkeit' spricht, um anzudeuten, daß das Seins- (Sinn-) Verhalten nur aus einer konsequent persönlichen Sicht des jeweiligen Ich, des betroffenen Einzelnen verständlich werden kann. Es gibt somit keine objektiv-sachliche

Deskriptionsanweisung, derzufolge sich das Sein des Daseins (der Sinnbezug des Menschen) beschreiben ließe, sondern nur subjektiv-individuelle Erfahrungen, die sich lediglich in Analogie übertragen lassen. Das Dasein in seiner Endlichkeit, in seinem Vorlaufen auf den Tod, ist sich zueigen, „seinem Wesen nach mögliches eigentliches",[66] das Verhalten zur Sinnfrage eignet dem Menschen somit als einem Wesen, das sich selbst zu eigen ist und sich zu seinem Eigen („eigentlich") verhalten kann.

1.4.2. Der gesellschaftliche Aspekt

Eine Antwort auf die Sinnfrage, die das Individuum zufriedenzustellen vermag, umgreift im allgemeinen auch einen gesamt-gesellschaftlichen Aspekt; umgekehrt gilt, daß eine Antwort, die die Bedürfnisse und Ansprüche des Einzelnen ignoriert, nicht in der Lage ist, eine gesellschaftliche Sinngebung zu begründen. So steht mit der Frage nach dem Sinn des Einzelnen immer schon der umfassende gesellschaftliche Bezugszusammenhang, ja steht auch die Einheit alles Wirklichen zur Frage, denn das Sinnverhalten des Individuums konstituiert sich erst im Beziehungsgeschehen zwischen ihm selbst und dem (gesellschaftlichen) Ganzen.[67]

Gesellschaftstheoretisch orientierte Kritiker marxistischer oder systemanalytischer Provenienz pflegen sich mit solchen Konzessionen und Schlußfolgerungen nicht zu begnügen, sondern die Problemstellung in Bezug auf das jeweils zugrundeliegende Menschenbild zu verschärfen. Unter Verweis auf den inneren Zusammenhang eines gesellschaftlichen und wirtschaftlichen Systems lehnen sie die Auffassung eines autonomen, sich selbst eigenen Individuums ab und interpretieren stattdessen den Einzelnen als Produkt eines Prozesses, als Fall einer Gattung. So wird der einzelne Mensch im Marxismus zum Produkt eines gesellschaftlichen Produktionsprozesses und zum „Ensemble der gesellschaftlichen Verhältnisse"; in der Systemtheorie nach Parsons'schem Muster zum „Persönlichkeits-System" (als einem der vier Subsysteme des Sozialsystems), d. h. zum durch Lernprozesse konstituierten Ich, dessen bestimmendes Kennzeichen die Orientierung auf ein vorgegebenes gesellschaftliches Ziel (goal-attainment) ist.[68]

Demgegenüber soll hier an der Vorstellung festgehalten werden, daß sich das Wesen des Menschen nicht auf gesellschaftliche Bezugszusammenhänge reduzieren läßt, und daß die Frage nach dem Sinn eines Lebens die Frage schlechthin ist, die das Individuum im Innersten seiner selbst tangiert und die man ihm nicht abnehmen kann. Trotz aller gesellschaftlichen Determiniertheit sieht sich jeder einzelne mit jenem indispensablen Rest menschlicher Entscheidungsfreiheit konfrontiert, der ihm das Bewußtsein individueller Verantwortung gegenüber sich und den anderen verleiht.

Schließlich muß man fragen, ob die soziologischen Reduktionismen nicht selbst einer logischen Täuschung aufgesessen sind. Da man nämlich analog zur Endlichkeit des menschlichen Individuums auch die Endlichkeit der gesamten Menschengattung in Rechnung stellen kann — ohne daß man freilich schon jetzt begründet vermuten könnte, wie dieses Ende einmal aussehen wird — stellt sich der Verweis auf einen Sinn der Gesamtgesellschaft als eine ins (fast) Unübersehbare verlagerte Extrapolation des individuellen Aspektes dar. Wenn dieses Ende der Menschheit absehbar ist und ebenso gesichert erscheint wie das des Individuums, dann muß sich die Frage nach dem Sinn des Lebens in qualitativ gleicher Form stellen. Eine Theorie der Gesamtgesellschaft (etwa die marxistische), die den Anspruch erhebt, die Sinn-Probleme des Einzelnen umgriffen und aufgehoben zu haben, wird sich dann als eine lediglich ins Ungewußt-Zukünftige verlagerte Modifikation ein- und derselben Frage dechiffrieren lassen müssen.

Die Tatsache nun, daß es in der Praxis recht häufig gelingt (bzw. zu gelingen scheint), einzelne Menschen und größere gesellschaftliche Einheiten durch Hinweis auf einen vorgeblichen innerweltlichen Sinn (ein gesellschaftliches Ziel) über die individuelle Frage hinwegzutrösten, liegt zum großen Teil daran, daß die Vorstellung von einem konkreten Ende der Gesamtgesellschaft Ansprüche an die menschliche Phantasie richtet, die von einem im alltäglichen Arbeitsprozeß stehenden Menschen nur schwerlich befriedigt werden können. Nicht zuletzt bewirkt auch der merkwürdige Widerspruch zwischen Machen und Vorstellen, Tun und Fühlen, Wissen und Gewissen, den Anders so treffend analysiert hat[69], daß der „prometheische Fortschrittsoptimismus" auch durch die dunkelsten Unkenrufe nur mit Mühe erschüttert werden kann.

1.4.3. Der gesamt-ontische Aspekt

Eine dritte Ausweitung erhält die Frage dann, wenn sie als Frage nach dem Sinn von Seiendem überhaupt gestellt wird. Erst auf dem Horizont dieser Frage gewinnen der individuelle und gesellschaftliche Aspekt ihre eigentümlichen Konturen. Die alte, wohl von Schelling in die neuere Philosophie eingeführte Frage: „Warum ist Seiendes und nicht Nichts?"[70] bringt vor die unbeantwortbare Ambivalenz, die alles Seiende als solches umgibt. Sie ist der Grund und Garant der tiefen menschlichen *Agnosis*. Alle Fragen, die nach dem individuellen und dem sozialen Sinn des Lebens, werden fragwürdig und in Frage gestellt, wenn sie eingebunden werden in die Frage nach dem 'Warum', dem Grund und Ziel all' dessen was ist. Alle Welt- und Geschichtsdeutungen finden hier ihr stammelndes Ende, und alle Theorien, die dem Individuellen als auch dem gesellschaftlichen Ensemble und dem Ganzen der Geschichte einen angebbaren Sinn zuschreiben, müssen sich hier in Phrasen und Tautologien flüchten. Die Frage nach dem Sinn von Seiendem als solchem ist der Katalysator, an dem die philosophische Skepsis alle Formen individueller wie kollektiver Sinndeutung zu prüfen heißt.

1.5. SINNFRAGE UND GESCHICHTE

Alle weltanschaulichen Vorstellungen, philosophischen Analysen, alle Fragen und Antworten des Einzelnen und der Gesellschaft stehen im Strom der Historizität; die Form ihrer Darstellung im subjektiven Bewußtsein und in der gesamtgesellschaftlichen Wirklichkeit wandelt sich mit dem Prozeß der menschheitlichen Entwicklung.

Besonders deutlich wird dies am Beispiel des zweiten, des gesellschaftlichen Aspektes: Die Einbeziehung und Konkretisierung dieser Sichtweise hing eng zusammen mit den jeweiligen Vorstellungen von Anfang, Verlauf und Ende der Menschheitsgeschichte. In den Zeiten der Herrschaft der Kirche konnte die Vorstellung von einem aufgrund „normaler" kosmischer Konstellationsverschiebungen herbeigeführten Ende der Gesamtgesellschaft nicht Platz greifen; dort hielt man an den apokalyptischen Bildern der Bibel fest, denen man wörtlichen Wahrheitsgehalt beimaß. Das Ende der Gesamtgesellschaft konnte nur als „Gericht", als Belohnung der Guten (Erfüllung des Sinnverlangens) und Bestrafung der Bösen (selbstverschuldeter Ausschluß vom ersehnten Sinngenuß) gedeutet werden.

Eine radikale Verschärfung des gesamtgesellschaftlichen Aspektes ist erst im 20. Jahrhundert eingetreten, in welchem der Mensch Möglichkeiten entwickelt hat, die die Vernichtung der gesamten Menschheit herbeiführen können. Niemals zuvor war dem Menschen die Möglichkeit gegeben, eine radikale Sinnverneinung im Sinne einer totalen Zerstörung allen Lebens herbeizuführen. Konkret ist seit 1939, seit der Kernspaltung am Uran 235, die Sinnfrage auf eine neue Ebene gehoben worden: Was vorher nur als Gedankenspiel galt, ist potentiell realisiert und durch das Bombardement von Hiroshima und Nagasaki sofort mit großem „Erfolg" getestet worden. Somit ist dem Menschen mit der Atomwaffe (und ihren heutigen vielfältigen Varianten und Nachkommen, etwa den Atomraketen) eine erste und relativ leicht zu handhabende Möglichkeit gegeben, die Erde einem absoluten Ende zuzuführen.

Eine zweite technische Erfindung, die ein aktives Eingreifen des Menschen in den Ablauf seiner Artentwicklung ermöglicht, ist der (relativ) zuverlässige Ovulationshemmer, die sogenannte Anti-Baby-Pille. Zwar ist der Gedanke, daß sich die Menschheit durch gezielte und allgemeine (freiwillige oder erzwungene) Anwendung von Antikonzeptiva auf natürlichem Wege selbst aussterben lassen könnte, immer noch reichlich hypothetisch, aber prinzipiell zu verwirklichen.

Das Problem stellt sich demnach anders dar als in früheren Kleingruppen wie Donatisten und Circumcellionen, Selbst-Kastrierern und Skopzen, Katharern und Kryptoflagellanten, die von einem Ende der Menschheit durch geschlechtliche Enthaltung träumten, das automatisch die Wiederkunft des sogenannten Erlösers herbeiführen würde. Augustinus von Hippo warf sich zum angesehenen Fürsprecher dieser Vorstellungen auf, wenn er

sagt — Schopenhauer zitiert diesen Passus beifällig in eigener Übersetzung —:
„Ich kenne einige, welche murren und sagen: Wie nun, wenn alle sich jeder
Begattung enthalten wollten, wie könnte dann das Menschengeschlecht bestehen? Möchten sie's doch alle wollen! wofern es nur geschähe in Liebe,
aus reinem Herzen, mit gutem Gewissen und aufrichtigem Glauben: dann
würde das Reich Gottes weit schneller verwirklicht werden, indem das Ende
der Welt beschleunigt würde."[71]

Nicht aber sind es diese beiden technischen Neuerungen primär und
allein, durch die die Sinnfrage in der gegenwärtigen geschichtlichen Situation
in einen neuen, nie dagewesenen Zusammenhang gestellt wird, es sind vor
allem auch die Bedrohungen zu nennen, die die Menschheit weniger zielgerichtet als durch einen unverständlichen Mangel an Sorgfaltspflicht und
Weitsicht herbeigeführt hat, die aber ohne Gegenmaßnahmen zu einem
relativ raschen Ende der Menschheit führen können. Niemals zuvor waren
die realen Chancen so groß, sich durch hemmungslose Ausbeutung der
natürlichen Ressourcen, durch zügellosen Einsatz von Kernwaffen und
Kernenergie, durch Verseuchung der Natur und durch unkontrolliertes
generatives Verhalten an den Rand der Selbstauslöschung zu manövrieren.

Dies stellt die hier unter einem dreifachen Aspekt beleuchtete Sinn-
frage in den konkreten geschichtlichen Zusammenhang: In den letzten Jah-
ren, etwa seit 1940 oder seit dem Wiederaufblühen der Wirtschaft in den
Jahren nach dem Zweiten Weltkrieg, ist das mögliche Ende der Gesamtge-
sellschaft konkreter und greifbarer geworden denn je zuvor. Während die
Leiden und Nöte der Hunger- und Kriegsjahre dieses Jahrhunderts in erster
Linie die subjektive individuelle Sinnfrage (im Rahmen des sogenannten
'Existenzialismus') wachgerufen haben, müssen die Folgen von Technik,
Wohlstand und Wachstum nun den gesamtgesellschaftlichen Aspekt der
Sinnfrage in aller Schärfe evozieren.

Dies alles besagt aber nicht, daß sich die Sinnfrage als abstrakt-philoso-
phisches Problem in irgendeiner Form qualitativ gewandelt hätte. Zwar ist
die Art und Weise ihrer Artikulation, ihrer gesellschaftlichen „Anwendung"
und Relevanz verändert, aber nicht ihre logische Grundstruktur. Heutzutage erhebt sich die Sinnfrage mit der gleichen Dringlichkeit wie je zuvor,
weder mit größerer noch mit geringerer. Der Tod des Individuums und der
Tod der Gesamtgesellschaft werden zwar unter bestimmten äußeren Bedingungen, vor allem in Zeiten von Krieg, Krisen und Katastrophen, in
stärkerer und eindringlicherer Weise vor Augen geführt, dennoch sind sie für
das Individuum und die Gesellschaft zu allen Zeiten in gleichem Maße real.
Wenn es auch „menschlich" und „natürlich" ist, daß sich der Mensch im
Gefühl des nahen Endes in besonderer Intensität mit eben jenen Problemen
beschäftigt, die durch die Reflexion seines Todes nahegelegt werden, so
dürfte sich „der Philosoph" (als abstrakte Konstruktion) nicht sonderlich
beeindruckt zeigen.

2. ZUR LEGITIMATION DER SINNFRAGE

Vor die Untersuchung der verschiedenen philosophischen Antwortmodelle auf die Frage nach dem Sinn des Lebens muß eine kurze Auseinandersetzung mit denjenigen Ansichten treten, die die gestellte Sinnfrage im Vorfeld abzublocken versuchen, indem sie sie aus jeweils verschiedenen Gründen der denkerischen Illegitimität oder Unseriösität bezichtigen. Gerade durch den Aufweis dieser präargumentativen Schwierigkeiten wird sich die sachliche Berechtigung und die dringende Notwendigkeit, die Sinnfrage erneut systematisch zu reflektieren, umso deutlicher zeigen.

2.1. SINNFRAGE UND PHILOSOPHIE

Wenn hier pauschal von 'Philosophie' die Rede ist, steht der traditionelle klassische Begriff der *philosophia perennis* im Vordergrund, der jenen breiten abendländisch-metaphysischen Denkstrom benennt, der im Rahmen des platonischen, aristotelischen, idealistischen und christlich-scholastischen Philosophierens allem Seienden Ordnung und Wahrheit, Ziel und Zweck zuschrieb.

Dies notwendigerweise mit dem Begriff 'Gott' arbeitende universale Denksystem geriet seit der Philosophie der Aufklärung unter scharfen Beschuß, und gerade Kants Kritische Philosophie hat die faktische Unmöglichkeit gelehrt, aufgrund der Struktur der menschlichen Vernunft Totalitätsbegriffe auszusagen. So traten Philosophie und Theologie, Religion und Gesellschaft, Christentum und Staatsnorm endgültig auseinander. Im Zuge dieses neuzeitlich-kritischen Denkens, im Zuge der Angriffe auf das herkömmliche dogmatische System durch Kant, Marx, Schopenhauer und Nietzsche wurde der breite Strom der *philosophia perennis* zu einem schmalen Rinnsal. Der geläuterte Restbestand des überkommenen Denkens kann sich nur noch im Bewußtsein dessen den klassischen Fragen der Metaphysik zuwenden, daß hinsichtlich des Wahrheitsgehaltes der Antwort Unklarheit herrscht. Das neuzeitliche gegenwärtige Residuum dieser klassischen Philosophie ist der aporetische Agnostizismus, das Wissen ums Nichtwissenkönnen der alten menschheitlichen Fragen nach Gott, Freiheit und Unsterblichkeit. Hier liegen die Grenzen und Möglichkeiten zukünftigen Philosophierens:[72] die Grenzen in Bezug auf den hergebrachten Wahrheitsanspruch, die Möglichkeiten in Bezug auf eine kritische Reflexion aller Theorien mit Totalitätsanspruch und somit auch in Bezug auf einen Neuansatz zur Philosophie der Praxis und Ethik.

Vorliegende Abhandlung verwirft demnach das überkommene, abendländische Philosophieren nicht in Bausch und Bogen wie konsequente Nihilisten und Positivisten; es weiß sich mit ihm in dem Bemühen vereint, sich der zentralen Frage der Menschheit zu versichern. Die aufklärerische und nachaufklärerische Kritik wird aber als integraler Bestandteil dieser Tradition empfunden, hinter den zurückzufallen nicht möglich ist. Gerade im 'Agnostizismus' wird die Chance gesehen, den Restbestand und die Tradition zu wahren und (im berühmten dreifachen Wortsinn des *tollere, sublevare* und *conservare*) aufzuheben, – ihn gleichzeitig zu schützen und abzusichern gegen Nihilismus, Materialismus bzw. einfache geistige Resignation und Apathie.

In dem herkömmlich abgegrenzten Bereich der Philosophie nimmt der Begriff 'Sinn des Lebens' eine außerordentlich marginale Rolle ein. Helmut Gollwitzer hat bereits darauf hingewiesen, daß der Begriff 'Sinn des Lebens' im philosophischen Standardlexikon von Eisler nur mit sieben Zeilen abgetan wird, in denen sich der Verfasser nicht die Mühe macht, den Begriff zu analysieren oder philosophiegeschichtlich zu reflektieren, sondern summarisch auf „die Werke Fichtes, Nietzsches, Kierkegaards, R. Euckens, Müller-Lyers und die unter 'Lebensphilosophie' genannten Denker" verweist,[73] und Gollwitzer bemerkt sehr zu Recht: „Deutlich ist die Mißachtung des Themas: es gehört in die Popularphilosophie und ist eines wissenschaftlichen Philosophen nicht würdig."[74]

In die gleiche Richtung weist die Kritik von Hans Reiner, der moniert, daß die Frage nach dem Sinn unseres Daseins die Philosophen, wenigstens die, „die als anerkannte bedeutende Denker in der Geschichte des abendländischen Geistes hervorragen", nur selten ausdrücklich aufgegriffen haben und daß auch gerade die sogenannte Existenzphilosophie, die doch ständig um diese Problematik kreise, es kaum irgendwo gewagt habe, dieses Problem unmittelbar anzugehen.[72]

Indes ist es wenig hilfreich, diesen Tatbestand ausschließlich durch den beschränkten und borniertern Charakter einer „Professorenphilosophie für Philosophieprofessoren"[76] erklären zu wollen; es liegt sicherlich ein realer, wenngleich noch weitgehend unerforschter, historischer Prozeß zugrunde: Zur Zeit der Vorherrschaft der dogmatischen *philosophia perennis* war der heute so geläufige Begriff 'Sinn' nahezu unbekannt. Wenn man sich der Frage nach dem 'Warum' und 'Wozu' menschlichen Daseins nähern wollte, verwandte man die üblichen teleologisch-theologischen Kategorien wie Ziel, Zweck, Zweckursache (*causa finalis*), Endzweck — und natürlich Gott.

Der Ausdruck 'Sinn' in seiner oben aufgezeigten merkwürdigen Vagheit und Mehrdeutigkeit war nahezu unbekannt und obsolet. Gelegentlich taucht er bei Hegel auf, wo er in metaphysischer Sicht synonym mit 'Zweck' und 'Ziel' verwandt wird.[77]

Ganz offensichtlich steht der verstärkte Gebrauch des Wortes 'Sinn' in direktem Zusammenhang mit dem oben skizzierten Wandel vom metaphysischen zum aufklärerisch-kritischen Denken; demnach ist es kein Zufall, daß er in verstärktem Maße gerade beim jungen Marx, beim Marx der Philosophisch-ökonomischen Manuskripte von 1844 erscheint, die weniger aus wirkungsgeschichtlicher denn aus geistesgeschichtlicher Sicht von Bedeutung sind. In bewußter Gegnerschaft gegen Hegels Metaphysik verwendet Marx hier den Begriff stets in der Bedeutung von 'Sinnlichkeit', als Kurzformel für die äußeren und inneren menschlichen Sinne. Er kann sich auf diese Weise rein äußerlich einer Begrifflichkeit nähern, die dem heutigen Sprechen vom Sinn des Lebens nahekommt: „Der sorgenvolle, bedürftige Mensch hat keinen Sinn für das schönste Schauspiel, der Mineralienkrämer sieht nur den merkantilischen Wert, aber nicht die Schönheit und eigentümliche Natur des Minerals, er hat keinen mineralogischen Sinn; also die Vergegenständlichung des menschlichen Wesens, sowohl in theoretischer als praktischer Hinsicht, gehört dazu, sowohl um die Sinne des Menschen menschlich zu machen als um für den ganzen Reichtum des Menschlichen und natürlichen Wesens entsprechenden menschlichen Sinn zu schaffen."

Dieser Sinn ist — wohlgemerkt — die erfüllte, menschliche, nicht-entfremdete Sinnlichkeit; es ist kein metaphysischer oder teleologischer Begriff. Dennoch ist das Moment des geschichtlichen Zieles direkt greifbar: In der Entfaltung der Sinne sieht Marx das Symptom für den aufgelösten Widerspruch zwischen Mensch und Natur und zwischen Mensch und Mensch. Im 'Kommunismus' geschieht die „vollständige Emanzipation aller menschlichen Sinne und Eigenschaften"[78], d. h. die Vermenschlichung der Sinne bzw. der 'menschliche Sinn.' Marx meint damit ziemlich exakt genau das, was wir aus heutiger Sicht als 'Sinn des Lebens' bezeichnen würden; aber er verwendet diesen Ausdruck niemals in dieser Intention. Nicht aber verfährt er so, um den metaphysikverdächtigen Begriff 'Sinn des Lebens' zu vermeiden, sondern er bedient sich dieses Begriffes nicht, weil er geschichtlich noch nicht voll entwickelt ist. Die enge Zusammenführung von Sinn als Sinnlichkeit, von geistigem (innerem) Sinn und von Wiederherstellung, Vermenschlichung des desintegrierten Sinnes ist philosophiegeschichtlich ein wichtiger Beleg für die Verwendungsmöglichkeiten des Wortes 'Sinn.'[79]

Es vergingen noch etwa vierzig Jahre, bis Friedrich Nietzsche während der Vorarbeiten zum 'Zarathustra' im Winter 1882/83 — ebenfalls wie Marx in direkter Wendung gegen Metaphysik und Theologie — den Begriff 'Sinn des Lebens' in jener Form verwandte, die sich als gebräuchliche durchgesetzt hat. Auch er geht von der Bedeutungsgleichheit von 'Sinn' und 'Sinnlichkeit' aus, bürdet dem Begriff dabei aber auch die konventionell-teleologischen Konnotationen auf: „Der Sinn deines Lebens sei, das Dasein zu rechtfertigen — und dazu mußt du nicht nur des Teufels Anwalt, sondern sogar der Fürsprecher Gottes vor dem Teufel sein." Damit leugnet er jede Form metaphysischer Teleologie; Leben wird zum Zweck seiner selbst ohne jenseitiges Ziel; Gott und Teufel sind tot und erscheinen nur noch als illustrative Metaphern, um anzuzeigen, daß dieses Dasein selbst jenseits von Gut und Böse steht, Göttliches und Teuflisches in sich birgt.

Trotz Ablehnung der Teleologie bleibt Leben nicht ohne 'Sinn'. Im 'Zarathustra' setzt sich der Denker mit den „Verkündern der großen Müdigkeit" auseinander, die da lehren: „Alles ist gleich, es lohnt sich nichts, Welt ist ohne Sinn." Programmatisch hatte er schon gleich zu Beginn des Quaternio verkündet: „Der Übermensch ist der Sinn der Erde. Euer Wille sage: der Übermensch s e i der Sinn der Erde!"[80] So steht 'Sinn' in direkter Beziehung zur 'Sinnlichkeit': Er ist Ausdruck, Wesen und Bedeutung des philosophischen Wollens; höchste Erfüllung im Zyklus der Ewigen Wiederkehr; er ist nicht mehr Umschreibung für ein gottgewolltes *Telos* wie bei Hegel. 'Sinn des Lebens' ist eine quasi-metaphysische Kategorie geworden, die sich aus der bewußten, „nihilistischen" Zerstörung des christlich-abendländischen Denkgebäudes entwickelt hat.

Nietzsche wurde auf diese Weise (wohl größtenteils ungewollt) zum Protagonisten eines Begriffes, der im Zwanzigsten Jahrhundert seine eigentliche Entfaltung erlebte. Der schillernde und polyvalente Charakter des Wortes führte zu einer begrifflichen Adaptation auch gerade im Rahmen der Popularphilosophie und volkstümlich auftretenden philosophischen Theologie. Das Mißtrauen der akademischen Philosophen mußte sich unter diesen Umständen zu einer fast vollständigen Ablehnung und Verbannung des Begriffes steigern.

Demgegenüber wäre heute eine unbefangenere und offenere wissenschaftliche Beschäftigung mit diesem Problem wünschenswert. Eine begriffsgeschichtliche Analyse würde vermutlich unsere These bestätigen können, daß der Ausdruck 'Sinn des Lebens' nicht das willkürliche Produkt unakademischer Popularphilosophen ist, sondern ein Sammelbegriff für das ureigenste menschliche Interesse an seinem Dasein und der Gestaltung seines Daseins, das durch die universale Kritik am abendländisch-metaphysischen Denksystem seine angestammte Heimat verloren, aber seine Existenzberechtigung keineswegs preisgegeben hat. Er ist mitnichten ein analytisch anspruchsloser Sammelbegriff, sondern eine hochinteressante dreideutige Chiffre, die sowohl das metaphysische als auch das antimetaphysische Interesse am Dasein des Menschen übergreifend bezeichnet. Es ist ein Begriff, der den Menschen an. seine metaphysischen Traditionen und Neigungen erinnert, ihn aber zugleich zu den konkreten praktischen Problemen seines Lebens führt. Er ist zu einer fundamentalen ontologischen Kategorie geworden, geeignet, die vorrangigen Probleme des *animal metaphysicum* im Rahmen einer Welt der zerbrochenen Systeme und verschwundenen Werte aufzuzeigen und im Rahmen des Menschenmöglichen zu klären. Von der herrschenden Philosophie wie ein ekle Schwäre gemieden, hat sich der Begriff ins Zentrum gegenwärtigen Denkens gerückt.

2.2. Sinnfrage und Metaphysik

Die oben aufgestellte Behauptung, daß die Sinnfrage zwar Bezüge zur herkömmlichen Metaphysik aufweist, sich aber zu einer übermetaphysischen Frage *par excellence* entwickelt hat, bedarf noch einer eigenen Reflexion und Begründung:

Aristoteles definiert bekanntlich „*ta meta ta physika*" als das „*on he on*".[81] Das Seiende als solches, und alles, was ihm wesenhaft zukommt, wird der thematischen Reflexion unterworfen. Auf diese Weise gelangt der Philosoph zu Begriffen, die allgemein auf Seiendes Bezug haben, wie Identität, Gegensatz, Verschiedenheit, Gattung, Art, Ganzes, Teil, Vollkommenheit, Möglichkeit, Wirklichkeit etc.

Auf der Suche nach dem Ersten und Ursächlichen, nach dem letzten, selbständigen Grund alles Seienden, kommt Aristoteles folgerichtig zu dem Begriff einer bewegenden Erstursache, zu 'Gott' als dem „Unbewegten Beweger." Somit ist 'Gott' als oberster Seinsbegriff seit den Zeiten der Definition von Metaphysik als eigener Disziplin indispensabler Bestandteil dieses Denkens. Ebenso intensiv wurde im Verlauf der Metaphysikgeschichte die Frage der Beharrlichkeit in der Zeit diskutiert, die Frage, ob der Mensch oder ein Teil von ihm unsterblich sei. Hier half man sich — vergleiche oben — wiederum seit den Tagen der alten Griechen meist mit dem Begriff 'Seele'. Schließlich forderte die Reflexion auf das allgemein Seiende die Differenzierung zwischen Mensch und Tier und somit die Problematisierung des Freiheits-Begriffs. So gelangte man zu den metaphysischen Grundfragen, die im Verlauf der Geschichte stets wiederholt und variiert wurden: „Die Metaphysik hat zum eigentlichen Zwecke ihrer Nachforschung nur drei Ideen: Gott, Freiheit und Unsterblichkeit, so daß der zweite Begriff mit dem ersten verbunden, auf den dritten, als einen notwendigen Schlußsatz führen soll. Alles, womit sich diese Wissenschaft sonst beschäftigt, dient ihr bloß zum Mittel, um zu diesen Ideen und ihrer Realität zu gelangen."[82]

Ist mit dieser Kant'schen Umschreibung der Metaphysik nicht bereits die gesamte Sinnfrage umschlossen? Sofern man ein metaphysisches System zur Vorgabe hatte, war die Sinnfrage ohne weiteres in diesem Bezugsrahmen enthalten, ohne daß sie einer expliziten Exposition bedurft hätte. Es ist aber offensichtlich gerade durch das Denken Kants in diesem Punkt eine entscheidende Wende eingetreten: Indem er, noch ganz in der Auseinandersetzung mit dem „dogmatischen System", dargelegt hat, daß über Gott, Freiheit und Unsterblichkeit (sowie andere Indefinita) nichts Sicheres gesagt werden kann — weder im affirmativen noch im negierenden Sinn — hat er zugleich die Möglichkeit und Notwendigkeit aufgezeigt, die Sinnfrage losgelöst von der herkömmlichen Metaphysik zu betrachten. Dadurch, daß die Unmöglichkeit der Annahme dargetan wurde, die überlieferte *philosophia perennis* biete in der Frage nach Zweck und Ziel des Lebens sichere

Gewähr, wurde zugleich der Versuch nahegelegt, die Sinnfrage unter völligem Verzicht auf die Metaphysik zu erläutern und zu beantworten.

Dies ist der Ansatz, den Marx — sicherlich ohne d i e s e n Zusammenhang ausdrücklich zu reflektieren — zu unternehmen beansprucht hat: Gott wurde als Projektion interpretiert, Unsterblichkeit als Vertröstung und Freiheit als Einsicht in die Notwendigkeit.[83] Wenngleich man ohne weiteres nachweisen kann, daß die formale Struktur der Hegelschen Logik und dessen universalgeschichtliche Konstruktion nachhaltigen Einfluß auf Marx' Darstellung des historischen Ablaufs ausgeübt haben, so daß man im Marxschen Œuvre unschwer das Fortwirken metaphysischer Grundprinzipien feststellen kann, so wird dennoch zum ersten Mal in der neueren Philosophiegeschichte der Anspruch erhoben, dezidiert anti-metaphysisch und entschieden sinnbejahend z u g l e i c h zu denken. So wurde die Identität von Sinnfrage und Metaphysik in Frage gestellt und die Sinnfrage als solche zum Gegenstand einer eigenen, nicht apriori metaphysischen Reflexion erhoben. Gerade in Nietzsche glaubten wir einen Protagonisten dieses Prozesses zu erkennen, — der — im Gegensatz zu Marx — den Begriff des 'Sinnes des Lebens' ausdrücklich verwendet hat.

Ferner wird man gegen jene vorschnelle Identifizierung zu bedenken haben, daß die Fragen nach Gott, Freiheit und Unsterblichkeit nicht unbedingt dergestalt in Relation zur Sinnfrage stehen, daß der Schluß von affirmativer Antwort auf dieselben notwendigerweise auch Bejahung letzterer notwendig macht. Bejahung der Existenz Gottes muß nicht unbedingt Bejahung des Lebenssinnes sein, weil man sehr unterschiedliche Gottesvorstellungen vorfinden kann. In der christlichen Gotteslehre, in der Rechtfertigung eines „lieben Gottes" trotz aller Übel in der Welt (Theodizee), ist diese Gleichsetzung freilich vollzogen worden.

Denkt man sich aber — in Fortführung manichäistischer, dualistischer oder buddhistischer Traditionen — einen „zweiten Gott" (*deutéros theos*), der die Welt aus Bosheit und ohne Ziel geschaffen hat, so schwindet das scheinbar fraglose Junktim, und Sinnverneinung wie Suizid werden aktuell: „Entstammte die Welt einem ehrenwerten Gott, so wäre es eine Kühnheit, eine unsägliche Provokation, sich zu töten. Da jedoch alles dafür spricht, daß sie das Werk eines Untergottes ist, sieht man nicht, warum man sich genieren sollte! W e n gilt es zu schonen?" schreibt Cioran und fährt fort: „ . . . Man kann sich diesen Schöpfer so vorstellen, daß er sich endlich seiner Verirrung bewußt wird, sich für schuldig erklärt: er verzichtet, zieht sich zurück und treibt die Eleganz weit genug, um selber das Urteil zu vollstrecken. Er verschwindet so mit seinem Werk, ohne daß der Mensch dafür könnte. Das wäre die verbesserte Fassung des jüngsten Gerichts."[84] Eine faszinierende und durchaus nicht ironisch gemeinte Konstruktion: Ein boshafter oder tölpelhafter Untergott schafft die Welt aus Irrtum oder Bosheit, um sich dann mitsamt ihrer zu entleiben und das Nichtseiende dem obersten göttlichen Prinzip wieder zu überantworten!

Zynischer klingt es bei Nietzsche, der in schroffer Wendung gegen die
scholastisch-idealistische Teleologie das Bild eines allmächtigen launischen
Tyrannen entwirft, der den Menschen nicht zu seinem Ebenbilde, sondern
zu seinem Komödianten und Affen erschaffen hat: „Hat ein Gott die Welt
geschaffen, so schuf er die Menschen zum A f f e n G o t t e s , als fortwäh-
renden Anlass zur Erheiterung in seinen allzulangen Ewigkeiten. Die Sphä-
renmusik um die Erde herum wäre dann wohl das Spottgelächter aller
übrigen Geschöpfe um den Menschen herum. Mit dem S c h m e r z kitzelt
jener gelangweilte Unsterbliche sein Lieblingsthier, um an den tragisch-
stolzen Gebärden und Auslegungen seiner Leiden, überhaupt an der geistigen
Erfindsamkeit des eitelsten Geschöpfes seine Freude zu haben − als Erfin-
der dieses Erfinders . . . "[85]
Nehmen wir uns die Freiheit, diese Ironie wörtlich zu verstehen, so zeigt
sich, daß schon eine kleine Wendung im zugrundegelegten Gottesbild genügt, um die Gleichsetzung von Sinn und Metaphysik in die Gleichsetzung
von Metaphysik und Sinnlosigkeit zu verkehren. So traten zum einen
Metaphysik und Sinnfrage im Zuge des neueren Denkens aus ihrer prinzipiellen Einheit heraus, zum anderen wurde die rasche Gleichsetzung von
Schöpfergott und Sinnbejahung radikal in Frage gestellt. So ist die Sinnfrage, wie es zunächst scheinen könnte, keineswegs durch die philosophiege-
schichtliche Rekonstruktion der überkommenen Metaphysik und ihrer
neuzeitlichen Kritik abgetan.

2.3. LEGITIMATION GEGENÜBER DEM MODERNEN EMPIRISMUS UND
DER ANALYTISCHEN PHILOSOPHIE

Die tonangebenden philosophischen Richtungen des 20. Jahrhunderts, der
moderne Empirismus und die analytische Philosophie, haben sich Carnaps
erklärtes Programm der „Überwindung der Metaphysik durch logische
Analyse der Sprache" zu eigen gemacht.[86] Sie gehen − ungeachtet ihrer
jeweiligen Ausrichtung − von der Forderung aus, daß die philosophische
Sprache einer grundlegenden analytischen Revision unterzogen werden
müsse und daß im Zuge dieser logischen Untersuchung jene Begriffe ausge-
merzt werden sollen, die nicht den Kriterien der logischen Evidenz, der
intersubjektiven Kommunikabilität oder dem Falsifikationsprinzip entsprechen. Das heißt positiv, daß an alle Propositionen die Forderung gestellt
wird, eine angebbare Bedeutung zu besitzen, die sich auf überprüfbare Tat-
sachen und nicht auf subjektive Gefühle stützt, und zugleich zum Erweis
ihrer Richtigkeit konkrete Bedingungen anzugeben, die n i c h t eintreten
dürfen, wenn die Aussage richtig sein soll (Falsifikationsprinzip Poppers).[87]
Letzlich bleiben dann nur noch die „analytischen Propositionen", die im
Grunde Tautologien sind, weil wir in ihnen nur die Bedeutung der Verwendung von Ausdrücken mitteilen. Auf der anderen Seite stehen die „syntheti-

schen Propositionen", die niemals die gleiche 'Wahrheit' besitzen können, weil sie von subjektiv beeinflußbarer Erfahrung abhängig sind[88] (und die daher in einer analytischen Philosophie nichts zu suchen haben).

Schon zu einem geflügelten Wort sind Wittgensteins programmatische Worte geworden: „Wovon man nicht sprechen kann, darüber muß man schweigen."[89] Und die Handlungsweisung, die er kurz vorher im *tractatus* gibt, ist eine Maxime all' der oben genannten Denkrichtungen geworden: „Die richtige Methode der Philosophie wäre eigentlich die: Nichts zu sagen, als was sich sagen läßt, also Sätze der Naturwissenschaft — also etwas, was mit Philosophie nichts zu tun hat — und dann immer, wenn ein anderer etwas Metaphysisches sagen wollte, ihm nachzuweisen, daß er gewissen Zeichen in seinen Sätzen keine Bedeutung gegeben hat. Diese Methode wäre für den anderen unbefriedigend — er hätte nicht das Gefühl, daß wir ihn Philosophie lehrten — aber sie wäre die einzige streng richtige."[90]

Es geht diesen Denkern nicht darum, die metaphysischen Begriffe zu leugnen oder zu verneinen, sondern diese selbst zu vermeiden, sie aus einer wissenschaftlichen (Kunst-)Sprache auszuschließen, da sie den oben genannten logischen und empirischen Kriterien nicht zu entsprechen vermögen. Der moderne Empirismus „leugnet nicht nur die objektive Kontrollierbarkeit metaphysischer Aussagen, sondern kritisiert bereits die metaphysischen Begriffe, oder genauer: die von Metaphysikern benutzten Namen bzw. Prädikate, und leugnet, daß diese Ausdrücke eine angebbare Bedeutung besitzen, über die eine intersubjektive Verständigung möglich wäre."[91]

Wenn allen Aussagen, die sich auf eine die Grenzen möglicher Sinneserfahrung übersteigende Realität beziehen, die Bedeutung abgesprochen wird,[92] dann wird, wie Dewi Zephania Philipps sagt, der Streit zwischen Theismus und Atheismus völlig bedeutungslos;[93] — dann — so könnte man fortsetzen — ist auch jeder Streit darüber, ob das Leben einen 'Sinn' habe oder nicht, ebenso bedeutungslos, wenn, wie hier, von einer Bedeutung des Wortes 'Sinn' ausgegangen wird, die potentiell transzendente Realitäten bezeichnen kann.[94]

Natürlich ist hier nicht der Ort, nachzuzeichnen, mit welchen Argumentationsfiguren die Philosophie auf diese radikalen Versuche, ihre eigenen Aussagemöglichkeiten zu beschneiden, reagiert hat. Es war vor allem die „Frankfurter Schule" und ihr denkerischer Umkreis, die sich darum bemüht hat, den abstrakten analytischen Willen zur Kritik als ideologisch und kritikwürdig auszuweisen und den Zusammenhang zwischen Erkenntnis und (Vernunft-) Interesse herauszuarbeiten.[95] So wurde der Empirismus — freilich in einer Sprache, die er selbst nicht akzeptieren konnte — zurückgeholt in die gesamtgesellschaftliche Realität und Bezogenheit, in der er sich immer bewegt, und in der er immer in irgendeiner Weise politisch relevant wird.

Es wurde ferner — nicht nur in einer an Marxschen Termini geschulten Sicht — darauf hingewiesen, daß der Primat der Praxis auch insofern stets vorgegeben sei, als das konkrete Erkenntnisinteresse nur durch eine vorweg,

meist außerwissenschaftlich entschiedene Zielvorgabe definiert wird und
daß man sich als Wissenschaftler vor allem auch dieser Zusammenhänge
bewußt zu sein habe.[96]

Zudem sind innerhalb der analytischen Diskussion fundamentale Schwierigkeiten aufgetreten, z. B. wie zwischen echten und unechten Proposition-
nen zu unterscheiden ist (Streit um das Verifikationsprinzip), wie unbestreitbare (Truismen) von weniger evidenten Wahrheiten abgehoben werden
können oder wie zwischen atheistischen und agnostischen Folgerungen in
Bezug auf Metaphysik und Religion zu differenzieren ist.[97]

Außerdem wurde der Einwand laut, daß die analytische Philosophie
selbst mit grundsätzlichen Begriffenen operiert, die sie aufgrund ihrer
eigenen Prämissen eigentlich vermeiden müßte. Die Einforderung von
Vernunft, Klarheit, Evidenz, Vermittelbarkeit und Falsifikation verweist in
den Bereich von Grundaussagen mit Totalitätscharakter, die in ihrer Struktur eben jenen Begriffen der herkömmlichen Metaphysik entsprechen, die
man zum Gegenstand prinzipieller Kritik erhoben hatte. Schon recht bissig
wurde gesagt, daß der moderne Empirismus, obgleich mit dem kühlen
Pathos der Kritik und Vernunft ins Felde gezogen, nun vor dem Scherben-
haufen einer technologisch amputierten Rationalität stehe; seine Ergebnisse
seien zwar nicht mehr vorwissenschaftlich-naiv, jedoch nachwissenschaft-
lich-privat.[98]

Zwar lassen sich viele Folgerungen des „aporetischen Agnostizismus"
mit denen der genannten Denkrichtungen zur Deckung bringen, dennoch
sind die Unterschiede größer als die Gemeinsamkeiten. Der Agnostizismus
erkennt nämlich einen geschichtlichen Zusammenhang, „ja eine humanisti-
sche Solidarität an, die ihn mit all jenen verbindet, die in der Geschichte
um die Gottes- oder Transzendenz-Problematik sich abgemüht haben:
leidend, fragend, klagend, verstummend, revoltierend, sich unterwerfend.
Der aporetische Agnostizismus setzt also eine Hauptlinie des Philosophierens, aber auch die Tradition des bewußten und leidvollen Existierens fort,
indem er jene geschichtlichen Erfahrungen zuläßt, präzisiert, ja radikali-
siert, die man als Leiden an Gott, Leiden an der Welt, Leiden am Problem
des Bösen bezeichnen kann . . ."[99]

Zwar läßt er, könnte man fortfahren, ebenso wie der analytische Agnostiker den Bereich der Vernunft gelten, sieht aber mit Hilfe seiner Vernunft
den Menschen als Totalität von Leib, Psyche und Intellekt und somit auch
stets als sich seiner Endlichkeit und seines Leidens bewußtes Subjekt. Somit kann der aporetische Agnostizismus kein Redeverbot bzw. Schweigege-
bot zur Voraussetzung wissenschaftlich verantwortlichen Redens erheben,
sondern muß auf der Aussage bestehen, daß neben den rein empirisch-
analytischen Denkrichtungen ebenso strenge, wenngleich weniger exakte
Denkwege legitime Rechte besitzen, — ja, daß die Grundprobleme der
menschlichen Existenz nur über diese, weniger klar und deutlich ausge-
leuchteten Pfade zu erreichen sind. Das tiefste und angehendste Denken

vollzieht sich im Zwie- und Dämmerlicht (Peter Wust) und in der schmerz-
haften Erkenntnis der Grenzen der Erkenntnis. Auf dem reinen Pfad der
Logik und Analytik gelangt man nicht sehr weit. Dennoch lassen sich auch
auf dieser Ebene einige gewichtige Gründe aufführen, die gegen eine pauschale Übernahme der empirischen und logistischen Prämissen sprechen:

Erstens ist die menschliche Erkenntnisfähigkeit derartig begrenzt, daß
sie über Fragen des Glaubens keine positive oder negative Auskunft erteilen
kann. Sie muß die Möglichkeit in Rechnung stellen, daß jeder religiösen
Aussage, jedem Glaubenssystem eine nicht zu erkennende Wirklichkeit
entsprechen kann. Zwar kann sie mit wissenschaftlich-kritischen Mitteln der
historischen Forschung, der Exegese und der „Ideologiekritik", die religiösen Aussagen untersuchen und in Frage stellen, aber sie kann keine letzten
„Beweise" gegen die dort vorgebrachten Aussagen erbringen. Die Anwendung des analytischen „Redeverbotes" kann daher nur im eigenen engen
Rahmen des analytischen Denkens Gültigkeit besitzen. Wenn daraus der
praktische Schritt zum Atheismus und zur Sinnverneinung hergeleitet wird,
dann infolge des gleichen logischen Fehlschlusses wie man aus dem ontologischen Gottesbeweis auf die Existenz eines höchsten Wesens geschlossen
haben wollte: Während man in letzterem Fall von dem inhaltlichen Umfang von Begriffen ('Existenz', 'Vollkommenheit') auf die reale Existenz
eines höchsten Wesens schloß, so schließt man im Falle des positivistischen
Atheismus von der Nicht-Existenz bestimmter Begriffe in einer gereinigten
Sprache auf die Nicht-Existenz des ehemals mit diesen Begriffen Benannten.

Zweitens können Begriffe und Aussagen des Glaubens als zeichenhafte
Begriffe menschlicher und menschheitlicher Hoffnungen, Wünsche und
Vorstellungen verstanden werden; sie sind in ihrer Vagheit und Buntheit,
in ihrem Dunkel und Zwielicht Ansporn zu weiterer Reflexion, zur Vertiefung des Denkens und zur Erweiterung unseres empirischen Wissens. *Mutatis
mutandis* kann wiederholt werden, was Kant bei der Verteidigung der Ideen
der spekulativen Vernunft (Gott, Welt, Seele) sagte: „ . . . Und dieses ist die
transzendentale Deduction aller Ideen der speculativen Vernunft, nicht als
c o n s t i t u t i v e Principien der Erweiterung unserer Erkenntnis über mehr
Gegenstände als Erfahrung geben kann, sondern als r e g u l a t i v e Principien der systematischen Einheit des Mannigfaltigen der empirischen Erkenntnis überhaupt, welche dadurch in ihren eigenen Grenzen mehr ange-
baut und berichtigt wird, als es ohne solche Ideen, durch den bloßen
Gebrauch der Verstandesgrundsätze, geschehen könnte."[100]

Als drittes, eher praktisch-pragmatisches Argument läßt sich anführen,
daß eine gründliche, erfolgversprechende Auseinandersetzung gerade mit
unkritischer bzw. gezielt interessengeleiteter Anwendung weltanschaulich
oder religiös gefärbter Zentralbegriffe nur über den Weg der intensiven
Beschäftigung gerade mit diesen Begriffen möglich ist. Es gehört zu den
praktisch-ethischen Folgerungen des aporetischen Agnostizismus, zu den
Prinzipien der Toleranz, Freiheit und Humanität, daß man sich gegen die

verzerrte, totalitäre Anwendung glaubensmäßiger Kategorien wendet. Eine solch' politisch-gesellschaftliche Kritik muß sich allerdings vor der Gefahr hüten, jene Begriffe summarisch und reduktionistisch als nichts anderes als ideologiegelenkte Projektionen mißzuverstehen, sondern muß darum bemüht sein, deren eigenständiges und legitimes Erbe zu verteidigen.

2.4. LEGITIMATION GEGENÜBER DER PATHOLOGIE UND PSYCHOLOGIE

Soll die Frage eine auf Antwort angelegte und keine rein rhetorische sein, so darf sie nicht schon in eindeutiger Weise durch eine Antwort präjudiziert sein. Demnach muß auch die Sinnfrage in ihrer Fragestruktur gegenüber verschiedenen Antworten offen sein. Wird sie demnach bejahend beantwortet (Leben hat Sinn), so ist die Konsequenz des Fragenden in den meisten Fällen, daß er sein Leben aufrechterhält; wird sie negativ beantwortet (Leben hat keinen Sinn), so ist die reine Konsequenz der Suizid.

Wenn aber bei bestimmten Denkern und in bestimmten wissenschaftlichen Disziplinen wie der Pathologie und Psychologie bzw. Psychoanalyse die eine der beiden Lösungen schon eindeutig als „unnormal", „krankhaft", „neurotisch" etc. definiert wird, so ist damit zugleich die echte Alternativstruktur der Frage geleugnet. Da aufgrund bestimmter (zutiefst unklarer und unausgewiesener) Axiome Vorstellungen von Gesundheit und Krankheit vorausgesetzt werden, kann die Sinnfrage prinzipiell nur als Entscheidung zwischen Gesundheit und Krankheit verstanden werden, − oder, präziser gesagt, nicht einmal mehr als Entscheidung, da 'Krankheit' sich nicht durch freiwillige Entscheidung definieren läßt. Leugnet man also die Echtheit der Fragestruktur, leugnet man zugleich die Freiheit des Willensentscheides (*liberum arbitrium*) in dieser Frage.

Ein klassischer und seinerzeit aufsehenerregender Verfechter dieser Vorstellungen war bekanntlich Goethe, der vor allem in den „Leiden des jungen Werther" die Idee der Krankhaftigkeit des Hangs zum Suizid proklamierte und zugleich die Freiheit zu dieser Tat dem Menschen abnahm und an dessen Stelle die Macht des Schicksals, die griechische *Ananké*, setzte. Selbstmord und Neigung dazu nannte er die „Krankheit zum Tode"; „Wir nennen es eine KRANKHEIT ZUM TODE, wodurch die Natur so angegriffen wird, daß teils ihre Kräfte verzehrt, teils so außer Wirkung gesetzt werden, daß sie sich nicht wiederaufzuhelfen, durch keine glückliche Revolution den gewöhnlichen Umlauf des Lebens wiederherzustellen fähig ist."[101] Der Krankheitscharakter wird durch den Vergleich mit einem letalen Fieber unterstrichen: „Die menschliche Natur hat ihre Grenzen; sie kann Freude, Leid, Schmerz bis auf einen gewissen Grad ertragen und geht zugrunde, sobald der überstiegen ist. Hier ist also nicht die Frage, ob einer schwach oder krank ist, sondern ob er das Maß seines Leidens ausdauern kann; es mag nun moralisch oder körperlich sein, und ich finde es ebenso wunderbar zu sagen, der Mensch ist feige, der sich das Leben nimmt, als es ungehörig wäre, den einen Feigen zu nennen, der an einem bösartigen Fieber stirbt."[102] Widerstreben ist sinnlos; der von diesem Fieber ergriffene Mensch ist nach Goethe todgeweiht: „Die Natur findet keinen Ausweg aus dem Labyrinth der verworrenen und widersprechenden Kräfte, und der Mensch m u ß s t e r b e n."[103]

Mit kräftigen Farben hat Goethe — persönlich nicht unerfahren auf dem Gebiet des Suizidversuches — ein Menschenbild gemalt, das bestimmt ist durch ein fast unabänderliches Schicksal, hineingebettet in eine pantheistische geistige Entourage, entweder begeistert von der Lust zu leben oder betrübt und verzweifelt bis zum Tode. Die fundamentale Alternativstruktur gegenüber der Sinnfrage wird geleugnet. Zwar verdammt Goethe den Selbstmord nicht — wie die Kirchen seiner Zeit — als sündhaft oder unmoralisch, nimmt ihm aber dadurch, daß er ihn in die Krankheiten einreiht, seine Würde und Bedeutung.

Von da aus war es nur ein kleiner Schritt zur — vielfach unterschwellig noch heute gültigen — Auffassung der „wissenschaftlichen" Mediziner und Seelenforscher, daß Selbstmordabsichten krankhaften Ursprungs seien. Esquirol hat in seinem bekannten Werk „Über die Geisteskrankheiten" (1836) die vielfach wiederholte These aufgestellt, alle Selbstmörder seien geisteskrank.[104] Robert Gaupp erklärte um 1910 als Ergebnis einer Reihenuntersuchung von 124 Patienten, die einen Suizidversuch überlebt hatten, daß 123 von ihnen geistesgestört seien, bis auf eine Person — merkwürdigerweise ein schwangeres Dienstmädchen.[105]

Auch Sigmund Freud hat seinen Teil zur Verfestigung dieses alten Vorurteils beigetragen. Er sah nicht nur den Suizidversuch bzw. Suizid als Ausdruck innerer Störungen an, sondern hielt bereits die Sinnfrage als solche für krankhaft. In einem Brief an die Prinzessin Bonaparte schrieb er: „Im Moment, da man nach Sinn und Wert des Lebens fragt, ist man krank, denn beides gibt es ja in objektiver Weise nicht; man hat nur eingestanden, daß man einen Vorrat von unbefriedigter Libido hat."[106] Indem Freud die wesentlichen Bedürfnisse des Menschen auf die libidinösen reduziert und alle weiteren Bereiche objektiv ausschließt, gelangt er zur pauschalen Diffamierung der Sinnfrage.

Aber selbst ein nicht freudianisch eingestellter Psychoanalytiker wie der Wiener Viktor E. Frankl (der die Sinnfrage derart in den Mittelpunkt seiner Tätigkeit gerückt hat, daß sich darauf eine vor allem in den USA verbreitete sog. „Logotherapie" aufgebaut hat) geht — so sehr er sich auch von seinen Vorgängern unterscheidet — noch immer von der Krankheitsdiagnose aus. Zwar sagt er deutlich und oft, daß das Stellen der Sinnfrage als solcher zum Wesen des Menschen gehöre und Ausdruck geistiger Mündigkeit sei — dies gegen Freud —[107] dennoch bezeichnet er die Sinnverneinung als „Sinnfindungsstörung"[108] bzw. (wenn sie häufig auftritt) als „Massenneurose"[109], die Symptom einer psychischen oder somatischen Krankheit sein könne[110] und der man im leichten Stadium mit der Franklschen „sinnzentrierten Logotherapie", im schweren endogen-depressiven Stadium aber nur mit den „Segnungen einer gezielt eingesetzten Pharmakotherapie" begegnen könne.[111] So sehr Frankl auch im philosophischen Sinn Agnostiker ist — auf dem Gebiet des von ihm sogenannten „Über-Sinns" —[112] so sehr hält er daran fest, daß die konkrete, lebenspraktische Verneinung des Sinns als Krankheit, Neurose („noogene Neurose") zu bezeichnen sei. Der darin liegende logische Widerspruch, den er selbst gesehen haben muß (wenngleich er ihn in seinen gewinnträchtigen Schriften meist geschickt ignoriert) wird vermutlich durch die beachtlichen Heilungserfolge seiner „Logotherapie" kompensiert, bei der es nicht primär um die Herstellung eines metaphysischen Sinnbewußtseins geht, sondern um die konkrete Verwirklichung des Sinnes im schöpferischen Tun, im Erleben und Lieben und schließlich auch im Leiden und Sterben.[113]

So gehen auch heute noch a l l e Psycho-Disziplinen von dem Grundsatz aus, daß Selbstmord„gefährdung" kein Normalzustand des denkenden Menschen, sondern ein Übelstand sei, dem man mit Hilfe der Wissenschaft abhelfen müsse; es ist ein Zustand, der — pauschal — nicht sein soll. Die Leute, „die dagegen sind" (Offenbach, Périchole), werden nicht mehr bestraft — wie im Mittelalter, als man die überlebenden Suizidäre wieder zusammenflickte und anschließend hinrichtete — sondern mit den „Segnungen der modernen Pharmakologie" (Frankl) so lange behandelt, bis „sie dafür sind". „Wir sind über das . . . inhumane geistige Entwicklungsstadium, das den Suizid mit dem Bannfluch belegte, noch immer nicht hinausgekommen" schrieb Jean Améry kurz vor seinem eigenen Freitod, „Nur daß, wo einst religiöse Gebote und Verbote so verbindlich waren, daß der Freitod als Verbrechen angesehen war oder wo die Gesellschaftsordnung unverschämt (und doch ehrlich) genug war, einzugestehen, es gehe ihr nur um das Material Mensch, um die Arbeitskraft Mensch, so daß also Suizidäre des Sklavenstandes durch schreckliche Strafandrohungen von der Durchführung ihres Vorhabens abgeschreckt wurden, heute Soziologie, Psychiatrie und Psychologie, bestallte Träger der öffentlichen Ordnung, den Freitod behandeln, wie man eine Krankheit behandelt . . . "[114]

Zwar gilt es, billigerweise zuzugestehen, daß diese pauschale pathologische und psychologische Verurteilung angesichts der Unsicherheit der Begriffe 'normal' und 'krank' in der ernstzunehmenden Literatur einer differenzierten Betrachtung gewichen ist,[115] dennoch bleibt Selbstmord im breiten Bewußtsein „als Schändlichkeit verworfen"[116] und wird mit einem der stärksten gesellschaftlichen Tabus belegt.

Vom Standpunkt dieser Arbeit sind vor allem zwei Bemerkungen vonnöten: Kein Mediziner oder Psychologe bzw. Psychoanalytiker ist nachzuweisen in der Lage, daß die Artikulation der Sinnfrage und des Selbstmordproblemes Ausdruck einer krankheitsverdächtigen und therapiebedürftigen

Haltung ist. Die Frage ist zunächst, wie wir sahen, nichts anderes als das Ergebnis einer systematischen Reflexion menschlicher und philosophischer Grundprobleme. Selbst wenn es im Einzelfall der psychotherapeutischen Behandlung möglich ist, die Ablehnung der Sinnbejahung mit bestimmten psychischen oder sozialen Bedingungen (Isolation, Einengung, Einsamkeit, mangelnde Befriedigung vitaler Bedürfnisse) in Zusammenhang zu bringen,[117] ist über die innere Berechtigung der Frage als solcher nichts gesagt; auch hier gilt es, einen einseitigen Reduktionismus zu vermeiden. Viele Menschen, die aufgrund ihrer Ausbildung oder beruflichen Tätigkeit nur selten zu systematischer Reflexion Gelegenheit haben, benötigen bestimmte äußere oder innere Anstöße, um die oft verdrängten oder verschütteten Grundfragen zum Bewußtsein gelangen zu lassen. Diese können dann im Einzelfall in ihrer unverhofften und unvermittelten Spontaneität zu einem psychischen Problem werden, das der Betreffende nicht mehr allein verarbeiten kann und für dessen Bewältigung er einen erfahrenen Arzt braucht. Dieser sollte aber sein Ziel nicht darin sehen, die aufgebrochene Sinnfrage bzw. das evidente Selbstmordproblem wieder zuzuschütten und zu verdrängen, sondern den Menschen im Gegenteil zu einer ruhigen und geregelten Beschäftigung mit diesen seinen Grundfragen anzuhalten. Dazu sind keinerlei Pharmaka nötig. Gegen die Mediziner muß demnach gesagt werden, daß die Reflexion der Sinnfrage und des Selbstmordproblems keineswegs krankhaft ist, sondern absolut „natürlich" und „normal"; — ja, daß erst die systematische gesellschaftliche (und medizinisch-pharmakologische) Tabuisierung und Unterdrückung dieser Problemstellung zu einer tatsächlich erschreckenden Verdrängung führt, die vielfach neurotische und therapiebedürftige Züge annehmen kann. Die Annahme liegt nahe, daß die Ärzte auf diesem Gebiet mehr Schaden als Nutzen anrichten und daß die Mehrzahl von ihnen zunächst einmal das Motto „Arzt heile dich selbst" beherzigen sollte.

Psychologen und Mediziner setzen eine positive Vorgabe, gewisse Richtlinien ihrer Berufstätigkeit voraus, die, wenn sie systematisch bedacht würden, stets auch das Problem des Sinnes zum Inhalt haben müßten. Wenn nämlich der Arzt etwas beheben will, das nicht sein soll und erreichen will, das sein soll, so muß er sich Klarheit über die Legitimations- und Begründungszusammenhänge für das Sein-Sollende verschaffen. Im allgemeinen wird geantwortet, daß der Arzt Leben schützen und erhalten müsse: warum aber eigentlich dieses, innerhalb welcher Grenzen und mit welchen Befugnissen? Erstreckt sich diese Pflicht auch auf Menschen, die in freiheitlicher Entscheidung ihr Leben nicht mehr erhalten wissen wollen? Oder der Mediziner zitiert die Grundbegriffe von Gesundheit und Normalität: wo aber sind korrekte Definitionen, wie läßt sich beides unterscheiden? Weder kann man die Selbstmordgedanken als solche als unnormal bezeichnen, selbst wenn sie in ein akut planerisches Stadium getreten sein sollten (— wieviel Dichter und Denker wären dann „unnormal"! —), noch kann man sagen, daß sich jeder Suizidär mehr als jeder andere „normale" Mensch gesundheitlich schädigt.

Wie muß der „ideale", „gesunde" Mensch beschaffen sein, um keinen Anlaß zu medizinischer „Sorge" zu geben? Sind die Begriffe von Gesundheit und Normalität wesentlich mehr als wissenschaftlich paraphrasierte Verhaltensmuster und Konventionen; können, wenn dies so ist, diese Konventionen wiederum absolute Richtschnur des Behandlungszieles sein? Der Verdacht liegt nahe, daß diese und ähnliche Fragen im allgemeinen von der Medizin tabuisiert und mit einem medikamentös herbeigeführten „Heilungserfolg" verbrämt werden. Indem der Mediziner die Reflexion an einem bestimmten Punkte abbricht, begibt er sich der Möglichkeit einer kritischen Reflexion der Grundlagen seines eigenen Berufes und seines Gegenübers, des leidenden Menschen. So zielen, wie Jean Améry sagt, die psychologischen und medizinischen Theorien stets am Grundproblem vorbei, nämlich „an der Grundtatsache, daß der Mensch wesentlich sich selbst gehört — und dies außerhalb des Netzes gesellschaftlicher Verstrickungen, außerhalb desgleichen eines biologischen Verhängnisses und Vor-Urteils, das ihn zum Leben verurteilt. Die 'klassische' psychoanalytische Theorie erscheint dem unbefangenen Blick eines der Orthodoxie nicht verschworenen Beobachters eher als eine schwitzende Arbeit zur Rettung des ganzen, in seinen Prämissen den Suizid ausschließenden Gedankengefüges, denn als ernsthafte Beschäftigung mit dem suizidären Menschen."[118]

2.5. Legitimation gegenüber dem Marxismus und weiteren integrativen anthropologischen Modellen

Der Marxismus — sowohl der marxistische als auch der stalinistische und 'revisionistische' — und die freudianisch orientierte Psychoanalyse haben unter anderem auch die strikte Ablehnung der offenen Sinnfrage gemeinsam, weil sie — aus jeweils unterschiedlichen Gründen — ein integratives Menschenbild zugrunde gelegt haben, dessen Grund und Normalzustand die ungefragte Annahme des Lebens ist, so daß die explizierte Sinnfrage als Produkt bzw. als Symptom einer inneren oder äußeren Entfremdungssituation verstanden werden muß. Beider Ziel ist die Redintegration des vermeintlich Desintegrierten und somit die „automatische" Abschaffung der Sinnfrage.

Schon in den Philosophisch-ökonomischen Manuskripten hat der junge Marx die menschliche Entfremdungssituation ausschließlich auf die Produktionsverhältnisse (namentlich das Privatkapital) und die geistige Sphäre ausdrücklich auf die ökonomische zurückgeführt: „Dies materielle, unmittelbar sinnliche Privateigentum ist der materielle sinnliche Ausdruck des entfremdeten menschlichen Lebens. Seine Bewegung — die Produktion und Konsumtion — ist die sinnliche Offenbarung von der Bewegung aller bisherigen Produktion, d. h. Verwirklichung oder Wirklichkeit des Menschen. Religion, Familie, Staat, Recht, Moral, Wissenschaft, Kunst etc. sind nur besondre Weisen der Produktion und fallen unter ihr allgemeines Gesetz. Die positive Aufhebung des Privateigentums, als die Aneignung des menschlichen Lebens, ist daher die positive Aufhebung aller Entfremdung, also die Rückkehr des Menschen aus Religion, Familie, Staat etc. in sein menschliches, d. h. gesellschaftliches Dasein . . . "[119]

Später hat Marx dann die zum Schlagwort gewordene Unterscheidung von 'Basis' und 'Überbau' eingeführt: Dieser 'Überbau' steht nun dergestalt in Relation zur ökonomischen Basis, daß er sowohl in seiner historischen Gestalt (die immer nur als Ausdruck von Entfremdungsverhältnissen begriffen werden kann) als auch in den Krisen seiner selbst, von der 'Basis' bestimmt wird.[120] Ebenso wie der Mensch nur als Ensemble der gesellschaftlichen Verhältnisse begriffen wurde, wurde das gesellschaftliche Bewußtsein als Ausdruck der ökonomischen Situation der jeweiligen historischen Verhältnisse interpretiert. Dabei haben sich die Klassiker des Marxismus kaum die Mühe bereitet, Überbau und Ideologie zu differenzieren, weil sie das gesellschaftliche Bewußtsein in „antagonistischen Produktionsverhältnissen" ohnehin als entfremdet ansahen (bzw. als Produkt der Manipulation prävalierender Interessengruppen, z. B. des Großkapitals). „Die Idee blamierte sich immer, sowie sie vom Interesse unterschieden war."[121] „Die Gedanken der herrschenden Klasse sind in jeder Epoche die herrschenden Gedanken."[122]

Was heißt dies nun, auf die heutige Sinnfrage übertragen? Eine eigentliche Frage nach dem Sinn des Lebens konnte es im klassischen Marxismus ebensowenig geben wie in der christlich-scholastischen Philosophie; auch hier stand ein gesamtgesellschaftliches Ziel, der Kommunismus, die klassenlose Gesellschaft, von vornherein fest: „Dieser Kommunismus ist als vollendeter Naturalismus = Humanismus, als vollendeter Humanismus = Naturalismus, er ist die wahrhafte Auflösung des Widerstreites zwischen dem Menschen mit der Natur und mit dem Menschen, die wahre Auflösung des Streits zwischen Existenz und Wesen, zwischen Vergegenständlichung und Selbstbestätigung, zwischen Freiheit und Notwendigkeit, zwischen Individuum und Gattung. Er ist das aufgelöste Rätsel der Geschichte und weiß sich als diese Lösung."[123]

Dieser hohe Anspruch gilt für den   g a n z e n   Marx; vergleichen wir mit diesem Zitat von 1844 ein anderes aus dem 'Kapital', in dem Marx auf den Zustand verweist, der nach dem „Reich der Notwendigkeit" kommen solle: „Jenseits desselben beginnt die menschliche Kraftentwicklung, die sich als Selbstzweck gilt, das wahre Reich der Freiheit, das aber nur auf jenem Reich der Notwendigkeit als seiner Basis aufblühen kann. Die Verkürzung des Arbeitstages ist die Grundbedingung."[124] Das Ziel des menschlichen Menschen, des Reiches der Freiheit, verbunden mit der Aufforderung zu konkreter, revolutionärer Praxis, ist trotz aller Wandlungen das gleiche

geblieben. Die Sinnfrage stellt sich nicht eigens, weil der hohe ethische Anspruch einer Abschaffung aller Verhältnisse, in denen der Mensch ein unter-
drücktes und geknechtetes Wesen ist, verbunden mit konkreter Vorstellung
vom wahren Humanismus, als ohne weiteres einsichtig erschien.

Die Fragen, wie sich der Mensch als Individuum gegenüber dem Problem
seiner Sterblichkeit verhalten solle, oder ob es sich lohne, für eine nur in
Vorstellungen existente Zukunftsvision gewissermaßen seine Arbeitskraft
und seinen Tod zu opfern, wurden verdrängt. Wenn die Frage nach dem
Sinn des Lebens laut wird, so sucht sie der orthodoxe Marxist entsprechend seinen Prämissen auf die konkreten gesellschaftlichen Entfremdungsverhältnisse zurückzuführen. Werden demnach, wie in Deutschland oder
Frankreich nach dem Ersten und (teilweise) nach dem Zweiten Weltkrieg,
Fragen nach Sinn, Ziel, Zweck, Existenz etc. in den Vordergrund des
Interesses gerückt, so interpretiert der konventionelle Marxismus sie als
Symptom entwurzelter wirtschaftlicher Verhältnisse. So heißt es etwa in
dem DDR-Wörterbuch zur Philosophie unter dem Stichpunkt „Existenzialismus" (1971). „Was der Existenzialismus als 'Existenz' oder als 'Dasein'
als Wesen des Menschen ausgibt, ist in Wirklichkeit die aussichtslose Lage
der bürgerlichen Menschen in der Epoche des Übergangs vom Kapitalismus
zum Sozialismus. Der Existenzialismus ist mit seinen Problemen wie kaum
eine andere Richtung der gegenwärtigen bürgerlichen Philosophie auf das
Dasein des bürgerlichen Menschen in einer bestimmten historisch-gesell-
schaftlichen Situation zugeschnitten. Die vom Existenzialismus aufgeworfe-
nen 'ewigen Fragen' sind nichts anderes als ideologischer Widerschein der
Krise des imperialistischen Gesellschaftssystems."[125] Auf diese Weise soll
die Sinnfrage, die „ewige Frage" nach dem Ziel und der Bedeutung des
menschlichen und immer auch „jemeinigen" Lebens, dadurch ihrer Legitimität beraubt werden, daß sie als vorübergehender Reflex antagonistischer
Wirtschaftsverhältnisse, als ideologisches Selbstverständnis einer bestimmten Gesellschaftsform, dechiffriert und denunziert wird.

Dadurch, daß der orthodoxe Marxismus aber selbst die Reflexion der
Sinnfrage, des Todes, der Bedeutung des Menschen, verdrängte und verbot,
schuf er ein intellektuelles Vakuum, das bald durch eine Reihe von meist
als „Revisionisten" verketzerten reformerischen Marxisten entdeckt wurde,
die — wiederum in lebhaftem Rückgriff auf den Marx von 1844, aber auch
im Dialog mit westlichen Denkern und Theologen — die Sinnfrage ausdrücklich zum Gegenstand gezielter Reflexion erhoben. Nachdem Kolakowski als
erster[126] 1958 ausdrücklich die Frage nach dem Sinn des Lebens aufgegriffen hatte, waren die Tabuschranken durchbrochen, so daß eine ununter-
brochene Publikationstätigkeit auf diesem Sektor einsetzte.

Dennoch muß man feststellen, daß die meisten dieser „Revisionisten"
oder „Reformisten" — sofern sie ausdrücklich a u c h Marxisten bleiben
wollen — den grundsätzlichen Schwierigkeiten verhaftet bleiben, die dem
Marxismus als solchem innewohnen. Die Ursache liegt im wesentlichen

darin, daß sie – entsprechend dem jungen Marx – ein integratives Menschenbild zugrundelegen, das seiner Möglichkeit nach durch Befreiung zum natürlichen, menschlichen Wesen seiner grundsätzlichen menschlich-existenziellen Probleme ledig werden kann. „Der Sinn des Lebens" sagt dementsprechend Lefèbvre, „besteht in der vollen Entwicklung der menschlichen Anlagen. Nicht die Natur, sondern der widerspruchsvolle, der Klassencharakter der gesellschaftlichen Verhältnisse beschränkt und paralysiert diese Möglichkeiten."[127] Adam Schaff nennt als höchstes marxistisches Ziel den „sozialistischen Humanismus", den er dem „sozialen Eudämonismus" als „Anschauung, der Zweck des Lebens sei das Streben nach einem Maximum an Glück der breitesten Menschenmassen, und nur auf diese Weise könne man das Streben nach persönlichem Glück erfüllen" zuordnet.[128] In die gleiche Richtung geht Kolakowski, wenn er für den nach dem 'Sinn des Lebens' fragenden Menschen fehlende „Fähigkeit der unmittelbaren Assimilation der Bedingungen seiner Existenz" diagnostiziert.[129] Machovec schließlich beschreibt eine solche auf marxistischem Wege erreichbare Form des Lebenssinnes in dreifacher Weise als neues Verhältnis zur Wirklichkeit (zum „kosmischen Leben"), als Befreiung von menschlichen Herrschaftssystemen und als offenen Dialog, in welchem auch „die Gefühls- und Willensmomente wechselseitig oszillieren."[130]

Man kann die verschiedenen Einwände gegen die marxistischen Aussagen in drei Punkten zusammenfassen:

Der Marxismus (unbeschadet seiner jeweiligen Erscheinungsform) kritisiert eine   b e s t i m m t e   Form der Auseinandersetzung mit der Sinnfrage unter der Voraussetzung, daß diese Auseinandersetzung für ihn selbst prinzipiell gültig reflektiert und abgeschlossen ist. Hier gilt es allerdings zu differenzieren: Vor allem der orthodoxe, stalinistische und „deutschdemokratische" Marxismus tritt mit dem vorgegebenen Bewußtsein einer Antwort auf diese Frage auf, ja mit dem der Erklärbarkeit der Bedingung der Möglichkeit einer solchen Frage überhaupt; aufgrund apriori fixierter Evidenzpostulate steht der gesetzmäßige Gang des historischen Prozesses im großen ganzen fest, dem sich der Mensch in sozialistischer Praxis zu verschreiben hat und von dem er sich nicht durch Opiate wie Religion oder Sinnfrage abhalten lassen darf. Den Gegnern dieses Modells wird Ideologie als falsches Bewußtsein bzw. bewußte Legitimation ökonomisch verursachter Herrschaftsinteressen vorgeworfen; selbst beansprucht man aber das Reich der Freiheit bereits anfanghaft in die Wirklichkeit umgesetzt zu haben.

Der jugoslawische, tschechoslowakische und polnische „Reformkommunismus" dagegen versucht, unter direkter Berufung auf den jungen Marx von 1844 die Rechte des endlichen Individuums zu revindizieren und ein dynamisch-dialektisches anthropologisches Modell zu entwerfen, auf dessen Hintergrund die reale konkrete Utopie eines ‚menschlichen', „natürlichen", „totalen" Menschen erscheint, der in ungezwungener Verbindung mit der Natur und seinen Mitmenschen die explizite Sinnfrage nicht mehr formulieren wird.

Hier aber treffen sich orthodoxer und „reformistischer" Marxismus: Indem beide in unterschiedlicher Form die These vom historischen Absterben der Sinnfrage vertreten, setzen sie — der orthodoxe Marxismus eher dogmatisch-abwehrend, der „revisionistische" eher dialogbereit-affirmativ — ein Menschenbild voraus, das auf dem Gegensatz von Entfremdung (Desintegration) und Totalität (Integration) beruht. Es wird die prinzipielle Möglichkeit eines „integrativen" Menschen im konkreten Diesseits entworfen, der auch die Erfahrungen des individuellen Leides und Todes zu bewältigen weiß, ohne am Leben zu verzweifeln. Das Problem des Todes wird aufzufangen versucht durch Überlegungen zum „natürlichen Tod" in einer sozialistischen Gesellschaft bzw. zum „Hineinsterben in das Ganze der künftigen Menschheit" (Garaudy)[131].

Indes erhebt sich die Frage, ob ein solches Menschenbild nicht in mindestens ebensolchem Maße Zeichen von Mystifikation und Mythologisierung enthält wie das metaphysische, das zu bekämpfen man auszog.[132] Trägt die „schöne Utopie" eines totalen, natürlichen, nicht-mehr-entfremdeten Menschen nicht eher Wunsch- und Postulationscharakter, — oder auf die konkreten Herrschaftsverhältnisse in großen Teilen der Welt bezogen — nicht sogar ähnlich dem früheren kirchlichen Gedankengebäude den Charakter von Vertröstung, Verlagerung, Projektion und Herrschaftslegitimation? Ist die Negligenz der individuellen Probleme im orthodoxen Marxismus nicht die Tabuisierung systemgefährdender Fragen durch das Antidoton des Dogmatismus bzw. durch die Amtshilfe staatlicher Institutionen? Schließlich: Läßt sich vernünftigerweise ein konkretes, diesseitiges Menschenbild vorstellen, das — jenseits aller bislang verwirklichten historischen Möglichkeiten — nicht mehr prinzipiell affiziert wird von den Erfahrungen der menschlichen Negativitäten und Grenzen? Der Tod und die daraus entspringenden Fragen können niemals abgeschafft werden; die konkrete psychische und physische Leiderfahrung wird ihren Platz behalten; die prinzipiellen Grenzen der menschlichen Erkenntnisfähigkeit werden bleiben (auch wenn sie auf empirische Weise unendlich erweitert werden können); die menschliche Freiheit (sowohl die „innere" Willensfreiheit als auch die „äußere" gesellschaftliche Freiheit) wird auch nach Überwindung des „Reiches der Notwendigkeit" mit denselben prinzipiellen Beschränkungen (kein Mensch kann wirklich alles tun was er will) behaftet sein wie vorher; die menschliche Glückserfahrung wird ferner nicht besser gesichert oder garantiert werden können als unter den Bedingungen der jeweiligen sozioökonomischen Entfremdungsverhältnisse.

All' diese Einwände — (die auf einem Modell des Menschen als grundsätzlich leiderfülltem Wesen beruhen) — lassen die Vorstellung eines „natürlichen Menschen" und eines „natürlichen Todes" als unrealistische Wunschvorstellungen erscheinen. Während der orthodoxe Marxismus somit Gefahr läuft, sich durch die Tabuisierung und Verdrängung der entscheidenden Fragen aus dem Kreis ernstzunehmender Dialogpartner hinauszukatapultieren, muß der anthropologisch orientierte „Reformkommunismus" ein Auge auf die Gefahr neuer Mythologisierungs- und Projektionsansätze haben, die in einem „idealistisch"-utopischen Menschenbild aufkeimen.[133]

Vor allem in die Richtung des orthodoxen, nach-Marx'schen, stalinistisch orientierten Marxismus, muß die Frage nach „Basis" und „Überbau" gehen. Angesichts der Schwierigkeiten, die die Begriffe schon bei Marx (der sie ungern verwendet)[134] und Engels bereiten — man denke etwa an die Überlegungen beider zu 'Staat' und 'Sprache' — wird man sich fragen müssen, ob es überhaupt vertretbar ist, mit 'Basis' und 'Überbau' mehr oder weniger separate Bereiche der Wirklichkeit zu bezeichnen, die man voneinander abgrenzen könnte, oder ob man beide Begriffe nicht eher als Chiffren für verschiedene Aspekte der historischen Totalität ansehen sollte. Bleiben wir der Einfachheit halber einmal in der orthodox-marxistischen Terminologie, lassen sich aber dieser und der folgende Einwand formulieren: Ist der 'Überbau' (zu dem wir auch die Sinnfrage rechnen müssen) tatsächlich immer dann als ideologischer, d. h. als dummer, falscher, interessengeleiteter, erwiesen, wenn seine Abhängigkeit, gewissermaßen seine gedankliche und wesenhafte „Unterordnung" unter die „Basis" aufgezeigt wurde? Muß man, wenn man gewisse Abhängigkeiten und Interdependenzen zwischen 'Basis' und 'Überbau' analysiert hat, dem geistigen Bereich ohne weiteres innere Brüchigkeit und Unrichtigkeit vorwerfen, ihn also konkret als das falsche Bewußtsein sozioökonomisch klar bestimmter Verhältnisse bezeichnen? Kann man nicht von der These einer relativen Autonomie des Überbaus ausgehen und konzedieren, daß auch in „nichtsozialistischen" bzw. „präkommunistischen" „Überbauten" Wahres und Richtiges, daß umgekehrt in sozialistischen „Überbauten" Falsches und Ideologiebehaftetes enthalten sein kann? Ist es nicht geradezu denkbar, daß bestimmte äußere Notlagen, besondere Anstöße vonnöten sind, um Einsichten zu Tage zu fördern, die an sich und als solche auch unabhängig von diesen konkreten Anlässen völlig schlüssig sind und somit nicht monokausal auf psychologische, soziologische oder ökonomische Faktoren reduziert werden dürfen?

Nichts nötigt uns somit, aufgrund ökonomischer, psychologischer oder sonstiger Analysen, die durchaus korrekte und interessante Einsichten in die wechselseitigen Beziehungen und Verflechtungen von gesellschaftlicher und wirtschaftlicher Entwicklung und psychisch-intellektueller Verfaßtheit der einzelnen Menschen ermöglichen können, die Illegitimität oder Minderwertigkeit der hier vorgelegten Frage zu akzeptieren. Vielmehr soll die oben ausgesprochene Ansicht pointiert wiederholt werden, daß in allen „Überbauten" Wahrheiten — oder besser: richtige Fragestellungen — enthalten sein können, sofern diese die (in obigem Sinne) „wesentlichen" Probleme des Menschen (als Individuum und Gattung) betreffen. Dahingegen kann die stillschweigende stalinistische Gleichsetzung von Ideologie

und Überbau für alle gesellschaftlichen Systeme, außer denen, in den
irgendeine Folgeerscheinung des Marxismus die Regierungsgeschäfte bestimmt, selbst wieder wegen Ideologieverdachtes geröntgt werden.

Der orthodoxe Marxismus-Leninismus (nicht so sehr der „reformisti-
sche") versteht sich im Grunde als Wissenschaft, die einer Naturwissenschaft gleichzustellen sei. Bei der Sache des Marxismus handelt es sich, wie
Marx einmal im Vorwort zum „Kapital" formulierte, „um diese Gesetze
selbst, um diese mit eherner Notwendigkeit wirkenden und sich durch-
setzenden Tendenzen."[135] Wenn der Marxismus nun die Allgemeingültig-
keit der Sinnfrage bestreitet, sie also nur als Ausdruck bestimmter gesellschaftlicher und wirtschaftlicher Krisen deutet, so kann er dies, wenn er
seinem „wissenschaftlichen" Ideal treu bleiben will, nur, wenn er gleichzeitig den Nachweis für diese Behauptung erbringt, wenn er also nachweist,
daß gesellschaftliche Situationen in Vergangenheit, Gegenwart oder Zukunft
vorhanden waren, sind oder sein werden, in denen sich die offene Sinnfrage
nicht gestellt hat, stellt oder stellen wird. Er muß auch den stringenten
Nachweis führen, daß in denjenigen Gesellschaftsformen, die Marx „zweiter
Kommunismus" und Lenin „Sozialismus" nannte, die Sinnfrage obsolet
sein wird. Es leuchtet ein, daß ein solcher Beweis unmöglich ist, ja vielmehr,
daß alle Plausibilitäten für das exakte Gegenteil sprechen, dafür nämlich,
daß die sogenannten „existenzialistischen" Probleme in einer Gesellschaft,
die weitgehend von äußeren physischen Sorgen wie Hunger, gesellschaftlicher Unterdrückung und Naturkatastrophen befreit ist, in sehr viel stärkerem Maße aufbrechen werden. Es ist anzunehmen, daß die urgenten Sinn-
fragen sich dann wieder Gehör zu verschaffen wissen werden, wenn in der
Ruhe relativer sozioökonomischer Gerechtigkeit der Mensch ein Quantum
Muße finden wird, sich anderen Problemen als rein materiellen zuzuwenden.
Die Tatsache, daß heutzutage das eine Drittel der Menschheit, das in Wohlstand lebt, von psychischen Problemen belastet wird, während die anderen
beiden Drittel in physischem Überlebenskampf befindlich sind, spricht für
die gleiche Beobachtung, daß die Probleme als solche durch rein gesell-
schaftlich-materielle Verbesserungen nicht beseitigt werden können. Erbringt somit ein auf seine Wissenschaftlichkeit pochender Marxismus den
Nachweis nicht, daß es gesellschaftliche Formen geben kann, in denen die
Sinnfrage keine Rolle spielt, dann ist er also zuzugeben genötigt, daß er
entweder nicht streng wissenschaftlich vorgeht oder daß seine Behauptung
hinsichtlich der Nicht-Allgemeingültigkeit der Sinnfrage eine bloße Hyp-
these ist.

Das hier sogenannte „integrative anthropologische Modell" als Basis
diverser schwerwiegenden Illegitimitätsverdächtigungen findet sich nicht
nur in der klassischen Psychoanalyse oder in den oben erläuterten verschiedenen Versionen des Marxismus', sondern in unterschiedlichen gedanklichen Strömungen, in den Werken Reichs und seiner Adepten und Weiter-
entwickler (in der Bioenergetik und der „Aktionsanalyse"), in der Primär-

und Urschreitherapie oder in der abgründigen Technikkritik Anders'; — ganz zu schweigen von den einzelnen Richtungen östlicher Meditationstechniken und Encounterpraktiken. Sie alle gehen — mit oftmals sehr divergierenden Begründungen und Begriffen — von dem Grundgedanken aus, daß das Leben bzw. die Lebensenergie sich durch sich selbst rechtfertigt und den Menschen nichts nötige, zusätzlich nach einem Sinn zu suchen — es sei denn, die innere und äußere psychische und physische Entfremdung von eben dieser Lebensenergie selbst. Sinnsuche wird somit zum Symptom verlorener und verschütteter glückhafter Identität.

Wilhelm Reich etwa wird nicht müde zu behaupten, daß „jeder Mensch, der sich ein Stück Natürlichkeit bewahren konnte, weiß, daß den seelisch Erkrankten nur eines fehlt: wiederholte volle sexuelle Befriedigung"[136] und daß der Mangel an dieser Befriedigung notwendig zu Neurosen führe; alle Formen der transzendenz-orientierten Sinnbejahung aber — seien es die verschiedenen Erlösungslehren (Nirwana, Opfertod)[137] oder der Gottesbegriff selbst[138] liegen in nichts anderem begründet als „in der Zersplitterung der Einheitlichkeit des Körpergefühls durch die Sexualunterdrückung und in der dauernden Sehnsucht, den Kontakt mit sich und der Welt wiederzuerlangen."[139]

Sein späterer Adept Otto Mühl greift auf diese reduktionistischen Thesen zurück, wenn er in seinem kurzen Essay „Der Sinn des Lebens" — obgleich formal-logisch Agnostiker — [140] davon ausgeht, daß der 'Sinn' nicht erdacht werden darf, sondern erlebt werden muß, indem versucht wird, die lebensfeindlichen und sexualunterdrückenden Mechanismen und Panzerungen abzubauen: „dann werden wir gott, um es in alter sprache auszudrücken, bald am eigenen leibe erfahren können. gott ist nicht jetzt zu schauen, gott muß der mensch in der zukunft verwirklichen. der mensch wird ihn erleben."[141]

Ein nachgerade negative Wertung erhält die Sinnfrage auch bei Janov (Urschreitherapie) und Taëni (Abwehrgesellschaft); bei letzterem ist sie Teil des Abwehrverhaltens der Abwehrgesellschaft, Ausfluß kollektiver Angst und Sperre zum erlebten Selbst: „Das Selbst lebt ja wirklich und ganz und nur in der Gegenwart des Hier und Jetzt. Das Göttliche im Leben wird in *ungeteilt gelebter Gegenwart* erfahrbar. Solch ganzheitliche Erfahrung macht die Suche nach einem 'Sinn' ebenso überflüssig wie jedes andere Abwehrverhalten, mit dem wir für gewöhnlich unser Leben vergeuden und unser Empfinden für das Wunderbare und Außergewöhnliche um uns fortwährend blockieren. Sie trägt uns die unverfälschten *Gefühle*: Liebe, Freude, Traurigkeit zu — nicht zuletzt aber auch das Wissen, daß unser heutiges gesellschaftliches Leben unnatürlich und menschenunwürdig ist — und so nicht zu sein brauchte."[142]

Nehmen wir schließlich noch als drittes Beispiel Günther Anders hinzu, der zwar nicht von einer „göttlichen Lebensenergie" ausgeht, aber die Aufforderung zur Sinnsuche — (etwa im Stile Frankls) — als gefährliche, verlogene und „antiquierte" Verschleierung zu demaskieren trachtet. Er sagt, indem er in die fiktive Dialogrolle des Therapeuten schlüpft, „Warum setzen Sie eigentlich voraus, daß ein Leben, außer dazusein, auch noch etwas 'haben' müßte oder auch nur könnte — eben das, was Sie 'Sinn' nennen? Lassen Sie es sich doch nicht weismachen, daß Sie Ihren Lebenssinn 'finden' könnten (denn der ist nicht irgendwo versteckt, vielmehr gibt es ihn nicht); oder gar, daß ein Anderer, z. B. ich, der angebliche Therapeut, diesen für Sie finden und Ihnen dann wie einen Stiftzahn einsetzen könnte?"[143]

Diese wenigen Belege verdeutlichen schon, daß das gegenwärtige Denken in vielerlei Formen eine explizite Auseinandersetzung mit der Sinnfrage aufgenommen hat und diese in teilweise differenzierterer Form zurückweist als es mit den Mitteln das klassischen Marxismus oder der Freudschen Analyse möglich wäre. Wir können diesen Formen der Kritik insofern zustimmen, als sie sich von einem logisch-agnostischen Denken leiten lassen, und insofern, als sie davor warnen, die Sinnfrage illegitimerweise in die Form eines Sinnpostulates zu kleiden.

Wenn sie uns aber unter den Begriffen der „Natürlichkeit", „Göttlichkeit", „Energie" etc. die Vorstellung eines Menschenwesens anbieten, zu dessen Erfüllung es gehört, grundsätzliche Probleme wie die des Sinnes überwunden zu haben, ist die gleiche Skepsis vonnöten wie bei den vorgestellten anthropologischen Varianten des (Neo-)Marxismus. Ein solches Menschenbild ist nicht nur nicht beweisbar, sondern nachgerade unwahrscheinlich; denn — und hier wiederholen wir uns — wenn auch die nicht zu leugnenden Entfremdungsverhältnisse jeglicher Art abgebaut sein würden, so wären die prinzipiellen menschlichen Grenzen und Fragen (die Grenzen der Zeitlichkeit, der Freiheit, der Erkenntnis, des Glücks) weiterhin virulent und durch keine Therapie oder Methode abzuschaffen.

Der Rausch, das glückhafte Selbst, die Erlebnisfähigkeit des Energiestromes — all' dies gewänne dann eine beunruhigende Ambivalenz: Einerseits wäre es als Befreiung, Erlösung und Abbau von Verschleierungen und Entfremdungen verstehbar und erfahrbar, anderseits müßte es selbst dem Verdacht der Verschleierung, Überdeckung, Projektion, Mystifikation unterworfen werden. Die Negligenz und Ignoranz, die Verdrängung und Abwehr der bleibenden negativen Qualitäten des Lebens würden aus dem Reich der imaginierten Freiheit ein Reich der dialektisch erneuerten Verkrampfung schaffen. Die Grundentscheidung, ob man das Weiterleben dem Suizid vorziehen solle oder nicht, ob irgendeine Form von Praxis zu wählen sei oder nicht, wäre dem Menschen auch hier genommen, — im Namen einer vorausgesetzten, innewohnenden oder kosmischen, jedenfalls irgendwie absoluten Energie.

2.6. GRÜNDE DER ILLEGITIMITÄTSVERDÄCHTIGUNGEN

Philosophie und Metaphysik suchen die Sinnfrage, so gut es eben geht, von sich fernzuhalten, indem sie sie als ein unwissenschaftliches, vulgäres Derivat denunzieren, dessen Analyse nicht lohne. Die Mediziner und „Seelenwächter" aller Art wittern hinter ihr eine neuroseverdächtige Person, die es wagt, sich von den Geboten der 'Gesundheit' und 'Natürlichkeit' zu lösen. Die vom Positivismus beeinflußten Naturwissenschaften und Datenverarbeitungsbranchen, die Sprachreiniger und Semasiologen unserer Zeit, behandeln die Sinnfrage als eine unzulässige Begriffsbildung. Politiker und Gesellschaftsveränderer verweisen sie in den Bereich der Innerlichkeit oder pachten sie global für die Ausrichtung ihrer jeweiligen eigenen Partei. So vegetiert die Sinnfrage dahin: „kritisiert, ignoriert, tabuiert, verworfen, verdrängt, privatisiert";[144] und je mehr sie von der bestallten Wissenschaft zurückgewiesen wird, desto stärker schlägt sie in anderen Bereichen durch. Welche Gründe aber liegen vor, welche Interessen setzen sich bei dieser bedrückenden gesellschaftlichen Verdrängung der menschlichen Grundfrage durch? Die folgenden drei essayistischen Hinweise können zur Beantwortung beitragen:

Erstens wird die Sinnfrage als offene und nicht apriori präjudizierte von all' denjenigen angegriffen, die bereits selbst eine positive oder negative Antwort auf sie gefunden zu haben behaupten: von allen religiösen Gemeinschaften und von nihilistischen und skeptischen Positionen jeglicher Couleur. Daneben treten ihr auch jene Vertreter neuerer Disziplinen entgegen, die sie als Produkt und Projektion bestimmter innerpsychischer oder sozioökonomischer (oder gemischter) Entfremdungsverhältnisse definieren und ihr somit reduktionistisch Eigenständigkeit und Aussagekraft abstreiten. Da nun aber diese beiden Formen der Auseinandersetzung mit der Sinnfrage in der vorherrschenden Publizistik das Feld verteidigen, und da die Erfahrung lehrt, daß fast alle Versuche, die Sinnfrage angeblich unvoreingenommen und neu zu durchdenken, doch mit alten Standards enden, erweckt schließlich jede neue Beschäftigung mit ihr auch bei dem noch verbliebenen kleinen Rest von Interessierten ein hohes Maß an berechtigtem Mißtrauen.

Zweitens wird man — abgesehen von der notwendigen Diskussion mit den kurz angesprochenen Disziplinen — sowohl aus philosophischer als auch biologischer Sicht an der Tatsache nicht deuteln können, daß die Kräfte, die den Menschen mit dem Leben verklammern und die sich auf Erhaltung und Fortdauer des Individuums und der Gattung richten, außerordentlich gewichtig sind. Zwar hat der Mensch als einziges der ihm bekannten Lebewesen die Möglichkeit, sich mit Hilfe der *Ratio*, des Intellekts, von diesen Impulsen zu lösen und eine Entscheidung in relativer Freiheit zu treffen, dennoch wirken prärationale, somatische und psychische Kräfte dahingehend, daß ein Mensch „normalerweise" (d. h. nicht im Zustand distanzierter rationaler Selbstreflexion) am Leben festhält. (Ob man diese Kräfte mit

Schopenhauer „Wille" öder „Wille zum Leben" oder mit Nietzsche „Wille zur Macht" oder mit Frankl „Wille zum Sinn" oder mit anderen „Energie" nennen möchte, ist hier weniger wichtig). Ein psychosomatischer Wille als solcher zieht den Menschen diesseits aller Vernunftreflexion zum Leben hin wie den festen Körper zu schwerer Masse — aus Gründen, deren Erkenntnis uns verschlossen ist. Wenn dem aber so ist, dann erfordert die offene Sinnfrage (auch als rein gedanklicher Vorgang) ein hohes Maß an rationaler Einsicht, an innerer Überwindung, an Willen zur Selbstdistanz (den Humor eingeschlossen), — ein Maß, das nur wenige bis an die Grenzen zu füllen und gleichzeitig geschickt zu handhaben verstehen.

Schließlich wird man drittens den wiederholt angedeuteten soziologischen bzw. politologischen Aspekt in Rechnung zu stellen haben. Es steht nämlich kaum zu erwarten, daß staatliche und gesellschaftliche Systeme, die auf geschlossenen Machtverhältnissen bzw. allgemein anerkannten Normen und Werten beruhen, eine offene Sinnfrage fördern, da diese ein unauslotbares und unabwägbares Maß an kritischer Potenz entfalten kann. Sie kann „gefährliche" Einsichten und Ansichten wachrufen, sie kann den Sinn geschlossener Macht- und Herrschaftssysteme in Frage stellen, sie kann vorgegebene Autoritäten stürzen und lächerlich machen. Indem sie die Werte einer Gesellschaft verschiebt, mit Verblendungen und Verdrängungen aufräumt, indem sie den Menschen wieder zu dem verhilft, was sie wesentlich betrifft, macht sie sich jene Systeme zu Feinden, die auf geschlossenen Machtmechanismen basieren und vorgebliche Sinnerkenntnisee proklamieren, sei es nun despotisch und brutal oder angeblich liberal und offen, so daß tückische Scheinwerte wie Konsumfreude, Fortschritt oder Leistung zu ungeschriebenen Gesetzen erhoben werden.

3. ZUR PHÄNOMENOLOGIE DER SINNFRAGE

'Phänomeno-logie' soll hier, etwa im Sinne von „Sein und Zeit", als Zusammenstellung (*'legein'*) der Erscheinungsformen (*'phainomena'*) der Sinnfrage im menschlichen Leben definiert werden. Wenn dieser Abschnitt vor die Darstellung der verschiedenen philosophiegeschichtlichen Antwortversuche auf die Sinnfrage gerückt wird, so nicht aufgrund einer 'phänomenologischen' Methode im erkenntnistheoretischen (Husserlschen) Sinne, sondern aufgrund der Mutmaßung, daß der Aufweis der Sinnfrage als Phänomen jeden menschlichen Lebens der rechte Zugangsort zum Verständnis ihrer Darstellung ist.

Diese 'Phänomene' sind nicht nur die Gegenstände der menschlichen Sinneserfahrung und Erkenntnis, sondern in einem umfassenden Sinn diejenigen Bereiche des g a n z e n Menschen, in denen sich seine Grundfragen offenbaren. Diese Bereiche umfassen daher nicht nur den Intellekt als ordnende, analysierende und begründende Instanz, sondern auch die Emotion, das Gefühl, die *Psyché* in ihrer erkenntnisleitenden Funktion. Daher nimmt es nicht wunder, daß in dem Abschnitt der 'Phänomenologie' auch jene Gefühle Platz finden, die nicht zuletzt durch die sogenannte Existenzphilosophie der neueren Zeit im hehren Bereich der Philosophie salonfähig geworden sind. Gerade auch im Aufweis dieser Erscheinungsformen wird die Aussage verständlich, daß die Sinnfrage kein elitäres Denkproblem bestimmter Philosophen ist, sondern eine Grundfrage, die prinzipiell allen Menschen zugänglich und verständlich ist.

3.1. DER TOD

Der Mensch lebt im Bewußtsein seiner Endlichkeit; „todgeweiht" ist er als einziges aller Lebewesen „imstande und verflucht, dieses Schicksal zu kennen."[145] Zwar kann er dieses Bewußtsein verdrängen und im Einklang mit den gesellschaftlichen Gepflogenheiten tabuisieren und verschieben; — dennoch bleibt jedem das sichere Wissen um seinen Tod ungebrochen und unzerstörbar zugehörig. Natürlich erfährt man, genau genommen, nie seinen eigenen Tod, bevor er nicht wirklich eintritt, sondern stets nur den anderer; aber diese Erfahrung vermag die empirische Gewißheit zu vermitteln, daß man selbst einmal sterben wird. So wird der Mensch in der existenzialistischen Anthropologie des 20. Jahrhunderts geradezu durch sein Sterbenmüssen charakterisiert, worunter natürlich nicht der an sich banale Tatbestand zu verstehen ist, daß wir alle sterblich sind, sondern, daß sich eigentliches Selbst- und Menschsein erst durch das stete Selbstverhalten zum eigenen

Sterbenmüssen, durch die emotionale und rationale Verarbeitung dieses „ausgezeichneten Bevorstands", durch das Leben als *moriturus*, konstituiert.[146]

Die Frage nach dem Tod kann analog der dreifachen Bezogenheit der Sinnfrage in dreifacher Form konkretisiert werden:

Zunächst herrscht im allgemeinen Bewußtsein der individuelle Aspekt vor. Im Bewußtsein der eigenen Endlichkeit fragen wir nach dem Sinn des je eigenen („jemeinigen") Lebens. Diese Frage entscheidet über Leben und Tod, über Tun und Nicht-Tun des je einzelnen. Sie setzt die Marksteine seiner Grundentscheidungen und seines Handlungsbezuges. Sie tritt entweder durch Reflexion auf oder durch unfreiwillige oder schockhafte Kenntnisnahme vom Tod und Sterben anderer.

Während die Frage nach dem Sinn angesichts des Todes aufgrund des unvermeidbaren Umgangs mit Toten und Todesnachrichten im Leben einer jeden Sozietät mehr oder weniger selbstverständlich auftritt, ist das Bewußtsein vom Anfang und Ende des ganzen Menschengeschlechtes, der Gattung als solcher, weniger präsent. Merkwürdigerweise wird diese Problematik, die nichts anderes darstellt als die Übertragung der individuellen Todeserfahrung auf den gesamtgesellschaftlichen, ja gesamt-kosmischen, Ablauf, weit weniger intensiv diskutiert und noch deutlicher tabuisiert. Und dennoch ist sie vielleicht wichtiger als die erste, weil tiefgreifender und fundamentaler: Wenn man die Sinnfrage als Frage des Einzelsinns unter Verweis auf den zu erwartenden Fortschritt der Gesamtgesellschaft verlagert, so muß die Vorstellung von einem Ende der Gesamtgesellschaft — "*l'imagination assez pleine et assez étendue pour embrasser l'univers comme une ville*"[147] — zu tieferreichender Skepsis verleiten. Demnach kann die Sinnfrage nie durch den Verweis auf die Möglichkeit einer zukünftigen Idealgesellschaft erledigt werden (vgl. 1.4.2.).

Angesichts des gesamt-ontischen Aspekts schließlich, angesichts der Frage, warum Seiendes sei und nichts, wird in einem dritten, wiederum weitergreifenden Schritt das Bewußtsein der Begrenztheit alles menschlichen Seins und Tuns beleuchtet.

3.2. DAS STAUNEN

Wenn die Frage nach dem Seienden als solchem und nach dem Warum von Seiendem schon aus d e m Grund die Frage nach dem Sinn des menschlichen Lebens einschließt, weil das Dasein des vernunftbegabten Sinnenwesens nur ein Teil des gesamten Seienden ist, so muß auch die Widerfahrnis dieses Seienden als solchen in besonderem Bezug zur Sinnfrage stehen. Man hat, mit anderen Worten, zu prüfen, ob es eine solche „interessenlose" Wahrnehmung dessen, was von uns erfahren wird, überhaupt gibt und ob dies ein ausgezeichneter oder möglicher Zugangsort zur hier vorgelegten Grundfrage nach dem Sinn werden kann.

Platon läßt Sokrates im *Theaitetos* eher beiläufig die Bemerkung aussprechen: „Denn dies ist der Zustand eines gar sehr die Weisheit liebenden Mannes, das Erstaunen (*thaumas*); ja es gibt keinen andern Anfang der Philosophie als diesen . . . "[148] Das Erstaunen, das nicht frag-lose Erfahren überhaupt, wird hier als Beginn jeder grundsätzlichen Reflexion aufgefaßt. Aristoteles greift in diesem Punkte auf Platon zurück, wenn er als Gegenstand der Metaphysik das *on he on*, das Seiende als Seiendes, nennt, und wenn er fortfährt, daß die Menschen sowohl jetzt wie ehedem wegen des Verwunderns (*dia gar to thaumazein*) begonnen hätten, zu philosophieren.[149]

Was vollzieht sich in diesem Staunen, welch' seltsamer Vorgang eröffnet sich dem Menschen auf diese Weise? Schopenhauer hat wohl so deutlich wie kein zweiter dies zu formulieren verstanden. Bekanntlich ist nach ihm die Erkenntnis des Menschen Dienstleistung seines Willens und somit primär funktional. Aber es gibt Ausnahmen, bei welchen sich das erkennende Individuum zum reinen Subjekt des Erkennens erhebt und den Willen außer Acht läßt: „Der, wie gesagt, mögliche, aber nur als Ausnahme zu betrachtende Uebergang von der gemeinen Erkenntniß der Idee geschieht plötzlich, indem die Erkenntniß sich vom Dienste des Willens loßreißt, eben dadurch das Subjekt aufhört ein bloß individuelles zu seyn und jetzt reines, willenloses Subjekt der Erkenntniß ist, welches nicht mehr, dem Satze vom Grunde gemäß, den Relationen nachgeht; sondern in fester Kontemplation des dargebotenen Subjekts, außer seinem Zusammenhange mit irgend andern, ruht und aufgeht."[150] Sehen wir einmal davon ab, daß dies der Schlüssel ist zu Schopenhauers Kunstphilosophie, so können wir festhalten, daß er den Rückzug auf das reine Erkennen, die vom menschlichen Willen (seinen Interessen, seinen Hoffnungen und Leidenszwängen, würden wir sagen) ungetrübte Erfahrung, dessen was ist, als seltenes Glück und verschwiegene Ausnahme betrachtet, die dennoch erst den Zugang vermittelt zur Frage gegenüber der Welt, aus der ihm jene „Perplexität" erwächst, durch die sich die „ächten" von den „unächten" Philosophen unterscheiden.[151]

So wird man bei allen „ächten" Philosophen — so verschieden sie ansonsten voneinander sein mögen — eine grundsätzliche Reflexion dieser Frage zu erwarten haben. Dies bestätigt sich, wenn man etwa Heidegger und Bloch einander gegenüberstellt, zwei Denker von krassem Gegensatz, die sich aber in dieser Frage treffen. .

Heidegger hat vor allem seine mehrfach durch Einleitung und Nachwort kommentierte Vorlesung „Was ist Metaphysik?" zur Darstellung dieser Problematik verwendet. Wie er später am Ende seines Nachwortes erläuterte, ging es hier vornehmlich um die alte Frage, warum Seiendes sei und nicht vielmehr Nichts.[152] Es war seine Absicht, das Seiende als Ganzes in den Blick zu nehmen und über dessen bloße Tatsächlichkeit, sein 'Daß' nachzudenken. Daher versucht er, die Modi zu fassen, in denen sich das Seiende als Ganzes zeige: Freude, Angst, Langeweile.[153] Indem er das Seiende als Ganzes in den Blick zu nehmen versucht, formuliert er zugleich den Gegenbegriff zum Seienden und versucht fortan, von diesem 'Nichts' her, das „Wunder aller Wunder: Daß Seiendes ist" zu bestaunen. So wird das 'Nichts' der adäquate Zugangsort zum Seienden: „Das Nichts ist die Ermöglichung der Offenbarkeit des Seienden als eines solchen für das menschliche Dasein."[154]

Da dieses 'Nichts' kein Ding, kein Seiendes ist, dennoch aber real gegeben ist, so muß es mit dem menschlichen Bewußtsein in Beziehung stehen, so daß der Mensch zum „Platzhalter des Nichts" wird. So führt die Erfahrnis des Nichts zur größtmöglichen Distanzierung von allem Seienden und zum größtmöglichen und eigentlichen Ort des Staunens über die Tatsache, daß überhaupt etwas ist. Die Nicht-Selbstverständlichkeit, das 'Befremden' über das Seiende, offenbart sich erst, wenn sich die Vorstellung Platz verschafft, daß alles nicht wäre, daß nichts gewesen wäre und nicht sei. „Einzig weil das Nichts im Grunde des Daseins offenbar ist, kann die volle Befremdlichkeit des Seienden über uns kommen. Nur wenn die Befremdlichkeit des Seienden uns bedrängt, weckt es und zieht es auf sich die Verwunderung. Nur auf dem Grunde der Verwunderung, d. h. der Offenbarkeit des Nichts — entspringt das 'Warum'."[155]

So umschreibt Heidegger das klassische Erstaunen als „Offenbarkeit des Nichts" und als Ort der Seinfrage. Auf unsere Zwecke umgemünzt, hieße dies, daß die 'Warumfrage' als Sinnfrage aus dem Ur-Staunen, dem Erstaunen darüber entspringen kann, daß überhaupt etwas ist, und daraus, daß es dem Menschen an Erklärungsmöglichkeiten über dieses Seiende und seine Herkunft, seine Bedeutung und sein Ziel, völlig mangelt. Auf dieser Offenbarkeit des Nichts basiert bei Heidegger das 'Sein' als das „ganz andere zum Seienden". Nur durch den Durchgang durch das 'Nichts' (daher ist das 'Nichts' der „Schleier des Seins"[156]) wird das Sein des Seienden — hier wohl so etwas ähnliches wie die verbale Umschreibung dafür, daß überhaupt etwas ist — in gewisser Weise vermittelt. Dem Seienden an sich nähert Heidegger sich dadurch, daß er dessen schärfsten Gegenbegriff formuliert, das 'Nichts', und auf diese Weise zurück zum ursprünglichen Staunen und zur Warum-Frage gelangt. Das aktive, verbal verstandene Sein, vermittelt die Nicht-Selbstverständlichkeit des Seienden, das Geheimnis des eigentlichen Grundes dafür, daß etwas ist.

Merkwürdigerweise hat Ernst Bloch einen ganz ähnlichen Ausgangspunkt genommen. Auch er geht von der Erfahrung des Seienden als solchen aus, ganz konkret und alltäglich etwa in den „Spuren" und natürlich auch im „Prinzip Hoffnung." Auch hier fällt plötzlich etwas aus dem alltäglichen Bezugszusammenhang hinaus und eröffnet die Frage nach dem 'Warum'; so etwa bei den Gedanken zu Knut Hamsuns „Pan", die er „Das Staunen" genannt hat. Es heißt in dem von Bloch zitierten Passus aus dem Pan: „ . . . Ja, ja, sagte sie und richtete sich auf. Die ersten Regentropfen fielen. 'Es regnet' sagte ich. 'Ja denken sie nur, es regnet' sagte auch sie und ging bereits."[157] Und Bloch bemerkt dazu: „ . . . Die das fühlte, plötzlich darüber staunte, war weit zurück, weit voraus. Wenig fiel ihr eigentlich auf und doch war sie plötzlich an den Keim alles Fragens gerückt ... So möchte man die paar beiläufigen Worte zwischen dem Mädchen und dem Mann durchaus, von Zeit zu Zeit als eine Art morgendlicher Übung des Instinkts meditieren. Dann werden die vielen großen Rätsel der Welt ihr eines unscheinbares Geheimnis nicht gänzlich zudecken."[158] Im „Prinzip Hoffnung" greift Bloch auf denselben Gedanken zurück: „ ... Man sieht daran, es sind ganz uneigentliche Anlässe und Inhalte, zu denen derart das Subjekt gegebenenfalls inkliniert, doch in ihnen, den für jeden Menschen verschiedenen, obzwar allemal bedeutungsidentischen Anlässen und Inhalten kündigt sich der Gehalt des tiefsten Staunens an, zwischen Subjekt und Objekt, beide in durchdringender Betroffenheit auf einen Augenblick hin identifizierend."[159]

Während Heidegger das fragende Staunen über das Seiende als solches, die Erfahrung des *'Nichts'* zum Ausgangspunkt nimmt für die „Lichtung des Seins", fragt Bloch mit anderen Termini, aber derselben Intention, nach dem „Kerngehalt historischer Latenz".[160] Das unmittelbare Bewußtsein von der Fragwürdigkeit des Seienden, das „Dunkel des gelebten Augenblicks", das 'Daß' der Faktizität, all' dies wird zur Erfahrung eines 'Nicht', eines Zustandes, in dem etwas fehlt, konkret im materiellen Bereich als Hunger, konkret im geistigen als Tagtraum. So leitet die Widerfahrnis des 'Nicht' zum 'Noch-nicht' über, zur Hoffnung, daß dieses Nicht nicht alles sei, und daß es als Noch-Nicht begriffen und aktiv geändert werden könne. Die Hoffnungsstrukturen der „Tendenz" können sich erfüllen — das Trompetensignal im Fidelio und das Goethesche „Verweile doch, du bist so schön" sind häufig bemühte Bilder — sie können sich allerdings auch im Nichts zerschlagen. Letztendlich ist Bloch trotz der Hoffnungsstrukturen Agnostiker.

So haben Bloch und Heidegger die Frage nach dem Seienden als solchem in je verschiedener Form, aber grundsätzlich gleicher inhaltlicher Form aufgeworfen. Beide begannen im Alltäglichen und Konkreten, beide begannen beim Staunen, beide tendierten schließlich zum Mystischen. Beide haben somit in unserem Jahrhundert die Frage nach dem Seienden als solchem, nach dem Sinn von Seiendem, aufgeworfen und somit i n d i r e k t den Zugangsort zur Frage nach dem Sinn des Lebens gewiesen. Indem ich nämlich über das, was ist, staune und darüber, d a ß etwas ist, habe ich bereits die Mehrdimensionalität der Sinnfrage (als Frage nach dem Zweck, der Bedeutung und dem Ziel) anvisiert. Indem beide zudem von ganz alltäglichen Beispielen ausgingen — von Wassertropfen, Grashalmen, automatischen Richtungsanzeigern oder Krügen — haben sie zugleich den Blick dafür geschärft, daß der Ort („Sitz im Leben") der Sinnfrage ebenso die „Alltäglichkeit" ist wie die explizite wissenschaftliche Reflexion.

3.3. GRUNDSTIMMUNGEN: ANGST, LANGEWEILE, FREUDE
3.3.1. Angst

„Angst kann man vergleichen mit Schwindligsein. Derjenige, dessen Auge plötzlich in eine gähnende Tiefe hinunterschaut, der wird schwindlig. Aber was ist der Grund dafür? Es ist ebensosehr sein Auge wie der Abgrund; denn was, wenn er nicht hinabgestarrt hätte! So ist Angst der Schwindel der Freiheit, der entsteht, indem der Geist die Synthese setzen will und die Freiheit nun hinabschaut in ihre eigene Möglichkeit und da die Endlichkeit ergreift, um sich daran zu halten. In diesem Schwindel sinkt die Freiheit ohnmächtig um."[161]

Damit hat Kierkegaard, der sich als erster Philosoph in einem eigenen Traktat mit dem Begriff 'Angst' auseinandergesetzt hat, recht gut umschrieben, was auch später Heidegger und Sartre in ihrer je eigentümlichen Terminologie formulieren sollten: 'Angst' meint zunächst das unbestimmte, vage, nicht konkret reflektierte (sondern eher reflexive) Gefühl der Abgründigkeit, Grundlosigkeit, Richtungslosigkeit, des Fraglichseins und Unbestimmtseins, es ist die amorphe und nicht konkret bestimmte Stimmung der Unsicherheit und Ungewißheit.

Daher — und nicht aus psychologischen Gründen (die sich bekanntlich ohnehin nicht halten ließen) — insistiert Heidegger so sehr auf der Differenzierung von 'Furcht' (als konkreter Angst vor einem bestimmten Gegenüber) und 'Angst', die kein konkretes 'Wovor' und 'Worum' kenne. „Worum sich die Angst ängstigt, ist das In-der-Welt-sein selbst . . . Die Angst benimmt so dem Dasein die Möglichkeit, verfallend sich aus der 'Welt' und der öffentlichen Ausgelegtheit zu verstehen. Sie wirft das Dasein auf das zurück, worum es sich ängstigt, sein eigentliches In-der-Welt-sein-können."[162] Auch hier ist 'Angst' somit das allgemeine, aufsteigende, „unheimliche" Gefühl, das in der *condition humaine*, im „in-der-Welt-sein" als solchem, und nicht in konkreten Gefahren und Bedrohungen wurzelt. 'Angst' ist somit eine anthropologische Invariante, die jeden Menschen anfallen und zum Schwindeln bringen kann.[163]

Akzeptieren wir zunächst einmal — ohne uns einer genaueren Diskussion der begrifflichen Abgrenzungen zu widmen — die Existenz dieses abgründigen Gefühls der Angst, das den Menschen noch undifferenziert und unlogisch vor die Fraglichkeit, Abgründigkeit, Bedrohlichkeit seines Lebens stellt, so ist es nicht schwer, den Bezug zur Sinnfrage herzustellen: Wenn wir oben die Sinnfrage als die explizite, logisch-analytische Reflexion der menschlichen Grundprobleme definiert haben, so zeigt sich hier die 'Angst' als der emotionale, stimmungsmäßige Ort des Erscheinens dieser Grundprobleme, die, wie wir wiederholt sagten, nicht zuletzt in den Grenzen des Menschen (Grenze der Zeitlichkeit, der Erkenntnis, der Freiheit, des Glücks) wurzeln. Sinnfrage ist somit Explikation und Reflexion der Angst; Angst das prälogische Gefühl der menschlichen Grenzen.

'Angst' im philosophischen Sinn hat zugleich mit Freiheit zu tun: „So ist Angst der Schwindel der Freiheit" schreibt Kierkegaard, und Heidegger bekräftigt: „Die Angst offenbart im Dasein das Sein zum eigensten Sein-können, das heißt das Freisein für die Freiheit des Sich-selbst-wählens und -ergreifens. Die Angst bringt das Dasein vor sein Freisein für . . . (propensio in . . .) die Eigentlichkeit seines Seins als Möglichkeit, die es immer schon ist. Dieses Sein aber ist es zugleich, dem das Dasein als In-der-Welt-sein überantwortet ist."[164]

In der Angst offenbart sich demzufolge, daß das Problem der Freiheit als Wählenkönnen eng mit dem abgründigen Gefühl der Fraglichkeit und Unbestimmtheit verbunden ist. Wenn sich die ihrer notwendigen Grenzen selbst bewußte condition humaine in der Stimmung der Angst zu sich selbst führt, weist sie zugleich auf die Notwendigkeit hin, irgendeine Form der Praxis und des Handels zu wählen (wobei das Nicht-Handeln auch als eine der Formen des Handelns verstanden werden muß). Sie ist ein Gefühl, das sowohl das Innerste des Individuums angeht als auch gesellschaftliche Bedeutung besitzt. Gleiches aber gilt wiederum für die Sinnfrage: Auch sie formuliert das Problem des Wählens und der Freiheit in unüberbietbarer Schärfe als die Wahl zwischen Leben und Tod, zwischen intentionalem Handeln und bewußt gewähltem Suizid. Auch sie tangiert das Innerste des Einzelnen und verweist auf den gesellschaftlichen Bezug. Somit ist die Reflexion des Freiheitsproblemes in der Sinnfrage und die Grundproblematik ihrer eigenen Legitimation ebenfalls mit dem Gefühl der Freiheit und Wahl in der Angst in Beziehung zu setzen, — nicht aber so, daß sie, die Sinnfrage, in der Angst wurzelt, sondern daß sie eine andere, nämliche die logische, Formulierung ein und desselben anthropogenen Sachverhaltes ist.

Schließlich ist drittens die „existenzialphilosophische Angst" mit 'Sehnsucht' verbunden. Kierkegaard deutet diese Sehnsucht theologisch unter Bezugnahme auf Römer 8, 19 („die ungeduldige Sehnsucht der Schöpfung") und schreibt: „Ein solcher Ausdruck der Sehnsucht ist Angst; denn in der Angst bekundet sich der Zustand, aus welchem er sich heraus-sehnt, und bekundet sich, weil die Sehnsucht allein nicht genug ist, ihn zu erlösen."[165] Heidegger wiederum abstrahiert weiter und läßt die Anklage an die christliche Soteriologie fort, aber er formuliert ausdrücklich auch das Problem der Sehnsucht und der Heimat, wenn er Angst als das Gefühl der „Unheimlichkeit" definiert, wo diese sofort zur „Un-heim-lichkeit", zum „Un-zuhause" gerät, zum „Nicht-zuhausesein."[166] Das Gegenteil der Angst (die Kierkegaardsche Erlösung) wäre somit das Zuhause. Da aber der Mensch durch die Angst mitkonstituiert wird, gehört sein Un-zuhause zu seinem unveränderlichen Wesen.

Bringen wir auch dieses dritte „Strukturelement" der 'Angst' in Bezug zur Sinnfrage, so heißt dies, daß die Explikation der Sinnfrage sich der Möglichkeit von Erlösung nicht verschließen darf. Die Sinnfrage muß als eine offene, agnostische, nicht-nihilistische formuliert werden, aber mehr noch: Jenseits aller Logik, jenseits aller Analyse muß die Sinnfrage Raum und Verständnis dafür bieten, daß das nackte, offene und unverhüllte Hoffen, Sehnen und Wünschen sein Recht einfordert.

3.3.2. Langeweile

„Die tiefe Langeweile, in den Abgründen des Daseins wie ein schweigender Nebel hin- und herziehend, rückt alle Dinge, Menschen und einen selbst mit ihnen in eine merkwürdige Gleichgültigkeit zusammen. Diese Langeweile offenbart das Seiende im Ganzen."[167] Mit diesem Wort wollte Heidegger ein Philosophieren zur Langeweile überwinden, das in eher moralisierender, spielerischer oder ironischer Weise die Langeweile über dies und das bedachte oder im Scherz und Ernst sie als Grundübel und Ausfluß aller Handlungen und Taten betrachtete.[168]

Hier wird die Langeweile eine Stimmung der absoluten Distanz, die weder positiv noch negativ gewichtet ist, sondern beide Momente in gleichem Maße untergründig in sich aufsteigen läßt. Es ist weder ein Gefühl des Lebensekels oder des Sinnlosen noch eine reflektierte Analyse der stoischen Gleichgültigkeit, sondern ein Gefühl (ähnlich der Angst) des Gleich-Gültigen, des Seienden als solchen.

Hier aber wird der Bezug zur Sinnfrage wieder offenkundig: Wenn die Langeweile vom direkten Bezugszusammenhang abstrahiert, wenn sie die Gültigkeit des alltäglichen „Besorgens" zerbricht (bzw. unterbricht), dann schafft sie ein Vakuum für grundsätzliche Reflexionen, die wir oben unter dem Begriff der Sinnfrage zusammengefaßt haben. Im Getriebe der Praxis, in der ununterbrochenen Geschäftigkeit, stellt sich die Sinnfrage wohl nur höchst selten; sie bedarf einer Situation der Muße, der Distanz und der Offenheit. So kann die im allgemeinen negativ gewertete tiefe, eigentliche Langeweile eine positiv-funktionale Bedeutung für die Sinnfrage erlangen.

Aber selbst wenn sie negativ-moralisch gewichtet wird, — als Gefühl der Nichtigkeit des Daseins wie bei Pascal oder als krankhafte Kurzweiligkeit infolge von Monotonie wie bei Thomas Mann oder als Überdrußerscheinung wie bei Kierkegaard — selbst dann liegt der Bezug zur Sinnfrage nicht fern, denn die Frage nach dem Übel, dem Nichtigen, dem Überdruß, führt notwendigerweise zur Frage nach dem Ziel, der Funktion, der Bedeutung dessen, was als Belastung empfunden wird und somit wieder ins Kernzentrum dessen, was in der Philosophie seit dem Ende des 19. Jahrhunderts die Sinnfrage genannt wird.

3.3.3. Freude

Nennen wir schließlich — ohn Anspruch auf Vollständigkeit — mit Heidegger noch drittens die 'Freude' als Phänomen der Sinnfrage. Dies ist ein für die konventionelle Philosophie noch weit untypischerer Begriff[169], der im Vergleich zu den dunklen und düsteren Termini wie Angst, Langeweile, Ekel, Trauer sich nur recht selten findet. Heidegger rückt ihn auf den mittleren Platz zwischen Langeweile und Angst und weist ihm a u c h die Funktion zu, eine Stimmung zu bezeichnen, in der sich das Seiende als Ganzes offenbare.[170]

Wie können wir dies verständlich machen? Wenn sich in der Angst die unbestimmte Unsicherheit und Bedrohung, in der Langeweile die absolute Gleichgültigkeit zeigt, so zeigt sich in der Freude (nicht identisch mit Lust und Glück) die tiefe, erfüllte dankbare Bejahung der Welt oder eines Menschen. Die Freude ist der positive extreme Pol menschlicher Stimmungen. Diese prärationale, affektive Zuwendung aber kann ihrerseits die Sinnfrage auslösen, indem sie nach der Ursache der Freude, nach dem Grund des tiefen Dankbarkeitsgefühls, nach einem möglichen letzten Grund und Ziel dieser Stimmungen, fragt. Die Dimension der Bedeutung des Seienden als ganzes wird angesprochen, indem die spontane Feude das Ganze unmittelbar als Gutes deutet; der Bereich des Zieles wird involviert, indem ein absolut Gutes und absolut freude-erregendes Überweisen projiziert wird; die Zweckrationalität des Daseins schließlich findet ihre Bestätigung in der „Herstellung" von Freude.

Brechen hier die Beispielsserie ab, die sich an Heideggers drei Grundstimmungen orientiert hat, denen seiner Ansicht nach die „Offenbarung des Seiendes im Ganzen" zu verdanken ist. Sicherlich könnte man ohne Schwierigkeiten fortfahren mit Begriffen wie: Trauer, Glück, Melancholie, Hoffen, Sehnen, Glauben, Abschied, Liebe u. a. Sie allesamt könnten erweisen, daß in der psychisch-emotionalen Tiefendimension des Menschen die grundsätzlichen Möglichkeiten und Fähigkeiten zum Erleben und Fühlen der menschlichen Grundprobleme verankert sind, die der Intellekt in der systematischen Reflexion deutlicher darstellt und erläutert.

4. DIE ALTERNATIVE

4.1. DIE BEGRIFFSEINTEILUNG

Nach der Definition des Begriffes 'Sinn', seiner Legitimation als zentraler anthropologisch-philosophischer hermeneutischer Kategorie des gegenwärtigen Philosophierens und dem Aufweis seiner Erfahrnis im Lichte menschlicher Grundstimmungen sollen die verschiedenen Möglichkeiten der denkerischen Antwort systematisiert werden.

Der größte Teil dieser Antworten wird von zwei Argumentationsfiguren beschlagnahmt: von denjenigen, die einen Sinn bejahen und denjenigen, die einen solchen verneinen. Unter Berücksichtigung des komplizierten geistigen Differenzierungsprozesses — schon innerhalb des antiken und klassischen, dann vor allem innerhalb des neuzeitlich-nachkantianischen Denkens — kann man beide Positionen wiederum unterteilen in Figuren, die mit dem Rückgriff auf das Transzendente (Gott) operieren und die hier dementsprechend „transzendenz-orientiert" genannt werden sollen, und anderen, die diesen Bezug für obsolet oder falsch halten und hier folglich „immanenz-orientiert" heißen.

Bei den Formen der Sinnbejahung muß allerdings eine dritte Position berücksichtigt werden, die man (unabhängig von den spezifischen philosophiegeschichtlichen Ausprägungen dieses Begriffs) am ehesten als die „monistische" bezeichnen kann, weil sie sich gegen eine dualistische, logisch-binäre Zweiteilung in Immanenz und Transzendenz verwahrt und demgegenüber eine einheitliche, allumfassende Sinndeutung aufrechterhält: Der deutsche Hochidealismus zählt hierzu ebenso wie die Hauptströmung der östlichen Religionen.

Schließlich erweist sich noch jeweils eine weitere Unterteilung als nötig und möglich: Die „immanenz-orientierten" Antworten können in solche untergliedert werden, die die Sinnbejahung unter Berufung auf eine existenziell-individualistische Lebensform vertreten, und solche, die dies aufgrund eines gesellschaftlichen Gesamtbezuges tun; die „transzendenz-orientierten" Formen aber kann man nicht auf diese Weise differenzieren, da sie im allgemeinen sowohl das individuelle als auch das gesamt-gesellschaftliche und gesamt-ontische (kosmische) Heil zu verkünden und in Kraft zu setzen beanspruchen. Allerdings ist bei ihnen die Unterscheidung von philosophischen und religiösen Formen sinnvoll, da die philosophisch-abstrakte „transzendenz-orientierte" Sinnbejahung bzw. -verneinung in der Regel etwas anderes darstellt als die religiös bezogene Verneinung und Bejahung; die konkreten Darstellungs- und Begründungszusammenhänge sind meist unterschiedlichen Bereichen (einmal dem logisch-rationalen, einmal dem

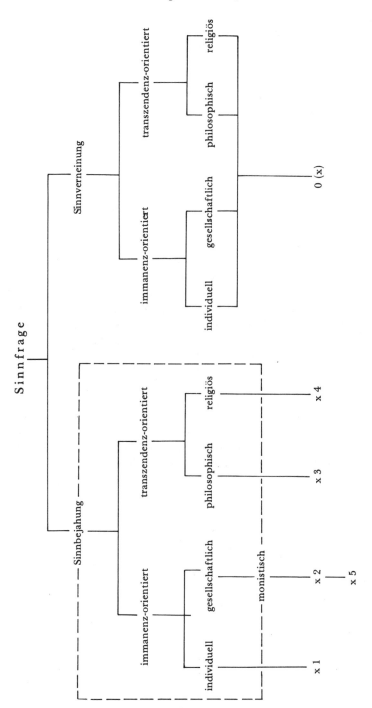

psychisch-emotionalen) des Menschen entnommen, und verwirklichen sich
dementsprechend durch den ständigen und wiederholten Appell an diese
verschiedenen anthropogenen „Kraftzonen".

Schließlich heißt es, darauf hinzuweisen, daß zwar die logische Struktur
von Sinnbejahung und Sinnverneinung prinzipiell identisch ist, daß aber die
Art und Weise der jeweiligen „Immanenz-Orientierung" und „Transzendenz-
Orientierung" unterschiedlicher Natur ist: Während sie bei der Sinnbejahung
positiv gemeint ist und mit jeweils verschiedenen Werten und Inhalten gefüllt wird, ist sie bei der Sinnverneinung nur negativ-defensiv zu verstehen,
d. h. als „bestimmte Negation" einer konkreten Bejahungsfigur. Dies führt
dazu, daß die Antworten auf beiden Seiten völlig unterschiedlich ausfallen:
Während die Sinnbejahung in ihren bunten und untergliederten Formen
zu einer Fülle verschiedener Antworten gelangt, die jeweils Eigenständigkeit
und Legitimität auf ihrer Seite wissen können, so daß sich eine prinzipiell
unendliche Periode von Bejahungsformen ergibt (x 1, x 2, x 3 ... x n), enden
die Verneinungsformen — auf welchem exkludierenden, negierenden und
defensiven Weg sie auch immer zu ihrem Ziel gelangt sein mögen — stets bei
ein und derselben Antwort: der einfachen Negation.

Dies wiederum hat Konsequenzen für die Problematik der „Wahl"
(*choix*) angesichts der Alternative: Während der Sinnverneiner bei seiner
Wahl — trotz der verschiedenen methodischen Möglichkeiten — stets e i n -
d e u t i g die absolute Ablehnung jeglichen Sinnes wählt und somit nur einen
einfachen, logischen stringenten Akt vollzieht, ist der Sinnbejaher gezwungen, wenn er sich zugunsten des Sinnes als solchen entschieden hat, zwischen den verschiedenen Formen der Bejahung zu wählen; er vollzieht somit rein logisch (natürlich fast kaum praktisch) einen d o p p e l t e n Schritt:
Welche Konsequenzen sich hieraus für die Entscheidung zugunsten des
Agnostizismus und gegen die (christlichen) Theorien von der „Wahl" oder
vom „Sprung" ergeben, wird unten weiter ausgeführt werden.

Das vorstehende Schaubild soll diese Begriffseinteilung verdeutlichen,
ist aber ohne diese Erläuterungen nicht verständlich.

4.2. SINNBEJAHUNG
4.2.1. Immanenz-orientierte Sinnbejahung
4.2.1.1. Die individuelle immanenz-orientierte Sinnbejahung

Die Antwort, der Sinn des Lebens bestehe in der optimalen Ausschöpfung von Lust, ist nicht nur integrativer Bestandteil eines neuzeitlichen Konsumverhaltens und Wertverlustes, sondern — philosophisch-dialektisch durchdrungen — auch der Ethik und Hedonik seit den Anfängen der klassischen abendländischen Tugend- und Verhaltenslehre.

„Alle Moralsysteme des Alterthums, das Platonische allein ausgenommen, waren Anleitung zu einem glücksäligen Leben: demnach hat, bei ihnen, die Tugend ihren Zweck durchaus nicht jenseits des Todes, sondern in dieser Welt."[171] Diesen von Schopenhauer analysierten In-Eins-Fall von Ethik und Hedonik formulierte am eindringlichsten und frühesten Epikur, der Schüler des Nausiphanes, indem er lehrte, daß die bestmögliche Annäherung an die Erfüllung menschlicher Lust (hedoné, voluptas) Grundlage erfüllten Lebens sei. Zur Sicherung der geforderten Lust-Intensivierung plädiert er für politische Abstinenz, für Furchtlosigkeit gegenüber den Göttern (die allerdings noch nicht — wie später bei Lukrez — explizit geleugnet werden), für Unbefangenheit gegenüber den Naturgesetzen und vor allem für eine „naturgemäße" Lebensweise. Die Ausrichtung nach der Natur verwahrt sich entschieden gegen die hemmungslose und anarchische Ausschöpfung jeglicher Lustempfindung und beschränkt sich, rational und diszipliniert, auf ein gesichertes, bescheidenes Maß von Lebensfreude, so daß sich das epikureische Lebensideal dem der späteren Stoiker annähern konnte — wie vor allem Seneca gegenüber groben Mißverständnissen seiner Zeitgenossen hervorhebt.[172]

Dies hinderte die katholische Apologetik und Polemik in den späteren Jahrhunderten nicht daran, Epikur als den Vater aller materialistischen, atheistischen und häretischen Denkströmungen zu diffamieren und dessen positive Verwendung im christlichen Abendland nach Möglichkeit einzugrenzen. Es war vor allem der anti-jansenistische Kardinal Melchior de Polignac (1661–1741), der die plumpen Verzerrungen Epikurs in seinem „Anti-Lucretius sive de deo et natura" zu einem festen System zusammenband und dessen eifrige Benutzung der weiteren christlichen Propaganda anheimstellte.[173]

Erst Nietzsche hat sich — als erster seit dem großen Stoiker — um eine Rehabilitierung Epikurs und des Epikureismus' bemüht und die tiefe Dialektik zwischen Leidenserfahrung und Lustlehre aufgewiesen. In der „zur Schau getragenen Tapferkeit des Geschmacks, welche das Leiden leichtfertig nimmt und sich gegen alles Traurige und Tiefe zur Wehr setzt" sieht er eine der „feinsten Verkleidungsformen" der „geistigen schweigenden Hochmuth des Leidenden".[174] So räumt er in seiner neuen Moral, in der Umkehrung der Werte, in dem Versuch umwälzender Normsetzung, der

'Lust' einen vorrangigen Platz ein und formuliert die positiv-utopischen
Ziele, die anzustreben vornehmste Aufgabe sei: „Wollust: das große Gleich-
nis-Glück für höheres Glück und höchste Hoffnung . . . Herrschsucht: die
aber lockend auch zu Reinen und Einsamen und hinauf zu selbstgenugsa-
men Höhen steigt, glühend gleich einer Liebe, welche purpurne Seligkeiten
lockend an Erdenhimmel malt . . . Selbstsucht, — aus mächtiger Seele, zu
welcher der hohe Leib gehört, der schöne, sieghafte, erquickliche, um den
herum jedwedes Ding Spiegel wirkt . . . "[175]

Weder den Epikureern noch Nietzsche geht es um plumpe Befriedigung
der menschlichen Grundbedürfnisse, sondern um die disziplinierte Vervoll-
kommnung menschlicher Glücksempfindung, die — mit unverhülltem und
festem Blick auf Leid und Tod — der individuellen und subjektiv befriedigenden Sinnfindung in ihren Grenzen und Möglichkeiten einen vorrangigen
Platz einräumen möchte.

Das Niederreißen weiterer Zäune und Grenzen, die Versuche, die Lusterfüllung bis an die Grenze des Menschenmöglichen zu steigern, die absolute
Eskalation und Variation menschlicher *Voluptas* und *Libido*, führt in die
Grenzgebiete von Sinnverneinung und Sinnbejahung, indem weitere Normen und (natur)rechtliche Vorstellungen abgeräumt werden, bis nichts als
die nackte Lust als letztes Residuum für Sinn zurückbleibt. Die Werke des
Marquis de Sade können exemplarisch für den Versuch herangezogen werden, die Lustlehre bis an die Schwelle der totalen Sinnverneinung zu
führen. Hier stehen keinerlei naturrechtliche Schranken mehr im Wege,
keine religiösen oder weltanschaulichen Hindernisse, und es gilt kein anderes als das ungeschriebene Gesetz, daß erlaubt ist, was der Lust dient.
Diejenigen, die die ökonomischen und gesellschaftlichen Potentiale haben,
sich diese Lusterfüllung zu verschaffen (Adel, Klerus, Justiz, Rentiers)
gehen dabei bis an die Grenzen: über genitale und partiale Befriedigung,
Pedikation, Tribadie, Koprophilie bis zum „Sadismus", zur Folter und
Tötung des erotischen und sexuellen Gegenübers. Daß die Hedoniker nach
Sade'schem Muster sich frei von allen Konventionen wissen, wird literarisch
dadurch verdeutlicht, daß sie sich hinter die dicken Mauern, Hecken und
Wälle von Klöstern, Schlössern und Herrensitzen zurückziehen — allein mit
sich, ihren Trieben und Neigungen, ihrer subjektiven Freiheit v o n allen
Bindungen und ihren Opfern, denen sich kein Gott offenbart. Die Welt der
Lust ist eine Welt ohne Gott, da die Lust an die Stelle Gottes getreten ist.
Gott wird nicht argumentativ geleugnet, sondern er spielt keine Rolle mehr,
da er zum einen von den Hedonikern nicht benötigt wird und zum anderen
den Opfern, die ihn verzweifelt herbeiflehen, nicht hilft. Die Dispens von
ethischen Normen zeigt sich vor allem in der stets wiederkehrenden zynischen Bestätigung der sophistischen Weisheit, daß Unrechttun schöner sei
als Unrecht-Erleiden — ein Motto, das die ganze „Justine" prägt. Alle
Romane de Sades sind durchzogen vom Prinzip der absoluten Isolation von
der gesellschaftlichen Umwelt und dem Transzendenten, sind aufgebaut auf

dem individuellen Lustprinzip von Einzelpersonen und gleichgesinnten Kleingruppen.

Und dennoch stellt sich das Reich de Sades nicht als das Chaos enthemmter Triebe dar, sondern es will scheinen, daß das logische Raffinement und die aristokratische Disziplin dem Maß an Lustintensivierung proportional entsprechen.[176] Selten ist dieser Bezug so anschaulich dargestellt worden wie in Pasolinis letztem Film „Salò, Oder die letzten 120 Tage von Sodom": Der Rahmen, in welchem sie die Befriedigung vollzieht, ist logisch-rational und perfekt bis ins letzte Detail der Staffage geformt: Das Prinzip der Tetrarchie ist Grundlage der Herrschaft über die Opfer durch die vier Herren, die vier Jungführer und die vier Huren; in einer sakral anmutenden *Trilogia della morte* strebt die Eskalation der Lust über den „Höllenkreis der Lust", den „Höllenkreis der Scheiße" auf den „Höllenkreis des Blutes" zu; die Opfer sind mit größter Sorgfalt ausgewählt (eine Zahnlücke führt zur „Relegation") und das gesamte „sadistische" Ambiente ist bis ins letzte Detail geprägt durch die geometrischen und doch verspielten Formen des italienischen Futurismus. Zwar hat auch hier der Tod das letzte Wort — in der brutalen Gestalt des raffinierten Mordes bei den Jugendlichen, in der quasi-stoischen Form des selbstsicheren Suizides bei den „Herren" — doch ist dieser Tod keineswegs Eingeständnis absoluter Negation, sondern logische Konsequenz und Funktion bis an die Grenze des Menschenmöglichen getriebener (sinnerfüllter) Lustintensivierung.

Isidore Ducasse, besser bekannt unter dem Namen des „Comte de Lautréamont", versuchte de Sade zu übertreffen, indem er Lust als Medium der universellen, kosmischen Revolte begriff, die dennoch die letzte individuelle residuale Möglichkeit einer Sinngewährung bleibt. Mit gewagten und tiefen Bildern revoltiert der Zwanzigjährige in den „Chants des Maldorors" gegen die Schöpfung eines Gottes, der Mensch und Welt voneinander trennt und dem Individuum den Bereich der Wahrheit und das Meer der Lust entzogen hat. Die Vereinigung des Getrennten geschieht aber nicht in aktivem Kampf, sondern in gemeinsamer, lusterfüllter Vernichtung beider; Tod ist auch hier Koinzidenz von hedonistischer Lusterfüllung und normativer Sinnverneinung. So entwickelt Lautréamont eine ins Surreale projizierte apokalyptische Revolte gegen Schöpfung und gegen das eigene Ich. Die Koppelung von Lust- und Destruktionsprinzip drückt er am intensivsten in den Bildern gleichgeschlechtlicher Lusterfüllung aus; vor allem die *Pedicatio per anum* wird zum symbolträchtigen Werkzeug lusterfüllter *Aggressio* und kosmischer *Destructio* zugleich: „O wäre das Universum statt einer Hölle ein ungeheurer himmlischer After geworden, seht die Gebärde, die ich in der Gegend meines Unterleibes vollführe: ja, ich hätte mein Glied durch seinen blutigen Schließmuskel gestoßen und durch meine stürmischen Bewegungen die eigenen Wände seines Beckens zerschmettert! Das Unglück hätte dann nicht ganze Dünen von Treibsand auf meine geblendeten Augen geweht, ich hätte den unterirdischen Ort entdeckt, wo die Wahrheit im

Schlaf liegt, und die Ströme meines klebrigen Samens hätten so einen
Ozean gefunden, um sich in ihn zu ergießen."[177] — So ist die Welt zur Hölle
geworden, die es aufzustoßen gilt, um in der Nacht der Verzweiflung die
mögliche Wahrheit und die Geborgenheit im Ur-Meer der Schöpfung und
Zeugung zu finden: Suche nach Erfüllung und Wahrheit auf dem Wege der
revoltierenden *Libido*.

Die Bandbreite der Hedonik und Eudämenologie erweist sich somit als
recht groß: Sie reicht vom epikureisch oder stoisch disziplinierten Kompro-
miß zwischen absoluter Lusterfüllung und passiver Anpassung über die
extrem gesteigerten Raffinements de Sades bis zur Revolte und Selbstzer-
störung im lusterfüllten Protest gegen die Absurdität der Welt. Alle Entwürfe sind sich jedoch darin einig, daß es sinnvoll sei, sich mit dem Irdischen zu bescheiden, das Transzendente außer Betracht zu lassen und in
der konkreten praktischen Verwirklichung ein subjektives Optimum an
gelebter Befriedigung und Zufriedenheit zu erlangen.

4.2.1.2. Die gesellschaftliche immanenz-orientierte Sinnbejahung

Durch den Verweis auf den Hedonismus wurde oben schon indirekt auf den
Utilitarismus Bezug genommen, auf jene Form des sozial relevanten Eudämonismus', die die sittliche Bewertung der Praxis nicht nach moralischen
Prinzipien ausrichtet, sondern nach dem quantitativ zu bestimmenden
Nutzen oder Schaden, den das jeweilige Handeln der Menschheit zufügt.
Der Nutzen bestimmt sich dabei durch das Maß an Glück (*happiness*), das
den Mitmenschen zuteil wird. Diese Lehre — die mit den Namen der englischen Rechtstheoretiker Hutcheson, Bentham und Mill verbunden ist —
vermochte zwar in verschiedenen Varianten nachhaltigen Einfluß auf die
politisch-pragmatische Wirklichkeit auszuüben, aber keine durchgehende
Theorie zur Wertsetzung und Zweckbestimmung des ethischen Handelns zu
erstellen: Maßstab höchster Wünschbarkeit war gesellschaftliche *happiness*,
und die zugrundeliegenden Legitimationsprobleme wurden kaum oder
unzureichend reflektiert.

Auch der Marxismus kann als eine bestimmte Form des gesellschaftlichen Eudämonismus' angesehen werden, da er mit der „klassenlosen
Gesellschaft" zugleich größtmögliche Glückserfüllung herbeiführen möchte.
Er kann — unbeschadet der oben reflektierten Aporien — als erste zusam-
menhängende Theorie der Geschichte und Gesellschaft als ganzer angesehen
werden, die eine rein immanenz-orientierte Sinnsetzung zu konstituieren
unternimmt.

Neben Marx gibt es eine Fülle weiterer Gedankensysteme, die auch eine
Sinnbejahung ohne Transzendenz postulieren. Im Umkreis der weiteren
Wirkungsgeschichte wird man hier die sogenannte Frankfurter Schule nennen

müssen, die in Auseinandersetzung mit Kant und Hegel die Marxschen Gedanken weiterentwickelt hat. Gegenüber Hegel halten sie und ihre denkerische Entourage die aporetische Gestalt der negativen Dialektik offen und versuchen mit Marx trotzdem konkrete Gesellschaftskritik. Indem so, z. B. bei Adorno, die negative Dialektik gegen alle geschlossenen Systeme auftritt, deren Immanenzzusammenhang durch eine Totalität von Identitätssetzungen herbeigeführt wird, indem sie so den „Bann", den „Verblendungszusammenhang", die Scheinversöhnung des Ganzen, durch Kritik zerstört, gerät sie notwendigerweise aber in den Bereich axiomatischer Wertsetzungen und Leitvorstellungen, die ihr aufgrund ihrer eigenen Prämissen untersagt wären. In diesem Dilemma zeigt sich, daß die Ziele und Wertvorstellungen offensichtlich an das idealistische Erbe, an Hegel und Schelling, anknüpfen, und daß die N a t u r wieder zum Ziel und Subjekt der Gesamtgeschichte wird; — wohl bei keinem so greifbar wie bei Herbert Marcuse. Er begreift die Natur als Subjekt-Objekt, als Träger objektiver Werte und erwartet, daß durch die Wiederherstellung der inneren und äußeren Natur, durch die Einforderung des Lustprinzips gegenüber dem Realitätsprinzip, die Wende des Menschen zur Naturalisierung und der Natur zur Humanisierung (im Sinne des jungen Marx) herbeigeführt werden könne.

Neben diesen Formen der Sinnkonstitution ohne Transzendenz soll ein weiteres Beispiel genannt werden, das nicht ohne weiteres anderen Systemen unter- oder beigeordnet werden darf, sondern das Eigenständigkeit und Wirkmächtigkeit enthält; der einfache praktizierte Humanismus: „Gut ist: Leben erhalten und fördern; schlecht ist: Leben hemmen und zerstören. Sittlich sind wir, wenn wir aus unserm Eigensinn heraustreten, die Fremdheit den anderen Wegen gegenüber ablegen und alles, was sich von ihrem Erleben um uns abspielt, miterleben und mitleiden. In dieser Eigenschaft sind wir erst wahrhaft Menschen... Mitleiden und Mithelfen... gibt deinem Leben den einzigen Sinn, den es haben kann . . . "[178] Liebe und Mitleid, schlechthin und vorbehaltlos praktiziert, werden in diesem konzentrierten Text Albert Schweitzers als die einzigen Garanten des Lebenssinnes angesehen. Die Antwort auf die Frage nach dem Sinn des Lebens geschieht nicht durch theologische Verkündigung, nicht durch überlanges Theoretisieren, sondern durch den Hinweis auf die aktive, praktische Gestaltung des Lebens in der Hilfe gegenüber dem vielfältigen physischen und psychischen Leid in allen Erscheinungsformen bei allen Menschen ohne Unterschied. „Suchet zuerst die Hilfe in Liebe, alles andere wird euch dazugegeben werden" könnte man die Botschaft Schweitzers paraphrasieren. Liebe und Mitleid, Nächstenliebe und Hilfe verwirklichen demnach untheoretisch und präargumentativ das Sinnverlangen; es handelt sich um die Wahrheit, die nach dem Johannes-Evangelium getan werden muß.

Die entschiedenen Verfechter eines praktizierten Humanismus' halten an der Eigenständigkeit dieser Form der Sinnbejahung fest. Sie verwahren sich dagegen, sie als Derivat transzendenz-orientierter Formen zu interpretieren. Deutlich schreibt Schweitzer an Erwin Reuben Jacobi – Erich Fromm zitiert diesen Satz zustimmend – „daß die ethische Religion der Liebe bestehen kann ohne den Glauben an eine ihr entsprechende, die Welt leitende Gottpersönlichkeit."[179]

Noch entschiedener freilich hatte schon Schopenhauer die Rückführung „ächter Tugend" auf moralische Lehren zurückgewiesen. „Hieraus folgt, daß durch Moral, und abstrakte Erkenntniß überhaupt, keine ächte Tugend bewirkt werden kann; sondern diese aus der intuitiven Erkenntniß entspringen muß, welche im fremden Individuo das selbe Wesen erkennt, wie im Eigenen."[180]

Die „intuitive Erkenntniß", das Mitleid, wiederum gilt dem Humanethologen Irenäus Eibl-Eibesfeldt als „angeborene Eigenschaft."[181] Und schließlich hat der amerikanische Kreis um Viktor E. Frankl – oben in anderem Zusammenhang bereits mehrfach zitiert und kritisiert – durch Reihenumfragen empirisch festgestellt, daß „der Mensch Sinn finden kann unabhängig davon, ob er religiös ist oder nicht."[182]

Indes kann nicht in allen Kulturbereichen und zu allen Zeiten gleichermaßen von wirklicher Eigenständigkeit gesprochen werden. Moralische Normen stehen im Strom historischer Prozesse. Zumindest in Gesellschaftsformen, die von einer Religion geprägt sind, deren verkündetes und vorgebliches Ziel die Nächstenliebe ist, muß man – trotz aller Säkularisierungserscheinungen – mit einem bleibenden Bestand auch unreflektierter Implikate rechnen, die sich zu einem verschwommenen minimalethischen *common sense* der Nächstenliebe zusammenfinden können. Dennoch ist es unempirisch und anmaßend, alle Äußerungen des Humanismus in unseren Breiten im Hinblick auf das Christentum zu interpretieren, so daß jedes Bekenntnis zum Humanum zu einem Säkularisat des Christlichen und jeder aktiv helfende, liebende und mitleidende Mensch – wolle er es oder nicht – zum „latenten", „strukturalen" oder „anonymen" Christen erklärt wird.[183] Ein Rundblick über die verschiedenen Kulturen in Vergangenheit und Gegenwart würde lehren, daß Liebe und Mitleid weit mehr sind als Depravationen orginären Christentums, sondern daß sie immer schon als eigenständige, nicht theoretisch deduzierte, sinnstiftende Impulse und „Kraftfelder" wirksam waren und sind. Aus der Sicht des 'aporetischen Agnostizismus' (im Sinne vorliegenden Traktates) wären dann auch weniger die praktischen Folgerungen des Humanismus zu kritisieren, sondern es wäre vielmehr der Mangel an theoretischer Reflexion und Verantwortung gegenüber den Grundfragen, die an den Menschen als solchen und an die verschiedenen Denksysteme und „Sinnangebote" zu richten sind.

4.2.1.3. Komplexität und Komplizität des Hierseins

Die Einteilung der Alternativstruktur der Sinnfrage kann das differenzierte Gebiet nicht völlig kongruent abdecken. Viele Denker und Dichter haben auf je eigene Weise versucht, ihre emotionalen und rationalen Vorstellungen und Empfindungen in eigenständige, unnachahmliche literarisch-philosophische Texte zu gießen, die nicht ohne weiteres dieser oder jener Schablone zu entsprechen vermögen. Weder kann man transzendenz- von immanenzorientierten Sinnbejahungsformen schlechthin trennen, noch individualistische von gesellschaftlichen.

Namhafte Vertreter dieser denkerisch-dichterischen Zwischenpositionen sind z. B. Camus und Rilke. Die Überschrift „Komplexität und Komplizität" soll darlegen, daß beide nicht nur vordergründige individualistische Konzepte entwarfen, sondern daß beider Arbeit stets um Überstieg bemüht war in die Gemeinsamkeit des Humanum (Komplizität) und die unerschöpfliche Fülle der Welt und ihrer Bewohner (Komplexität); das erste Wort ist Camus, das zweite Rilke entlehnt.

Camus geht von der Frage aus, ob sich das Leben lohne, ob Selbstmord dem Weiterleben vorzuziehen sei, m. a. W. ob das Leben einen Sinn habe.[184] Veranlaßt wird diese Frage durch die Erfahrnis des 'Absurden', das ein anderer Ausdruck für die Unbeantwortbarkeit der großen menschheitlichen Fragen (und somit auch für das Staunen) ist: „Absurd aber ist die Gegenüberstellung des Irrationalen und des glühenden Verlangens nach Klarheit, das im tiefsten Innern des Menschen laut wird . . . "[185] „Das Absurde ist die begrenzte Vernunft, die ihre Grenzen feststellt . . . "[186] „Es ist jener Zwiespalt zwischen dem sehnsüchtigen Geist und der enttäuschten Welt, es ist mein Heimweh nach der Einheit, dieses zersplitterte Universum und der Widerspruch, der beide verbindet."[187] Camus stellt die Frage, ob angesichts dieses Absurden, angesichts der Ablehnung aller philosophisch-metaphysischen Voraussetzungen und Werte — mit der Tendenz, selbst 'Gott' einzuschließen[188] — noch ein 'Sinn' des Daseins ausgesagt werden kann.

Vom Bewußtsein des Absurden aber leitet Camus im „Mythos des Sisyphus" drei Schlußfolgerungen ab, die es ihm ermöglichen, den Selbstmord zu verneinen und das Leben zu bejahen: Die Auflehnung, die Freiheit und die Leidenschaft.[189] In der Empörung gegen das Absurde, in der Leidenschaft des Menschen jenseits (bzw. diesseits) aller Vernunft und in dem apriorischen und würdevollen Bewußtsein praktischer Freiheit begibt sich der Mensch in die Revolte, in der er den Selbstmord zurückweisen und sich dem Leben stellen kann. Die Prinzipien des 'Lebens' rechtfertigen sich nicht durch philosophische Konstruktionen und Systeme, sondern durch nichts anderes als durch sich selbst; — dennoch ist diese Art der Rechtfertigung für Camus nicht nur hinreichend, sondern die einzig mögliche, um den Selbstmord zurückzuweisen. In den Werten des Leben: der Leidenschaft, der Liebe zur Sonne, zum Wasser, zur Erde, zum anderen Menschen, verwirklicht sich das Ethos des absurden, aber glücklichen Menschen. „Glück und Absurdität entstammen ein und derselben Erde . . . Ich verlasse Sisyphus am Fuße des Berges! Seine Last findet man immer wieder. Nur lehrt Sisyphus uns die größere Treue, die die Götter leugnet und die Steine wälzt. Auch er findet, daß alles gut ist. Dieses Universum, das nun keinen Herrn mehr kennt, kommt ihm weder unfruchtbar noch wertlos vor. Jeder Gran dieses Steins, jeder Splitter dieses undurchnächtigten Berges bedeutet allein für ihn eine ganze Welt. Der Kampf gegen den Gipfel vermag ein Menschenherz zu erfüllen. Wir müssen uns Sisyphus als einen glücklichen Menschen vorstellen . . . "[190]

Die Grundkonzeption im sogenannten Frühwerk ist wesentlich individualistisch. Der Mensch, als Fremder in die Welt geworfen, als Opfer isoliert, reflektiert die Frage nach dem Sinn seines eigenen Lebens und die Argumente *pro et contra* Suizid. Die nur vereinzelten Ansätze zu einem humanen Gesamtbezug weitet Camus später, vor allem im „L'Homme revolté", zu einer größeren Gedankenabfolge aus, die grundsätzlich um die Einbettung der philosophischen Positionen ins gesellschaftliche Ensemble bemüht sind und ihren Ausgang nicht von der Frage nach dem Selbstmord, sondern von der Frage nach dem Mord nehmen. Der Denker läßt das Individuum aus sich hinaustreten, seine eigenen Erfahrung auf die Möglichkeit einer Regelung und Ordnung des intersubjektiven Zusammenlebens übertragen und formale Regeln des praktizierten Humanismus formulieren. So entfaltet Camus in einigen wenigen, aber unübersehbaren, Ansätzen ein quasi-postnaturrechtliches Denken, das sich von der Grundannahme des Wertes des Lebens an sich und seiner absoluten Würde leiten läßt und sich damit gegen jede Zweck-Mittel-Rationalisierung von Menschen ausspricht.[191] Die gesamte Menschheit — unbeschadet aller Unterschiede der Rassen, Klassen und Nationen — ist durch die Identität des Menschseins verbunden, so daß jeder Mord, gleichwie und aus welchem Motiv, diese Identität zerschneidet.[192]

Mord und Selbstmord werden hier nicht mehr durch Bezugnahme auf die Sprache des Herzens und der individuellen Leidenschaften zurückgewiesen, sondern durch Verweis auf die Identität, die Komplizität des allen gemeinsamen Lebens. Auch in den extremen Situationen menschlicher Unterdrückung gilt es die Gemeinsamkeit des Handelns zu bewahren, weil wir durch unser Sein als Menschen engstens miteinander verbunden sind. Diese verbindende und verbindliche Würde erfordert ein nicht-repressives Umgehen (dies ist allerdings kein Camus'scher Ausdruck) und den „freien Dialog" miteinander. „Es gibt in der Tat Gemeinsames zwischen Herren und Sklaven, man kann nicht mit einem geknechteten Wesen sprechen. Statt dieses freien Dialogs, durch den wir unsere Ähnlichkeit anerkennen und unser Schicksal bestätigen, läßt die Knechtschaft das schrecklichste der Schweigen herrschen. Wenn die Ungerechtigkeit für den Revoltierenden etwas Böses ist, so nicht, weil sie einer ewigen Vorstellung der Gerechtigkeit widerspricht, die wir nicht wissen, wo anzusiedeln, sondern weil sie die

stumme Feindschaft verewigt, die den Unterdrückten vom Unterdrücker
trennt. Sie tötet das wenige Sein, das durch die Komplizität der Menschen
untereinander zur Welt kommen könnte . . . "[193]

So endet Camus' Philosophie der Praxis in einer Theorie der Gewalt-
losigkeit,[194] in der das rechte Maß und die Relation von Freiheit und Gerechtigkeit zur Richtschnur leitender Erwägungen erhoben wird.[195] Damit
hat er die individualistischen Ansätze der frühen Jahre hineingehoben in
einen maßvollen Humanismus, der, weiterhin unbelastet von vorgegebenen
metaphysischen und nicht-metaphysischen Totalitätsvorstellungen, die
Fülle des menschlichen Hierseins in Komplizität miteinander und in Ausschöpfung der Komplexität alles irdischen und sinnlichen Lebens zu verwirklichen verlangt.

Hinter den unüberbrückbaren literarischen Grenzen zwischen Camus
und Rilke liegen denkerische Gemeinsamkeiten verborgen. Ziehen wir zum
Vergleich jene der Duineser Elegien heran, in der sich Rilke so eindringlich
wie selten mit dem Sinnproblem auseinandersetzt und in welcher er mit
Hilfe neugeprägter Metaphern zu Einsichten und Bestimmungen vordringt,
die denjenigen Camus' partiell nahestehen: die neunte:

> „Warum, wenn es angeht, also die Frist des Daseins
> hinzubringen, als Lorbeer, ein wenig dunkler als alles
> andere Grün, mit kleinen Wellen an jedem
> Blattrand (wie eines Windes Lächeln) —: warum dann
> Menschliches müssen — und, Schicksal vermeidend,
> sich sehnen nach Schicksal? . . .
> Oh, *nicht*, weil Glück *ist*,
> dieser voreilige Vorteil eines nahen Verlusts.
> Nicht aus Neugier, oder zur Übung des Herzens,
> das auch im Lorbeer *wäre* . . .
>
> Aber weil Hiersein viel ist, und weil uns scheinbar
> alles das Hiesige braucht, dieses Schwindende, das
> seltsam uns angeht. Uns, die Schwindendsten. *Ein* Mal
> jedes, nur *ein* Mal. *Ein* Mal und nichtmehr. Und wir auch
> *ein* Mal. Nie wieder. Aber dieses
> *ein* Mal gewesen zu sein, wenn auch nur *ein* Mal,
> *irdisch* gewesen zu sein, scheint nicht widerrufbar.
>
> Und so drängen wir uns und wollen es leisten,
> wollens enthalten in unsern einfachen Händen,
> im überfüllteren Blick und im sprachlosen Herzen.
> Wollen es werden. — Wem es geben? Am liebsten
> alles behalten für immer . . . Ach, in den andern Bezug,
> wehe, was nimmt man hinüber? Nicht das Anschaun, das hier
> langsam erlernte, und kein hier Ereignetes. Keins.

Also die Schmerzen. Also vor allem das Schwersein,
also der Liebe lange Erfahrung — also
lauter Unsägliches. Aber später,
unter den Sternen, was solls: *die* sind *besser* unsäglich.
Bringt doch der Wanderer auch vom Hange des Bergrands
nicht eine Hand voll Erde ins Tal, die Allen unsägliche, sondern
ein erworbenes Wort, reines, den gelben und blauen
Enzian. Sind wir vielleicht *hier*, um zu sagen: Haus,
Brücke, Brunnen, Tor, Krug, Obstbaum, Fenster, —
höchstens: Säule, Turm . . . aber zu *sagen*, verstehs,
oh zu sagen, wie selber die Dinge niemals
innig meinten zu sein. Ist nicht die heimliche List
dieser verschwiegenen Erde, wenn sie die Liebenden drängt,
daß sich in ihrem Gefühl jedes und jedes entzückt?
Schwelle: was ists für zwei
Liebende, daß sie die eigne ältere Schwelle der Tür
ein wenig verbrauchen, auch sie, nach den vielen vorher
und vor den Künftigen . . . , leicht.

Hier ist des *Säglichen* Zeit, *hier* seine Heimat.
Sprich und bekenn. Mehr als je
fallen die Dinge dahin, die erlebbaren, denn,
was sie verdrängend ersetzt, ist ein Tun ohne Bild.
Tun unter Krusten, die willig zerspringen, sobald
innen das Handeln entwächst und sich anders begrenzt.
Zwischen den Hämmern besteht
unser Herz, wie die Zunge
zwischen den Zähnen, die doch,
dennoch, die preisende bleibt.

Preise dem Engel die Welt, nicht die unsägliche, *ihm*
kannst du nicht großtun mit herrlich Erfühltem; im Weltall
wo er fühlender fühlt, bist du ein Neuling. Drum zeig
ihm das Einfache, das, von Geschlecht zu Geschlechtern gestaltet,
als ein Unsriges lebt, neben der Hand und im Blick.
Sag ihm die Dinge. Er wird staunender stehn; wie du standest
bei dem Seiler in Rom, oder beim Töpfer am Nil.
Zeig ihm, wie glücklich ein Ding sein kann, wie schuldlos und unser,
wie selbst das klagende Leid rein zur Gestalt sich entschließt,
dient als ein Ding, oder stirbt in ein Ding —, und jenseits
selig der Geige entgeht. — Und diese, von Hingang
lebenden Dinge verstehn, daß du sie rühmst, vergänglich,
traun sie ein Rettendes uns, den Vergänglichsten, zu.
Wollen, wir sollen sie ganz im unsichtbaren Herzen verwandeln
in — o unendlich — in uns! Wer wir am Ende auch seien.

Erde, ist es nicht dies, was du willst: *unsichtbar*
in uns erstehn? – Ist es dein Traum nicht,
einmal unsichtbar zu sein? – Erde! unsichtbar!
Was, wenn Verwandlung nicht, ist dein drängender Auftrag?
Erde, du liebe, ich will. Oh glaub, es bedürfte
nicht deiner Frühlinge mehr, mich dir zu gewinnen –, *einer*,
ach, ein einziger ist schon dem Blute zu viel.
Namenlos bin ich zu dir entschlossen, von weit her.
Immer warst du im Recht, und dein heiliger Einfall
ist der vertrauliche Tod.
Siehe, ich lebe. Woraus? Weder Kindheit noch Zukunft
werden weniger . . . Überzähliges Dasein
entspringt mir im Herzen."[196]

Die Frage nach dem 'Warum', nach dem Sinn des Lebens, findet sich gleich zu Beginn der Elegie. Sie wird aber nicht durch den Hinweis auf mögliches menschliches Glück, wie im Epikureismus oder Hedonismus, beantwortet, denn der Dichter geht von der Relativität und Begrenztheit menschlicher Glückserfahrung aus, davon, daß das „Schöne nichts als des Schrecklichen Anfang, den wir noch grade ertragen" sei.[197] Wie in seinen Dinggedichten, läßt sich Rilke vielmehr faszinieren von der Tatsache der absoluten Einmaligkeit des irdischen Lebens, der menschlichen Erlebnisse in Vergangenheit und Gegenwart, der unbeschreiblichen und unwiderbringlichen Dingerfahrung.

Dieser frag-würdige, unauslotbare Vorgang, in dem alles Seiende, so auch wir Menschen, ein-malig ist, ist hinreichend, um das Leben zu bejahen und 'Schicksal' (Selbstmord) zu vermeiden. Indirekt und unausgesprochen zielen diese Verse schon in die Richtung einer positiven Neubewertung des Todes, denn erst durch die Endlichkeit, die Begrenztheit, erhält das Hiesige Unumkehrbarkeit, Wert und Würde. Die Tatsache des „Schwindens", der Sterblichkeit und Endlichkeit, wird bereits hier für eine lebensbejahende Interpretation vorbereitet.

Wie aber können wir diese Einmaligkeit, diese Tiefe und Fülle des Hierseins, ausschöpfen; wie vermögen wir das Irdische angesichts des Ewigen adäquat zu greifen und zu begreifen? Bei dieser Frage trennt der Dichter zwischen Säglichem und Unsäglichem: Zunächst ist es erstaunlich, daß es nicht das 'Unsägliche' (die *Agnosis*, das *Apeiron*) ist, das dafür garantiert, daß das Leben schöpferisch, poietisch, ausgefüllt werden kann, sondern das Sägliche, die immer wieder neue und faszinierende Ding-Erfahrung, das *Hic et Nunc*. „Ach in den andern Bezug, wehe was nimmt man hinüber . . . ?" – Dieser andre Bezug ist offensichtlich – (wie der Kontext des Poems und die Gegenüberstellung von „hier und dort" zeigen) – das Transzendente, das Jenseitige, jenseits der Menschen und ihrer Lieder Gelegene. Dies ist der Ort der Sterne – Zeichen für das undurchdringliche Geheimnis von

Raum und Zeit, Welt und Menschen — und der 'Engel' — Zeichen für jenen nicht-todgeweihten, un-endlichen Erfahrungsbereich, der dem Menschen inadäquat und denkerisch verschlossen bleibt. Hier soll das aufgehoben werden, was selbst dem Dichter sprachlich unfaßbar bleibt: Schmerz, Leid, Liebe.

Aber es ist nicht der Ort, der den Sinn des Lebens garantiert. Menschliches Sein hat nach Rilke vielmehr damit zu tun, die Dinge, das Hiersein, auszuschöpfen; darin besteht seine originäre, wesenseigene, sinnstiftende Aufgabe. Konkrete Beispiele werden genannt, die poetisch — und zugleich psychoanalytisch — beladen sind: Brunnen, Tor, Krug, Turm. Diese Dinge zu sagen, „wie selber die Dinge niemals innig meinten zu sein" — das ist das Entzücken an dieser Welt und in dieser Welt. Im enthusiastischen Identitätsgefühl nicht nur mit allen Lebewesen, sondern auch mit allen Dingen, schwingt sich der Poet dazu auf, stellvertretend für die stummen Seienden deren eigenes, inneres Wesen zu erfühlen und zu besingen. Der eindringliche Satz „Hier ist des Säglichen Zeit, hier seine Heimat" faßt das Voraufgegangene noch einmal zusammen: Nur in diesem irdischen, einmaligen Leben vermag der Mensch das, was sich überhaupt aussagen läßt, zu erfassen. Hier ist die Heimat des Säglichen, der erworbenen Wörter, der Ort seiner Identität und Authentizität. Gerade wegen dieser staunenswerten Fülle von Sag- und Erlebbarem wird das Hiersein zur Fülle. Diesem Begreifen, Erfühlen und Verstehen setzt Rilke das „Tun ohne Bild" entgegen, den Aktivismus, der zum tiefen menschlichen Handeln unfähig geworden ist und der das Herz bedrängt. Nichts aber kann verhindern — weder die Inkrustinationen des alltäglichen Lebens, noch die hammergleichen Zwänge des gelebten Arbeitens — daß die menschliche Zunge sich zum großen 'Dennoch', zum Preisen und Psalmodieren aufschwingt.

So preist der Mensch nun, was ihm preiswert scheint: die technischen Innovationen, die antiken Produkte originären Handwerkertums ebenso wie die Violine oder Laute, in welcher Adam seine innersten Gefühle hineinzuverbannen verstanden hat. Demgegenüber muß der „Engel" (als Topos des Unsäglichen, als änigmatisches Gegenüber, als Komplement der begrenzten menschlichen Dingerfahrung) stumm bleiben; nur des Menschen ist das Sägliche. Hier ist der Ort, wo die Dinge neu erschaffen werden: „Und diese, von Hingang lebenden Dinge verstehn, daß du sie rühmst; vergänglich, traun sie ein Rettendes uns, den Vergänglichsten zu." Das ist es, was dem Menschen bleibt: den „Auftrag" der Erde, der Dinge, anzunehmen, sie in uns zu „machen" (*poiein*), damit sie durch uns, die Vergänglichsten, gleichsam vor der Vergänglichkeit bewahrt werden. Diesen Überschuß an Ewigem hat der Mensch den Dingen dieser Welt voraus, unbeschadet des Unwissens um sein eigentliches Wesen („wer wir am Ende auch seien") und unbeschadet des sicheren Wissens um sein eigenes Ende („uns, den Vergänglichsten").

In kürzeren, drängenderen, abbreviativeren hymnischen Sätzen geht die Elegie ihrem Ende zu; das lyrische Ich faßt sein Anliegen, sein Bekenntnis zur Welt, zum Hiersein, zusammen. Dasein ist viel, Dasein entsteht unsicht-

bar neu durch die schöpferische Tat menschlichen Geistes: Dieses begei-
sternde, prärationale Gefühl führt den Dichter zur untheoretischen Bejahung dessen, was ist: „Erde, du liebe, ich will." Es b l e i b t die Erde (Höl-
derlin!) und es b l e i b t der Wille (Schopenhauer und Nietzsche!); beide
entsprechen einander und sind v o r jeder Erfahrung aufeinander bezogen.
So verliert das lyrische Ich seine Fassung, seinen irdischen Namen, seine
Identität, um sich ganz der Erde als dem ihm angemessenen Ort hinzuge-
ben: „Namenlos bin ich zu dir entschlossen . . . " Das innere, verwandte
Gefühl sagt dem Dichter, daß die Erde im Recht sei — kein Gott, kein höherer Wille — daß alles, was sie „tut", was von ihr ausgeht und zu ihr zurück-
kehrt, dem inneren Wollen und Drängen des Menschen („des Blutes") entspricht. So wird schließlich auch der Tod — ansonsten stärkster Zeuge für
die Sinnlosigkeit des Daseins und alles Irdischen — integriert und assimi-
liert: Er wird zu der Erde „heiligem Einfall", zum „vertraulichen" Ereignis;
er ist selbstverständlicher Teil der Erde und ihrer Gesetze und somit Ort der
Rückkehr zur Heimat.

So hat sich der Kreis geschlossen: Ähnlich, wie sie begann, endet die
Elegie: „Aber weil Hiersein viel ist" hieß es zu Beginn der Ausführungen;
„überzähliges Dasein entspringt mir im Herzen" ist das Resümée zum Schluß.
Das, was dem Menschen Kraft zu leben gibt, ist die Fülle der erlebten und
erlebnisreichen Zeit, von der Kindheit bis zum Tode, die Intensität des
Daseins, die sich nicht stärker konkretisieren und aussagen läßt als in der
immer neuen poietischen Welt- und Dingerfahrung. Dies ist 'Transzendenz'
genug; hingegen reicht die Sphäre dessen, was nicht in gleicher Weise durch
den Menschen ausgesprochen, ausgesagt, erschaffen werden kann, nicht hin,
das Dasein zu konstituieren. Leben als Überleben geschieht durch Erleben.
Dingerfahrung wird zur Sinnerfahrung.

So ist beiden, Rilke und Camus, die untheoretisierbare, irrationale
Hingabe an die Fülle des Seienden und eine apriorische, willensmäßige Bejahung der Welt und des menschlichen Lebens gemein. Beide können sich
auch darin verbunden wissen, daß sie eine Konstitution von Sinn ohne das
Postulat 'Gott' aufzubauen bemüht sind. Während dies bei Camus hand-
greiflich wird — Gott spielt keine positive Rolle in seinen Werken, so daß
an dessen direkter Leugnung nicht viel fehlt — nimmt dies bei den religiösen Voraussetzungen Rilkes zunächst wunder. Zwar hat er das Transzendente nicht ausgeklammert — die Engelssymbolik und der „andere Bezug"
sind allzu greifbar — aber er hat diesen Bereich ausdrücklich nicht zum
Konstituens von Sinn genommen. Somit sind beide auch durch einen gewissen, leicht nuancierten Agnostizismus vereint: Das Transzendente ist die
Sphäre des Ungewußten, Unwahrscheinlichen, Nicht-Nötigen (Camus) und
des Unbegreiflichen, Unsäglichen, Un-endlichen (Rilke); — daher scheidet
es als Garant und Basis positiver Sinnsetzung bei beiden aus.

Ferner stimmen beide in der Distanzierung vom reinen Hedonismus
überein. Camus geht spätestens im „L'Homme révolté" dergestalt entschie-

den über diesen Ansatz hinaus, daß er auf dem Hintergrund der Mord-Problematik Ansätze zum sozialen Zusammenleben aufdeckt. Tod und Leid sind stets präsent und werden mit einbezogen in das gelebte und geliebte Leben. Rilke weist ebenso mehrfach den Gedanken entschieden zurück, daß das Glück, „dieser voreilige Vorteil eines nahen Verlusts", in irgendeiner Weise tauglich sei, den Lebenssinn zu garantieren. Auch die tiefe Erfahrungen von Leid und Schmerz werden bejaht und akzeptiert als eine hohe Sphäre menschlicher Empfindungen. Aber weder sie noch das Bewußtsein vom Tod vermögen das dichterische Erleben der Welt entscheidend zu trüben; — im Gegenteil verschafft erst die Endlichkeit das Flair der Ein-maligkeit und der kognitiven Vorrangstellung des schöpferischen Mensch-seins. 'Tod' kann bei beiden sowohl als Gegner der Menschen verstanden werden als auch als vertraute Rückkehr des Menschen zur Erde, — man vergleiche die Schlußpassagen des „Étranger" mit der Todeshymne am Ende der Neunten Elegie!

Schließlich ist beiden Dichtern gemein, daß sie, zumindest in Ansätzen, vom denkerischen Ich zum anderen ihrer selbst zu schreiten bemüht sind. Die Anstrengungen Camus' in Richtung eines ausgewogenen sozialen und humanitären Konzeptes sind bereits angesprochen worden. Rilke denkt, jedenfalls in den Elegien, weniger von den Mitmenschen als von den durch sie geschaffenen Dingen her. Somit ist allerdings das praktische, ingeniöse menschliche Tun immer zugleich Mit-Gegenstand des Sinnzusammenhangs und somit hineingenommen in die lyrische Reflexion. Zudem spielt bei ihm der konkrete mitmenschliche Bezugszusammenhang in der höchsten Form der Verbundenheit, der Liebe, eine zentrale Rolle: „Ist nicht die heimliche List dieser verschwiegenen Erde, wenn sie die Liebenden drängt, daß sich in ihrem Gefühl jedes und jedes entzückt?" So ähnelt der Dichter dem *Amoureux*, indem auch er v o r jeder Infragestellung emotional die Welt und ihre Bewohner, die Dinge und die Natur liebt und bejaht. S ä g l i c h aber ist für Rilke die Liebe nicht: Sie reicht mit ihren tiefsten Bezügen in den Bereich der „Engel", des Änigmatischen, und wird daher nicht zum Ausgangspunkt der Sinnkonstitution genommen.

So haben beide die Schablonen von individueller und gesellschaftlicher Sinnbejahung aufgesprengt und gezeigt, daß sich schöpferisches Menschsein in Komplizität mit dem *Humanum*, in nicht hinterfragbarer Liebe zu den Menschen und der Welt, verwirklichen kann. Der Bereich des Transzenden-ten wird bei beiden zwar nicht geleugnet oder gering geachtet, spielt aber — gerade weil er das Reich des ganz Anderen, Ungewußten und Un-Erkannten ist — bei der Bejahung der Welt und der Menschen keine nennenswerte Rolle.

4.2.2. Transzendenz-orientierte Sinnbejahung
4.2.2.1. Vorbemerkung

Den verschiedenen Formen der transzendenz-orientierten Sinnbejahung ist gemein, daß sie die Möglichkeit, einen Lebenssinn ohne Postulat einer wie auch immer spezifizierten Transzendenz (im allgemeinen 'Gott' geheißen) verneinen. Diese Bejahungsformen können in zwei Gruppen unterteilt werden: in die philosophisch und die religiös begründete. Zwar greifen beide Figuren häufig auf ähnliche und vergleichbare Argumente und Gedanken zurück, dennoch ist der Unterschied nicht zu verkennen: Religion hat im Gegensatz zur Philosophie wesentlich mit stark sinnlich-affektiv-emotionalen Bezügen zu tun, — ja, sie ist ohne diese nicht denkbar, — während die Philosophie sich primär auf den menschlichen Intellekt und die Logik stützt und Beziehungen herstellt, die nicht durch emotionale Zuwendung (Kult, Kirche, Sakramente) konkretisiert zu werden brauchen. Der wesentliche Unterschied liegt demnach nicht im „Objektiven", sondern im „Subjektiven", in den unterschiedlichen anthropologischen Grundkräften, die durch die entsprechenden Bejahungsformen angesprochen und erreicht werden. Da sich die verschiedenen religiösen Bejahungsformen vor allem in diesem Punkte gleichen, sollen sie im folgenden nicht noch einmal untereinander differenziert werden (etwa in östlich — westlich); dies würde enzyklopädische Breite bewirken, wo präzise Übersicht am Platze ist.

Insgesamt gesehen, hat die transzendenz-orientierte Sinnbejahung gegenüber der immanenz-orientierten die Überhand gehabt, wobei sich im Lauf der Geistesgeschichte die philosophisch und religiös begründeten Formen mitunter stark annähern konnten. Mit Ausnahme der Sophisten, Epikureer, Enzyklopädisten und anderer Kleingruppen und Einzelpersonen wurde die gesamte Geschichte menschlicher Ideen bis zum 19. Jahrhundert von transzendenz-orientierten Sinnbejahungsformen in allen Variationen beherrscht; — gerade in jenem Zeitalter, das wir als Rationalismus zu bezeichnen gewohnt sind, erlebten die „Gottesbeweise" einen neuen und letzten großen Aufschwung.

Mit vieldeutigen hieroglyphenhaften Symbolen und Chiffren, mit sinnlich bezogenen Kulthandlungen und Riten, mit suggestiven Verheißungen und Verkündigungen, konnten die metaphysischen menschlichen Grundbedürfnisse jahrhundertelang halbwegs befriedigt werden. Eine aufklärerische Priestertrugstheorie wird diesem Tatbestand ebensowenig gerecht wie der Hinweis auf den Rückstand an naturwissenschaftlicher und technischer Kenntnis. Dennoch kann man nicht umhin, festzustellen, daß Priester und Ideologen aller Zeiten mit moralischen Vorschriften, harten Sanktionen und vielfach in unkritischer Zusammenarbeit mit herrschenden Instanzen an der Festigung oder Stärkung ihrer Positionen gearbeitet haben und daß andererseits die Wirkkraft dieser transzendenz-orientierten Sinnbejahungsformen schlagartig nachgelassen hat, als die Kirche — etwa seit der Zeit

Napoleons I. – aus ihrer weltpolitischen Schlüsselrolle verdrängt wurde und nachdem die Menschen gelernt hatten, sich an einem ent-divinisierten und ent-mystifizierten Weltbild zu orientieren.

Infolge dieses neuzeitlichen Differenzierungsprozesses und kraft der Demontage des Christlichen durch Marx, Nietzsche und ihre Adepten, und schließlich auch infolge der verbrecherischen Exzesse, mit denen gerade das 20. Jahrhundert gespickt war und ist, hatte man sich auf breiter Basis in fast ebensolchem Maße von einem transzendenz-orientierten Gesamtbezug abgewandt wie man sich diesem früher anheimgegeben hatte. Gegenwärtig wiederum zeichnet sich ein weiterer Wechsel ab: Die Erkenntnis, daß die Rechtfertigung des Menschen, die „Anthropodizee", mit ebensolchen Problemen belastet ist, wie die „Theodizee" in früheren Zeiten; das verschärfte Bewußtsein von ökologischen Krisensymptomen und die keimende Furcht vor apokalyptischen Ereignissen gleich welcher Art verstärken gerade in unseren Jahren die Attraktivität transzendenz-orientierter Bejahungsformen. Die philosophische Grundproblematik indes – so sehr sie auch genötigt ist, innerhalb dieser geistesgeschichtlichen „Schumpeters" und „Kondratjews" ihren historischen Ort zu definieren – erweist sich als die stets selbige.

4.2.2.2. Die philosophisch begründete transzendenz-orientierte Sinnbejahung

Die Philosophiegeschichte enthält ein umfangreiches Arsenal von Gedanken, Argumenten und Bildern, mit deren Hilfe wiederholt versucht wurde, das Dasein eines höheren Wesens nicht nur postulatorisch zu umreißen, sondern denkerisch in der Weise herzuleiten, daß man analog zu den üblichen (natur)wissenschaftlichen Prüfungsverfahren von einem „Beweis" (*demonstratio*) sprechen konnte. Diese „Wege zu Gott" (*viae ad deum* – Thomas von Aquin) sind auch heute noch das lebendigste und interessanteste Zeugnis für den menschlichen Versuch, mit Hilfe der Logik und des Verstandes zur Bejahung eines Gottes zu gelangen. Hier nun sollen – um nicht die gesamte Geschichte der Gottesbeweise zu repetieren – diejenigen drei Grundtypen in Erinnerung gerufen werden, die Kant in seiner Kritik der reinen Vernunft zum Kernbestand aller Gottesbeweise erklärt und grundsätzlicher Kritik unterzieht. Auf diese Weise kann zugleich der entscheidende denkerische Umschwung durch die aufgeklärte Vernunft verdeutlicht werden.

Nach Kant geht der sogenannte ontologische Gottesbeweis allen anderen voraus,[198] weil der dialektische Schein, auf dem er aufbaut, auch allen anderen „Beweisen" zu eigen ist. Alle Varianten dieser Argumentationsfigur, die erst Kant den „ontologischen Beweis" nannte, gehen davon aus, daß die Existenz Gottes aus dem Begriff von Gott herzuleiten sei und hergeleitet werden könne. Dabei wird Gott begrifflich definiert als das Wesen „*quo nihil maius cogitari potest* (bzw.: *quo maius cogitari nequit*)". Dieser Begriff (der in dieser Form von Seneca stammt und anschließend von Anselm von Canterbury aufgegriffen wurde[199]), lasse schon auf die Existenz des damit Bezeichneten schließen. Da nämlich die faktische Existenz eines Wesens etwas höheres ist als die Vorstellung eines solchen Wesens im Bewußtsein, da andererseits Gott das höchste Wesen ist, über das hinaus nichts höheres gedacht werden kann, so folgt daraus, daß er, um diesem Vollkommenheitsanspruch zu genügen, nicht nur in der Vorstellung, sondern in der Wirklichkeit vorhanden sein muß.

Demgegenüber setzt Kant bei der Kritik der Grundlagen des „Beweises" an und entwickelt damit die Einwände weiter, die schon Gaunilo und Thomas von Aquin gegen dessen innere Logik vorzubringen verstanden hatten: Er greift dabei nicht zunächst die vorgeschlagene Gottesdefinition auf, sondern die Verwendung des Begriffs 'Existenz' in der Definition als 'reales Prädikat': „Ihr habt schon einen Widerspruch begangen, wenn ihr in den Begriff eines Dinges, welches ihr lediglich seiner Möglichkeit nach denken wolltet, . . . schon den Begriff seiner Existenz hineinbrachtet . . . Sein ist offenbar kein reales Prädikat, d. i. der Begriff von irgend etwas, was zu dem Begriff eines Dinges hinzukommen könnte . . . Im logischen Gebrauche ist es lediglich die Copula eines Urtheils . . . "[200] Die von der Scholastik vorausgesetzte Kongruenz von Bewußtsein und Sein wird damit, weit präziser und schärfer als im Nominalismus des 14. und 15. Jahrhunderts, zerschnitten; der Begriff eines Dinges im logischen Gebrauch (Existenz) gestattet nicht, dessen Realität für bewiesen zu erachten und muß daher die drei Möglichkeiten des Realen, Möglichen und Notwendigen offen lassen. Der logische Fehler bestehe somit darin, die Aussagen der Gottesdefinition auf eine vorausgesetzte Realität zu beziehen, wohingegen sie nur auf eine m ö g l i c h e Wirklichkeit zu beziehen wären.[201]

Der zweite der großen Gottesbeweise, den Kant untersucht, ist der kosmologische, den Leibniz vor ihm als Beweis „*a contigentia mundi*" und Thomas als dritten seiner „*viae*" bezeichnet hatte. Diese Überlegung geht davon aus, daß die Dinge, die wir sehen und erfahren, nichts in sich selbst haben, was ihre Existenz notwendig macht; sie sind kontingent. Die Welt kann somit nur als vollständige Ansammlung aller zufälligen (kontingenten) Wesen und Dinge angesehen werden und muß daher nach dem Grund ihrer Existenz befragt werden. Dieser Grund aber kann nicht in den kontingenten Dingen selbst liegen, sondern nur in einem Wesen, das nicht-kontingent, „un-zufällig", von sich und durch sich selbst apriori notwendig ist — damit ist man selbstredend wieder bei dem Begriff 'Gott' angelangt. Die Argumentation lautet demnach stets wie ein einfacher Konditionalsatz: W e n n etwas existiert, d a n n muß etwas schlechthin Notwendiges existieren, das dessen Grund bildet.

Damit sind bereits, wie Kant einwendet, verschiedene Bereiche vermengt:

Der Untersatz (wenn . . .) enthält nämlich eine Erfahrung (die empirische Erfahrung der Erscheinung realer Dinge), der Obersatz eine Schlußfolgerung aus dieser Erfahrung überhaupt auf das Wesen eines absolut Notwendigen.[202] Von der Erfahrung aber, sagt Kant, gelangt man nur zur Erfahrung, nicht zu etwas, das jenseits dieser Sphäre liegt. Er wendet somit zunächst ein, daß das in diesem Beweis vorausgesetzte Naturgesetz der Kausalität, daß nämlich alles Z u f ä l l i g e seine Ursache habe, nur ein vermeintliches sei, das aber bereits ungeprüft als sicheres vorausgesetzt werde.[203]

Aber selbst wenn man dieses „Gesetz" für den immanenten Beweisgang des Gedankens akzeptiert, kann es nicht gelingen, von diesen Voraussetzungen her auf dem Wege der Erfahrung Gott zu finden. Denn aufgrund der Voraussetzungen des Beweises ist Gott bereits als *„ens realissimum"* definiert, da der Begriff eines allerrealsten Wesens der einzige ist, wodurch ein notwendiges Wesen gedacht werden kann.[204] Hierbei aber werde vorausgesetzt, daß der Begriff eines Wesens von der höchsten Realität dem Begriff der absoluten Notwendigkeit im Dasein völlig genug tue; man schließe also von der Realität auf die Notwendigkeit und erneuere somit im Grunde den ontologischen Gottesbeweis, weil man lediglich mit denjenigen (leeren) Begriffen operiert, die man vor Beginn des Beweisverfahrens in das Demonstrationsobjekt hineingedacht hat. Somit ist die „wenn . . . dann"-Beziehung nicht schlüssig: Der Obersatz (. . . existiert) ist lediglich das Produkt von definitorischen Voraussetzungen, nicht aber das Ergebnis empirischer Schlußfolgerungen.

Schopenhauer schließlich steuert zur restlosen Destruktion dieses Beweises noch das Argument bei, daß dieser sich einer prinzipiellen Inkonsequenz schuldig mache, dadurch „daß er eben das Gesetz der Kausalität, von welchem allein er alle Beweiskraft entlehnt, geradezu aufhebt, indem er bei einer e r s t e n   Ursache stehn bleibt und nicht weiter will, also gleichsam mit einem Vatermord endigt; wie die Bienen die Drohnen tödten, nachdem diese ihre Dienste geleistet haben."[205]

Somit erheben sich drei große Einwände gegen den kosmologischen Beweis: Erstens identifiziert er das allerrealste mit dem allernotwendigsten Wesen und bringt auf diese Weise bereits das Ergebnis der Argumentation in dessen Voraussetzungen mit ein; zweitens postuliert er ohne empirischen Beleg das Gesetz, daß alles Zufällige eine notwendige Ursache habe und vermengt dabei die empirische mit der metaphysischen Ebene; drittens operiert er prinzipiell mit dem Gesetz der Kausalität, das er willkürlich an der entscheidenden Stelle unterbrechen will.

Für die dritte Form der Gottesbeweise hat Kant dagegen Lob und Anerkennung. Es handelt sich um den sogenannten physikotheologischen Beweis, der unter diesem Namen vor allem durch William Derhams (1657–1735) Predigten über die „Physicotheologie" bekannt geworden war.[206] Gott gilt dabei als der vollendet weise Baumeister, der die Harmonie, Gesetzmäßigkeit, Funktionstüchtigkeit, Schönheit und Vielfalt alles Seienden hervorgebracht hat, so „daß sich", wie Kant bemerkt, „unser Urtheil vom Ganzen in ein sprachloses, aber desto beredteres Erstaunen auflösen muß . . . Dieser Beweis verdient jederzeit mit Achtung genannt zu werden. Er ist der älteste, klärste und der gemeinen Menschenvernunft am meisten angemessene."[207]

Die Belege aus Religion, Philosophie und Volksglauben sind Legion. „Die Himmel rühmen die Herrlichkeit Gottes, die Himmelsfeste verkündet das Werk seiner Hände" heißt es im 19. (18.) Psalm des Alten Testamentes. „Der ganze Bereich der unabänderlichen Naturgesetze bietet allen Menschen eine deutliche Anschauung von der Fürsorge und Weisheit der göttlichen Pläne" schreibt Konstantin der Große an die Bewohner der östlichen Provinzen seines Reiches.[208]

Schließlich kulminiert der „Beweis" bei Hegel, der die gesamte Geschichte als Entwicklung des Geistes (im Bewußtsein der Freiheit) interpretiert und auf diese Weise das göttliche Wirken nicht nur in den einzelnen Geschöpfen, sondern im lebendigen historischen Prozeß verwirklicht sieht. „Es war eine Zeitlang Mode" schreibt Hegel ironisch im Bewußtsein seiner dialektischen Überlegenheit, „Gottes Weisheit in Tieren, Pflanzen, einzelnen Schicksalen zu bewundern. Wenn zugegeben wird, daß die Vorsehung sich in solchen Gegenständen und Stoffen offenbare, warum nicht auch in der Weltgeschichte?"[209] Somit führt die konsequente Fortsetzung der Physikotheologie (trotz der Kritik Kants) zu einer grandiosen dialektischen Theodizee.

Kant hatte diese Entwicklung verhindern wollen und den Beweis einer ebensolchen Kritik unterzogen wie die anderen. Wie kann, sagt er, jemals eine Erfahrung gegeben werden, die einer Idee angemessen sein sollte? Wie kann man durch bloße Empirie und Anschauung zu der Idee eines höchsten Wesens gelangen, das selbst jenseits aller empirischen Möglichkeiten liegt? Und ferner: Wird durch diesen „Beweis" Gott selbst nicht wieder, wie schon beim kosmologischen Argument, zu einem letzten Glied einer langen Kette erniedrigt, wird er damit nicht wieder dem menschlichen Erfahrungs- und Versachlichungstrieb unterworfen? Erneuern schließlich die Physikotheologen letztlich nicht wieder den ontologischen Beweis, indem sie bei ihrer Lehre vom weisen Schöpfergott, vom Uhrmacher und Baumeister, bereits mit einer solchen Fülle apriorischer Vorgaben und Vorstellungen vom Wesen dieses Gottes arbeiten, daß sie sich letztlich in hohler Begriffsdialektik bewegen?

Schließlich könnte man auch hier das Schopenhauersche Argument wiederholen, demzufolge kritisiert wird, daß das dem Beweis zugrundeliegende Kausalitätsprinzip willkürlich an einem letzten Punkt für außer Kraft gesetzt erklärt und nicht auch dort weiter zur Anwendung gebracht wird.

So vermag auch dieser „Beweis", so suggestiv und altehrwürdig er auch sein mag, den kritischen Reflexionen nicht standzuhalten. Damit hat Kant praktisch die verschiedenen Formen der Gottesbeweise auf drei Grundfiguren reduziert und in diesen wiederum letztlich stets den ontologischen Trugschluß dargelegt, der auf einer Vermischung zwischen empirischer und metaphysischer Ebene basiert und somit letztlich zur *petitio principii* herabsinkt.[210]

Gerade die beiden letztgenannten Formen der Gottesbeweise haben in vereinfachter und modifizierter Form eine gewisse Popularität erreicht. Die Beobachtung und Bewunderung der Natur, dieser oft mit pantheistischen Zutaten vermischte Romantizismus, der sich stets verschiedener Renaissancewellen erfreut, sowie die latente und tiefsinnige Frage nach dem Wesen von Raum und Zeit, somit auch wiederum die Frage nach dem Warum und Woher alles Seienden, führen vielfach zu einem keineswegs hybrid zu belächelnden vulgärliberalen Gottes- und Schöpferglauben, der auch in verschiedenen Formen von jenen bejaht wird, die weder besonders religiös gebunden noch philosophisch gebildet sind. Es ist demnach eine gewisse Ironie der Theologie, andererseits auch eine direkte Konsequenz aus dem Glauben an einen personalen allmächtigen Schöpfergott, daß gerade die offizielle katholische Theologie (zumindest das sog. *magisterium ordinarium*) dieses vulgär-kosmologisch-physikotheologische Argument aufgenommen hat. Papst Pius XII. (1939–1958) glaubte es als großen Erfolg und überwältigende Bestätigung der christlichen Lehre der „*creatio ex nihilo*" (die durch das Erste Vatikanische Konzil bestätigt worden war) verbuchen zu können, daß Naturwissenschaftler seiner Zeit das mutmaßliche Alter der irdischen Materie mit ziemlicher Sicherheit auf etwa fünf Milliarden schätzten und vor dieser Zeit eine Art Urschöpfung annahmen.[271] Somit hat die katholische Kirche selbst die Versuche aufgenommen, Gott zu verdinglichen und unter die Gesetze der menschlichen Logik zu erniedrigen — zu wenig eingedenk der Tatsache, daß gerade die Frage der Theodizee dadurch eine unerwünschte Aktualisierung erfahren mußte.

4.2.2.3. Die religiös begründete transzendenz-orientierte Sinnbejahung

Obgleich sich die religiös begründete transzendenz-orientierte Sinnstiftung vor allem in den kulturell hochentwickelten Gesellschaftsformen formal und inhaltlich der philosophisch begründeten annähern kann, ist ihr Eigenständigkeit zuzuschreiben, da sie in ihrem religiösen Glauben, der immer zugleich die tiefsten Schichten menschlicher Emotionen und Affekte berührt, stets über ein rational einsichtiges Gedankengebäude hinausreicht. Eine genaue Abklärung würde zu einer Wesensdefinition der Religion nötigen und in Bereiche führen, die hier nicht zur Debatte stehen können. Dennoch soll versucht werden, einige wesentlichen Momente aufzuführen, die vermutlich als die wichtigsten Unterscheidungskriterien zwischen beiden Bereichen angesehen werden dürfen, — zumindest was die bedeutenden Hochreligionen anbelangt.

Will eine Religion geschichtlich legitimiert sein, muß sie sich in der Regel auf einen konkreten irdischen Menschen berufen können, der mit außerordentlicher Vollmacht gehandelt und die zeitgenössischen und nachfolgenden Generationen derartig beeindruckt hat, daß schon zu seinen Lebzeiten oder kurz nach seinem Tode eine neue religiöse Gemeinschaft entstand. Die meisten Urheber der großen Religionen sind allgemein bekannt und erfreuen sich wegen ihres generell herausragenden Lebenswandels auch in jenen Kreisen beachtlichen Respektes, die den organisierten Kirchen und Religionen fernstehen. Als Beispiele mag man hier an Moses, Jesus, Muhammed, Sitthattha-Buddha, Laotse, Kungfutse (Konfuzius) oder Boddhidharma (jap. Daruma) denken. Auch alle neueren religiösen Gruppen und „Sekten" führen sich — was in Anbetracht der geschichtlichen Entstehung dieser Gemeinschaften selbstverständlich ist — auf einen Gründer zurück — so etwa die sogenannten Zeugen Jehovas auf Charles T. Russell. In diesen Stiftern nun haben sich allgemeiner Religionsüberzeugung zufolge der höchste und verbindliche Wille und die überzeugendste Wahrheit und Weisheit zutiefst mitgeteilt. Wenngleich man u. U., wie etwa im Christentum, auch in anderen Gestalten, den Propheten, Sehern und Heiligen, den göttlichen Geist wirksam glaubt, so gibt es doch in der Regel eine relativ höchste, wenn nicht absolute, Aussage Gottes in seinen Abgesandten, den Religionsgründern (wobei der Begriff 'Aussage Gottes' für die östlichen Religionen ohne personalen Gottesbegriff bereits unzutreffend sein dürfte).

Das Christentum hat in diesem Zusammenhang den Glauben an die Anwesenheit Gottes in seinem Stifter derartig vertieft und entwickelt, daß es von einer irreversiblen unüberbietbaren Selbstoffenbarung Gottes in seinem „Sohn" und „Wort" gesprochen hat und daß es im Laufe einer langen Entwicklung zu den erstaunenswerten Dogmen des 4. und 5. Jahrhunderts gelangen konnte, durch die die Gleichwesenhaftigkeit des Sohnes mit dem Vater (Nikaia I 325) und die Aussagen von der ungeteilten und unvermischten Gottmenschlichkeit Jesu Christi (Chalkedon 451) für verbindlich erklärt wurden. Kaum eine andere religiöse Gemeinschaft hat in einem vergleichbaren Interpretationsprozeß zur Aussage vom Ineinsfalls göttlicher und irdischer Realität in seiner Gründergestalt gefunden, — allenfalls die Bhagavata in Bezug auf Krishna oder die kleine Gruppe der Drusen in Bezug auf Ad-Darasi.

Dem äußeren Erscheinungsbild nach gleichen sich viele Religionen auch darin, daß sie die verbindlich gemachte Lehre und Weisung in schriftlicher Form vorzuweisen haben. Im jüdischen Raum ist dies die Thora, im christlichen die Bibel, im arabischen der Koran, im asiatischen sind dies vor allem die Bhagavadgita, der Pali-Kanon oder der Tao-te-king. Nur wenige Gruppen, wie z. B. der Zen-Buddhismus, vermögen einer einheitlichen und verbindlichen schriftliche Vorlage zu entbehren. Im allgemeinen sind diese Bücher der feste Orientierungspunkt für das theologische und praktische Wirken der Glaubenden und somit Gegenstand immerwährender Exegese.

Diese geheiligten Schriften unterscheiden sich dadurch von philosophischen Abhandlungen, daß sie weniger auf diskursiven Erläuterungen als auf literarischen Gattungen wie Gebeten, Hymnen, Parabeln, Legenden, Erzählungen, Paränesen und Vorschriften basieren und somit nicht nur den rational-intellektuellen, sondern den gesamtmenschlichen Bereich ansprechen. Nicht selten sind diese Texte zudem in eine formale Fassung gegossen, die einen gebundenen oder rhythmischen Vortrag gestattet, so daß sie auf diese Weise die emotionale Sphäre der Hörenden direkter erreichen können.

Religion ist ferner nicht zu denken ohne irgendeine Form von kultischer Handlung, sei es ein Opfer, eine heilige Mahl-Handlung, eine Sing- oder Meditationsstunde. Welchen Ursprung diese Kulthandlungen auch immer gehabt haben mögen — vielleicht anfänglich, um sich die Gunst der Götter zu erkaufen oder zu erflehen —[212] sie dienen heute in der Praxis dazu, die Beziehungen der Gläubigen untereinander und die gemeinsame Ausrichtung auf das transzendente Gegenüber und Ziel aufrechtzuerhalten, sowie dazu, die Bestimmungen und Regeln der Gemeinschaft stets neu verkünden und verpflichtend machen zu können. Lehre und Verkündigung wird somit geschickt mit Gratifikation und Sanktion verknüpft, um die gemeindlichen Bindungen an die Ziele der Gemeinschaften zu erneuern und vertiefen.

Da die Religion fast immer allumfassenden Charakter trägt, beansprucht sie, das Wirken und die Tätigkeit der ganzen Menschen zu durchdringen und somit auch ihre tägliche Praxis zu bestimmen. Vielfach wird versucht, aus den religiösen Erlebnissen der einzelnen, aus der Interpretation der heiligen Bücher, aus den Berichten über das Leben der Stifter oder der anerkannten Heiligen, Regeln und Leitsätze für die Praxis der anderen herzuleiten. Dabei spielt das ethische Verhalten von Individiuum zu Individuum die oberste Rolle; konkrete Konzepte einer allgemein-gesellschaftlichen Theorie oder gar einer Theorie der gesellschaftlich-wirtschaftlichen Veränderung treten demgegenüber in aller Regel in den Hintergrund oder sind nur aus allgemeinen Chiffren und Andeutungen zu bestimmen. Vielfach wird der Versuch unternommen, mangels konkreter ethischer und praktischer Anweisungen in den heiligen Büchern die Befugnisse des kirchlichen Lehramtes souverän zu erweitern; das klassische Beispiel ist hierfür die römisch-katholische Kirche, die nicht nur Verkünderin der von Jesus gelehrten moralischen Prinzipien zu sein beansprucht, sondern unter theoretischem Verweis auf die Aussagen der Genesis Lehrsätze naturrechtlichen Inhaltes formuliert (und auf diese Weise beispielsweise auf dem Gebiet der Sexualmoral konkrete Vorschriften und Richtlinien erläßt).

Eine allgemeine Übereinstimmung wird man auch in dem Z i e l der Religionen erblicken können, das — obwohl es in den einzelnen Ausformungen jeweils stark differiert — doch insofern ein gemeinsames ist, als es das Heil, die Erlösung, das Optimum, der Menschen darstellen soll. Es kann sich dabei zum Beispiel um das Heil des Staates und der Gesellschaft handeln (und auf diese Weise auch um das des glücksbedürftigen Einzelnen),

— diese Ansicht vertrat der römische Staat, indem er eine *Do-ut-des*-Religion vorschreiben ließ, in der es gemäß dem *Commercium*-Denken um einen Äquivalententausch zwischen Staat und Olymp ging. Es kann sich andererseits — wie in den Erlöserreligionen — auch um das primär individuelle jenseitige Heil handeln, das der einzelne Gläubige in der aktiven Teilnahme an den Kulthandlungen und in der tätigen Verwirklichung in der konkreten Praxis erwerben kann; — hierfür ist die katholische Kirche Musterbeispiel. Es kann sich aber auch um eine Erfüllung in der Meditation handeln, um die höchste Vollendung irdischer Versenkung, die schließlich — wie im Buddhismus — als Ideal das Nirwana proklamiert. Wie dem auch immer sei, — das Heil, sei es nun primär individuell oder gesellschaftlich, sei es präsentisch oder futurisch, prä- oder postmortal, — stets stellt das Heil des gesamten Menschen das eigentliche Ziel der religiösen Gemeinschaften dar. Hinter den verschiedenartigen Begriffen wie Siebenter Tag, Himmel, Königreich Gottes, End-gültigkeit, Ewige Jagdgründe, Nirwana — steckt die Sehnsucht des Menschen nach Integrität und Identität, nach Aufhebung seiner selbst im dreifachen Sinn des *tollere, sublevare* und *conservare*, nach Heil und Erlösung von den verschiedenen menschlichen Begrenzungen.

Stifter und schriftliches Wort, Kulthandlungen und Ausrichtung auf Heil und Erlösung sind also die wesentlichen Merkmale, durch die sich die religiösen Formen der Sinnbejahung, zumindest in den derzeitigen Hochreligionen, von den philosophisch begründeten unterscheiden. K e i n *discrimen specificum* ist der Glaube an Gott bzw. an das Transzendente, der sich sowohl bei den Philosophen als auch bei den Theologen findet. Ja, der Glaube an einen Gott stellt nicht einmal ein gemeinsames Merkmal der Hochreligionen dar, da sehr große religiöse Gemeinschaften (Buddhismus) auf einen Glauben an einen personalen Gott generell verzichten. Eine allgemeine Ausrichtung auf das Transzendente im weiteren Sinn wird man dennoch zu den allgemein verbindlichen Charakteristika der Religionen rechnen dürfen. Diese einzelnen Merkmale sind nicht nur rational deduzierte Entfaltungsweisen bestimmter historisch entstandener Glaubensrichtungen, sondern auch jeweils notwendigerweise Erscheinungsformen, die den sinnlich-emotional-affektiven Bedürfnissen des Menschen gerecht werden. Die Hinwendung zu einem religiösen Stifter verlangt und ruft zugleich Vertrauen, Unterwerfung, Liebe und Treue hervor; die Aufnahme des geheiligten Wortes wendet sich an die plastische, narrative, unterhaltende Vorstellungskraft der Menschen; die Kulthandlungen erhalten die Integrität der Gemeinschaft, das Gefühl der Gemeinsamkeit, Geborgenheit und Vertrautheit; und der ständige Appell an das Heil befriedigt die menschlichen Hoffnungen, Träume und Sehnsuchtsvorstellungen. Hinzu kommt ein jeweils differenziert eingesetztes Raffinement von Sinnesreizungen und ästhetischem Ambiente durch religöse Musik, bunte Trachten, Geruchsstoffe (Weihrauch, Räucherkerzen) oder gemeinsam herbeigeführte Erregung und Ekstase.

Demgegenüber hat die philosophisch begründete Sinnbejahung einen schwereren Stand, weil sie ein hohes Abstraktionsniveau verlangt und auf die kultischen und gemeindlichen Bindungen verzichten kann und muß (wenn sie philosophisch bleiben will), — andererseits ist sie entlastet vom Bekenntnis zu den konkreten Aussagen einer bestimmten religiösen Gruppe und kann — indem sie Distanz als ihr verpflichtendes Recht interpretiert — deren Treiben zuschauen wie der Volkskundler der Folklore.

4.2.3. Die monistische Sinnbejahung

Unter dem Begriff der monistischen Sinnbejahung sollen diejenigen denkerischen und weltanschaulichen Gedankenzusammenhänge dargestellt werden, die nicht in das duale System von Immanenz und Transzendenz eingebunden werden wollen und können, die demnach eine einheitliche, nichtdualistische Lehre vom Ganzen auszusagen und in der Regel ein einziges und einiges Wort für das Wesen dieses Ganzen lehren zu können behaupten.

Es kann hier etwa an die mittelalterlichen pantheistischen Ansätze eines David von Dinant oder Giordano Bruno gedacht werden, ferner an Spinoza und dessen Identifizierung von *deus, substantia* und *natura*, — dann an die deutsche idealistische und Identitäts-Philosophie, an Schelling, Hegel und (trotz allem auch) Schopenhauer.

Kein abendländischer Philosoph, der sich um die gedankliche Überwindung des herkömmlichen Dualismus' von Natur und Geist, Mensch und Gott, Geist und Materie, Immanenz und Transzendenz, Natur und Geschichte, bemüht hat, war einflußreicher als Hegel. Er beginnt mit seinen Überlegungen zur Identität bei den spinozistischen Gleichsetzungen, versucht aber, in einem Überblick über den Verlauf der Weltgeschichte den Prozeß dieses Geistes nachzuvollziehen und dessen dialektische Entfaltung im philosophischen Gang zu rekonstruieren. Damit hat er den starren Monismus durchbrochen und ein formallogisches System erstellt, das für zahllose weitere dialektische Entwürfe offenstehen sollte.

In seiner Philosophie der Religion betont er die Notwendigkeit, wie Spinoza von der absoluten Einheit her zu denken: „Identität, Einheit mit sich ist am Ende alles . . . Die ganze Philosophie ist nichts anderes als das Studium der Bestimmungen der Einheit"[213] betont er und ergänzt, daß 'Gott' diese Einheit darstellt, der zugleich die Substanz an sich und das Absolute sei: „Gott ist die absolute Substanz, die allein wahrhafte Wirklichkeit. Alles andere, was wirklich ist, ist nicht für sich wirklich . . . "[214] Im religiösen Standpunkt wird Gott erkannt als „die absolute Macht und Substanz, in welche der ganze Reichtum der natürlichen wie der geistigen Welt zurückgegangen ist . . . "[215] Der wesentliche Unterschied zum herkömmlichen Pantheismus und zur Identitätsphilosophie liegt aber in der geschichtlichen Bewegung des göttlichen Geistes: „Die Hauptsache ist der

Unterschied dieser Bestimmung. Die Einheit Gottes ist immer Einheit; aber
es kommt ganz allein auf die Arten und Weisen der Bestimmung dieser
Einheit an . . . "[216] Die Tatsache nun, daß Gott wesentlich Geist ist, als
wissender und sich selbst wissender,[217] daß aber auch der Mensch in seinem
Bewußtsein Geist ist (als subjektiver Geist)[218], ermöglicht Hegel, den Begriff 'Geist' zum Angelpunkt seiner idealistischen Dialektik zu erheben und
die gesamte Geschichte als Entwicklung des Geistes zu seinem Selbstbewußtsein (Anundfürsichsein) zu deuten.

Die Weltgeschichte ist Bühne des Geistes; er verwirklicht sich auf ihr
kraft Notwendigkeit nach göttlichem Plan zur Freiheit: „Die Weltgeschichte
stellt . . . die Entwicklung des Bewußtseins des Geistes von seiner Freiheit
und der von solchem Bewußtsein hervorgebrachten Verwirklichungen
dar."[219] Diese Entwicklung im Bewußtsein der Freiheit vollzieht sich im
Stufengang, und die einzelnen geschichtlichen Phasen zeigen diese Entwicklung zum Wesen des Geistes, zur Freiheit, auf:[220] In den orientalischen
Despotien war nur ein einziger frei (nämlich der Herrscher), im Bewußtsein
der griechischen Polis einige, im christlichen Staat potentiell alle. Somit ist
der Gang der Geschichte Vollzug des göttlichen Willens; er strebt einem
absolut vollendeten Endzweck zu, der vor allem durch die Wirklichkeit
der sittlichen Idee, den Staat gekennzeichnet ist.[221]

Hegel hat damit die theistische Gegenüberstellung von Gott und Geschichte radikal durchbrochen und beides als Entwicklung des Geistes interpretiert; gleichzeitig hat er aber auch den Dualismus Geist – Natur aufheben
wollen und seiner Geist- und Ideenlehre eingeordnet. „Der Geist hat *für uns*
die Natur zu seiner *Voraussetzung,* deren Wahrheit und damit deren absolut
Erstes er ist. In dieser Wahrheit ist die Natur verschwunden, und der Geist
hat sich als die zu ihrem Fürsichsein gelangte Idee ergeben, deren *Objekt*
ebensowohl als das *Subjekt der Begriff* ist."[222] Dieser Satz wird auf dem
Hintergrund der Hegelschen Ideenlehre verständlich: In der Idee nämlich
sind Natur und Geist verwandt; beide sind „in der einen Idee identisch und
beide nur die Abspiegelung von einem und demselben . . . "[223] Der Unterschied ist allerdings der, daß die Idee im Geist in ihrem Anderssein aufgehoben ist; Geist ist somit das Zurückkehren und Zurückgekehrtsein der
Idee. In der äußeren Natur aber, die „wie der Geist . . . vernünftig, göttlich" ist, „erscheint die Idee im Außersichsein, im Elemente des Auseinander; sie ist sich selbst äußerlich."[224] Die Natur, die Pflanzen, die Tiere
und die anorganische Materie, können nicht zum Bewußtsein ihrer selbst
kommen; dazu bedürfen sie des Geistes, d. h. des Menschen: „erst der
Mensch erhebt sich über die Einzelheit der Empfindung zur Allgemeinheit
des Gedankens, zum Wissen von sich selbst, zum Erfassen seiner Subjekti-
vität, seines Ichs, – mit einem Worte: erst der Mensch ist der denkende
Geist . . . "[225]

Somit kann Hegel zwar sagen, daß der Geist f ü r   u n s (als geschichtlich
gewordene Wesen) die Natur zu seiner Voraussetzung hat, daß er aber den-

noch nicht Produkt derselben ist, sondern vielmehr das absolut Erste, das
die Natur erst gesetzt hat. „Der an und für sich seiende Geist ist nicht das
bloße Resultat der Natur, sondern in Wirklichkeit sein eigenes Resultat . . .
In dem Gesagten liegt schon, daß der Übergang der Natur zum Geiste nicht
ein Übergang zu etwas durchaus anderem, sondern nur ein Zusichselber-
kommen des in der Natur außer sich seienden Geistes ist . . . "[226] Damit
schließt sich wieder der monistische Zirkel: Geist und Natur sind letztlich
nur verschiedene Hinblicknahmen in dem einen zu sich selbst gelangenden
Geiste.

Da somit die ganze Entwicklung alles Seienden wirklich, vernünftig,
weise, göttlich, zielgerichtet ist, stellt Hegels Philosophie nach seinen eigenen
Worten eine Theodizee dar,[227] eine Rechtfertigung Gottes angesichts des
Bösen in der Welt. Wenngleich der Hegelsche Monismus durch die Vielzahl
der Aspekte, der Momente, der dialektischen und logischen Übergänge,
gekennzeichnet ist, endet er dort, wo er begann: bei der Identität des göttlichen Wesens. Es ist ein Monismus, der sich hütet, zwischen allem was ist,
ein einfaches Gleichheitszeichen zu setzen, der aber bemüht ist, für das
geschichtliche Sein eine einheitliche Erklärung zu finden: Diese findet er in
dem Bestreben des Geistes, zu sich selbst zu gelangen und sich in Freiheit
zu verwirklichen. Gott und die Welt, Mensch und Gott, Natur und Geschichte sind dieser beherrschenden Idee inkorporiert.

Recht pauschal wird man im außereuropäischen Bereich die wichtigsten
religiös-philosophischen Systeme Indiens, Hinterindiens, Chinas und Japans
dem monistischen Denken zurechnen können. Immanenz und Transzendenz,
Philosophie und Religion, Diesseits und Jenseits, Himmel und Erde treffen
sich in jeweils unterschiedlichen Ausformungen in einer einheitlichen Ge-
samtschau, die sich zugleich bemüht, optimale Handlungsanweisungen (bzw.
Anweisungen für das Nicht-Handeln) zu gewinnen.

Recht deutlich wird dies im Buddhismus. Entsprechend den „Vier edlen
Wahrheiten" (Rede von Benares) wird man dessen Grundanschauung —
sträflich verkürzt — wie folgt wiedergeben können: Nach der ersten Wahrheit (*the noble truth concerning suffering / la vérité mystique sur la douleur*)
ist das gesamte menschliche Leben und Erleben, von der Geburt, über die
Krankheiten und die Arbeiten bis zum Tod, von der Erfahrung des Negativen, Schmerzlichen, Trennenden geprägt. Die zweite Wahrheit (*the noble
truth concerning the origin of suffering / la vérité mystique sur l'origine de
la douleur*) lehrt, daß die Ursache für dieses vielfältige Leid die menschliche
Begierde ist, — gleich, ob es die Begierde (*klesha*) nach materiellen Gütern
oder nach jenseitigem Lohn ist. Dementsprechend wird drittens in der
„*noble truth concerning the destruction of suffering*" (*la vérité mystique
sur la suppression de la douleur*) gefolgert, daß die Abkehr von der Begierde
(*klesha*) nach irdischen und immateriellen Gütern von dem Schmerz befreit.
Welchen Weg man aber bei dieser Beseitigung der Schmerzursache zu beschreiten hat, wird in der vierten Wahrheit über den achtgliedrigen Pfad

(the noble truth concerning . . . the noble eightfold path / le chemin mystique à huit membres) gelehrt, derzufolge der Mensch auf einer acht-gliedrigen Vollkommenheitsskala aufsteigen und nach Möglichkeit bis zum Nirwana gelangen soll.[228]

Monistisches Denken ist in diesen vier Lehren nicht direkt ausgesagt, sondern v o r a u s g e s e t z t : Der Mensch wird aufgefordert, sich selbst auf dem Wege der mystischen Askese und Betrachtung (Meditation) zum Punkt des absoluten „Nichts" zu bringen, um auf diese Weise den Austritt aus den irdischen Daseinszuständen zu erlangen. Damit wird sowohl eine Relativität der individuellen Person (*an-atman*) als auch ein ewiges Entste-hen in gegenseitiger Abhängigkeit (*pratityasamutpada*) behauptet.

Gerade diese Lehre vom ewigen Kausalitätsfluß, von gegenseitigem Be-dingen in Abhängigkeit („*conditioned co-production*" – Conze / „*dependent co-origination*" – Streng u. a.)[229] stellt nicht nur (nach Frauwallner) „das Bedeutendste dar, was der alte Buddhismus zur theoretischen Begründung seiner Erlösungslehre zu sagen hat . . . "[230] sondern ist auch deutlichster Be-griff eines monistischen Prinzips (und kann in seiner Bedeutung in etwa mit Hegels Geist bzw. Idee verglichen werden). Indem der Begriff umschreibt, daß alles Entstehen Voraufgegangenem folgt und in seiner Seinsweise von ihm abhängig ist, wird er zugleich zur theoretischen Begründung dessen, was im Westen verkürzt die Reinkarnation oder Wiedergeburt genannt, wird: Da originäres Entstehen nicht denkbar ist, müssen die geborenen Lebewesen auf vorhergehende zurückgehen.

Dies schließt zugleich die Ablehnung einer eigenständigen personalen, individuellen *anima rationalis* ein, die ein subjektives Weiterleben nach dem Tode garantiert; dementsprechend steht der Satz vom ‚*an-atman*' („*not the self*", „*unsubstantial*") in enger Beziehung zur Lehre vom ‚pratiyasamut-pada'. Geschichte kann demnach nicht als linearer, dialektischer oder gar teleologischer Prozeß verstanden werden, sondern als eine fließende, krei-sende Reihe verschiedener prinzipiell ewiger Daseinszustände, die in wech-selseitiger Abhängigkeit voneinander in Erscheinung treten und nur jeweils dann unterbrochen werden können, wenn es gelungen ist, sich dem Nirwana zu nähern.

Damit stellt sich dieses monistische Denken zwar völlig anders dar als das christlich geprägte Hegels, es stimmt aber insofern mit diesem überein, als es keine prinzipielle Dualität zwischen transzendenter und immanenter Sphäre, zwischen Gott und Welt, zwischen Mensch und Natur, zwischen Natur und Geschichte, zuläßt: Die gegenseitige Abhängigkeit im Werden und Vergehen faßt den gesamten geschichtlichen Prozeß als einen beständigen Wechsel verschiedener, un-substantieller Daseinselemente auf, in die der Mensch hineingeboren wird und aus denen er sich kraft *karman* befreien kann.

Loslösung vom Seienden ist somit das höchste religiöse Ziel; dies wird im Nirwana erreicht. Auch hier zeigt sich der Versuch, Dualismus zu über-

winden bzw. von vornherein zu vermeiden: Nirwana ist der Schnittpunkt
zwischen dem, was man in der abendländischen Tradition Diesseits und
Jenseits nennen möchte: ein in durchaus irdischer Versenkung erreichter
Zustand religiöser, über-irdischer Natur, der mit dem Gesamtprinzip von Sein
und Werden gekoppelt wird und somit erlösenden Charakter erhalten muß.

Gerade dies rechtfertigt die Hinneinnahme des buddhistischen Denkens
in die Gruppe der „Sinnbejahungsformen"; Wenn Nietzsche es häufig als die
asiatische Form des Nihilismus bezeichnet,[231] so hat er in dem Sinne recht,
daß es keine höchsten Werte konstituiert wie das Christentum (Gott, Erlösung, Wahrheit), nicht aber in dem Sinne, daß der 'Sinn des Lebens' (in
vorliegender Terminologie) abgestritten wird; im Gegenteil: Indem das
Dasein als 'sinn'-loses gedeutet wird, als endlose Abfolge negativ interpre-
tierbarer Daseinszustände, dient die philosophisch-religiöse Versenkung
dem einzig sinnvollen Ziel, der Aufhebung dieser Negativität durch das
Positivum des absoluten Nichts.

Etwas leichter faßbar wird das monistische Prinzip, wenn wir neben den
Buddhismus den Taoismus stellen. Hier wird im Wort 'TAO' schon jener
Grundbegriff genannt, der diese Lehre konstituiert. *Tao* (jap. *Dau*) ist ein
unübersetzbares Wort; man hat „Weg", „Richtung", „Zweck", „Vernunft",
„Wahrheit" und schließlich auch „Sinn" dafür eingesetzt.[232] Alle Umschrei-
bungen sind richtig und treffen doch nie exakt das Gemeinte, das sich nur
durch den Text selbst erschließen läßt:

> „Es gibt ein Ding, das ist unterschiedlos vollendet.
> Bevor der Himmel und die Erde waren, ist es schon da,
> so still, so einsam.
> Allein steht es und ändert sich nicht.
> Im Kreis läuft es und gefährdet sich nicht.
> Man kann es nennen die Mutter der Welt,
> Ich weiß nicht seinen Namen.
> Ich bezeichne es als TAO.
> Mühsam einen Namen ihm gebend,
> nenne ich es groß.
> Groß, das heißt immer bewegt.
> Immer bewegt, das heißt ferne.
> Ferne, das heißt zurückkehrend.
> So ist der TAO groß, der Himmel groß, die Erde groß,
> und auch der Mensch ist groß.
> Vier Große gibt es im Raume,
> und der Mensch ist auch darunter.
> Der Mensch richtet sich nach der Erde.
> Die Erde richtet sich nach dem Himmel.
> Der Himmel richtet sich nach dem TAO.
> TAO richtet sich nach sich selber."[233]

Tao ist hier als das oberste sich selbst genügende Prinzip beschrieben, dem im Grund kein Name zu geben ist: Er ist weder 'Himmel' (die Gesamtheit der immateriellen Kräfte), noch die Erde (die Gesamtheit der materiellen Kräfte), noch ein Vitalprinzip des Menschen, sondern steht als vierte Größe über diesen drei großen Gegebenheiten und zwingt diese, sich nach ihm auszurichten. Er ist ewig, vollendet, beschreibt die ideale Kreislaufbahn, ist aber ebensowenig wie Hegels Geist schlechthin statisch: Indem er immer bewegt ist, kehrt er immer (zu sich selbst) zurück; er ist die zur Mannigfaltigkeit ausgebreitete Einheit, die Aufhebung der Gegensätze, das stete Vollenden seiner Selbst. Somit ist er Sinngebung alles Seienden, vor allem des menschlichen und materiellen Seienden. Obgleich er nie erkannt werden kann, weiß sich doch das Leben (*Te*) dem *Tao* verpflichtet und sinnhaft geborgen. Die Beziehung zwischen Leben und *Tao* ist somit außerordentlich eng und wird an entscheidenden Stellen von Laotse angesprochen:

„Des großen Lebens Inhalt
folgt ganz dem TAO.
TAO bewirkt die Dinge,
so chaotisch, so dunkel.
Chaotisch, dunkel
sind in ihm Bilder.
Dunkel, chaotisch,
sind in ihm Dinge.
Unergründlich finster
ist in ihm Same.
Dieser Same ist ganz wahr.
In ihm ist Zuverlässigkeit.
Von alters bis heute
sind die Namen nicht zu entbehren,
um zu überschauen alle Dinge.
Woher weiß ich aller Dinge Art?
Eben durch sie."[234]

Alles Leben (*Te*, d. i. das, was die Dinge enthalten, um zu entstehen[235]) steht in Abhängigkeit vom Tao. Dieser bewirkt alles; er birgt — bildlich (bzw. platonisch) gesprochen — den Samen für das Entstehen und Urbilder der irdischen Abbilder. Aber er ist — wie unermüdlich betont wird — dunkel, „chaotisch", d. h. unergründlich, jenseits des menschlichen Verständnishorizontes. Nur durch Teilhabe an diesem unergründlichen Wissen kann der Mensch zu irgendeiner Art von Erkenntnis und Wahrheit kommen; zuverlässig kann er sich auf die „Namen" stützen, die im Tao gegeben sind. Die Partizipation an diesem mystischen Erkenntnisgrund lehrt ihn die alltäglichen Dinge wie die Ahnung der Wahrheit. So gelangt er zur Aufhebung des Nichtwissens, wie es beim Buddha heißen würde.

Drei „Monismen", drei Wahrheitslehren, drei Chiffren (Geist, pratitya-
samutpada, TAO): drei Beispiele für Versuche, den Zugriff zur Sinnfrage
durch einen Gesamtentwurf zu lösen, der keine Grenzen zwischen Immanenz
und Transzendenz, Mensch und Gott, Geist und Natur, kennt, sondern
alles nach einem unergründlichen Weltengrund erklärt. Die Erkenntnis geschieht — ohne jede Empirie auszuschalten — durch mystische Teilhabe,
durch Versenkung, durch Vertiefung des Bewußtseins; somit bleiben alle
Monismen letztlich empirisch unausgewiesen und sind angewiesen auf Vertrauen und Glaubwürdigkeit. Zugleich sind Geist, pratityasamutpada und
TAO drei Chiffren für den geschichtlichen Gang und die Rückkehr der immateriellen geistigen Kräfte zu sich selbst; sie sind Erklärungsfiguren für die
scheinbar verwirrende Vielfalt der geschichtlichen menschlichen Prozesse
und somit Ausgangspunkt und Zielort zugleich. Sie verweisen den Menschen auf einen 'Sinn', auf ein Ziel, sind aber dennoch von vornherein jeder
linearen Teleologie entzogen. Die monistische Denkform ist prinzipiell
kreisförmig; die „Erlösung" (Erkenntnis) des Menschen geschieht durch
Eintritt in diesen Kreis. In der Mystik und Meditation ist nicht nur die
Grenze zwischen Immanenz und Transzendenz aufgehoben, sondern auch
die zwischen Philosophie und Religion.

4.2.4. Sinnbejahung und Suizid

Wenn in den einleitenden Überlegungen Suizid („Selbstmord") und Sinnverneinung zueinander gestellt und teilweise synonym verwandt wurden,
so deshalb, weil die radikale und konsequente Sinnverneinung, sofern sie
einen Menschen betrifft, der noch rational und relativ frei entscheiden kann,
den Suizid zur Folge haben muß. Der Satz: Sinnverneinung erfordert
Suizid, ist nicht umkehrbar in die Aussage: Jeder Suizid ist Ausdruck von
Sinnverneinung.[236] Jeder Suizid kann sowohl Ausdruck von Sinnbejahung
wie Sinnverneinung sein. Die meisten der vorgestellten Sinnbejahungstheo-
rien neigen nämlich dazu, sowohl den Tod anderer (den Mord) als auch
den eigenen Tod (Suizid) in gewisser Form zu rechtfertigen, weil sie davon
ausgehen, daß das menschliche Leben nicht der Werte höchster sei.
    Im Jahre 184/85 präsentierte sich, *colorandi causa*, eine größere Anzahl
von Christen dem *Proconsul* Arrius Antoninus von *Asia*, der wegen seiner
großen Strenge bekannt war, und klagte sich selbst des Straftatbestandes
an, Christ zu sein. Arrius, in reichlicher Verlegenheit, schickte die Christen
mit dem Bemerken wieder fort: „Wenn ihr Unseligen schon sterben wollt,
habt ihr denn keine Stricke, gibt es keine Abgründe?"[237]
    Am 14.8.1941 verstarb im Hungerbunker des Konzentrationslagers
Auschwitz der Franziskanerkonventuale Maksimilian Kolbe, nachdem er sich
den nationalsozialistischen Mördern freiwillig anstelle eines zum Tode ver-
urteilten Familienvaters und Mitgefangenen übergeben hatte.

Seit Jahrtausenden werfen sich gläubige Hindus unter die riesigen Räder des Jagannath und lassen sich (trotz des offiziellen Verbotes von 1829) Witwen verbrennen. Schon fast an der Tagesordnung sind schließlich die Beispiele aus den Bereichen, in denen die religiöse Begründung hinter konkrete politische Zielsetzungen zurücktritt: bei den Samurai-Kriegern und Harakiri-Opfern, den Kamikaze-Fliegern oder den sich verbrennenden Buddha-Mönchen im Osten; bei den Selbstverbrennern in der Tschechoslowakei (Jan Pallach) oder in der DDR (Pfarrer Brüsewitz) oder bei den im Hungerstreik sterbenden Gefangenen der westlichen Welt.

Schon Emile Durkheim hat diesen komplizierten Sachverhalt gesehen und daher die Unterscheidung zwischen „altruistischem", „egoistischem" und „anomischem" Selbstmord eingeführt: unter ersterem versteht er die oben mit Beispielen belegten Selbsttötungen von Menschen, die in ein Ideensystem oder Kollektiv eingebunden sind und daher das eigene Leben den Gesamtzielen unterordnen; unter 'egoistischem' den Suizid aus individuellen Motiven oder Affekten, unter 'anomischem' schließlich die Revolte gegen jede Form von Ordnung, Gesetz und Zwang.[238]

Ähnlich verhält es sich mit der Tötung anderer. Man wird bei einem Durchgang durch die Geschichte der Kriege und der Gesetzgebung feststellen können, daß es kaum ein zum Staat oder zur Institution gewordenes Sinnbejahungssystem gibt, das die Tötung anderer nicht in gewisser Weise — sei es durch „bella iusta", durch Verteidigungskriege, durch die Todesstrafe, durch Folter oder Mord, — explizit rechtfertigt oder zumindest duldet; — die Geschichte der christlichen Kirchen (nicht nur im Mittelalter) oder die Entwicklung des Stalinismus im 20. Jahrhundert seien als Schlagworte genannt. Eine gewisse Ausnahme hinsichtlich des Mordes (weniger hinsichtlich des Selbstmordes) stellen die verschiedenen Formen der Hedoniker und Epikureer dar, die ihrer eher individualistischen Grundintention zufolge weniger zur Bildung staatlicher oder gesellschaftlicher Systeme neigen als die Anhänger universaler oder metaphysischer Grundwerte.

Während die Sinnverneiner den Wert des Lebens generell leugnen und keine besonderen theoretischen Schwierigkeiten haben, Tötung und Selbsttötung zu legitimieren — ja während die konsequente Verfolgung nihilistischer Grundprinzipien zum Postulat des Suizides führen muß — leugnen die Sinnbejaher die Vollumfänglichkeit des Wertes des Lebens relativ und aus anderen Gründen, — weil sie von der Existenz eines höheren Sinnes ausgehen, der den Sinn des einzelnen Lebens in den Hintergrund drängen kann. Es mutet merkwürdig an und verdient schon hier festgehalten zu werden, daß die Sinnbejahung und Sinnverneinung nicht nur hinsichtlich ihrer erkenntnistheoretischen Ansprüche und Voraussetzungen, sondern auch hinsichtlich ihrer konkreten Praxis nicht so weit voneinander entfernt sind, wie sie allenthalben glauben zu machen versuchen.

Ein zweites jedoch tritt hinzu. Suizid trotz möglicher Sinnbejahung ist nicht nur in jenen genannten Fällen denkbar und konsequent, in denen die

Relativität des menschlichen Lebens gegenüber höheren Werten und Zielen zugrundegelegt wird, sondern auch in solchen, die von rein „körperlichen" Überlegungen ausgehen. „In der Bindung des Menschen an sein Leben gibt es etwas, das stärker ist als alles Elend der Welt. Die Entscheidung des Körpers gilt ebensoviel wie eine geistige Entscheidung, und der Körper scheut die Vernichtung . . . Bei dem Wettlauf, der uns dem Tode täglich etwas näher bringt, hat der Körper unwiderruflich den Vorsprung . . . "[239] schreibt Camus und gibt damit die oben aufgestellte These verschärft wieder, daß die menschlichen Impulse des Lebens, die den Betreffenden vom potentiellen Suizid abhalten können, beträchtlich sind. Dennoch muß die Überlegung statthaft sein, ob man die Logik Camus' wider sie selbst kehren kann. Wenn der Körper eine Entscheidung für sich trifft — besser: je schon getroffen hat — muß er auch eine Entscheidung gegen sich treffen (bzw. seine ursprüngliche „Entscheidung" re-vidieren) können, dann muß die Möglichkeit denkbar sein, daß der Mensch in jenen Fällen, in denen er von einer schier unerträglichen Fülle physischen oder psychischen Leides gepeinigt wird, seinem Leben selbst ein Ende setzt. Unheilbare Krankheiten (chronische Migräne, zermürbende Schlaflosigkeit, plötzliche Lähmungen, unheilbare Blindheit) oder unüberwindlicher Seelenkummer, unerträgliche Angst oder unstillbare Sehnsucht sind Leiden, die manche Menschen in den Tod stürzen können. Zumindest zum Teil ist dieser körperliche Aspekt mitgemeint, wenn die Hedoniker, Epikureer und Stoiker gelassen in den lange erwarteten Freitod schreiten: Wenn der körperliche Verfall offenkundig wird, die Grenzen der zeitlichen Lebenserwartung in sichtbare Nähe rücken oder der bescheidene Genuß eines „natürlichen" Lebens nicht mehr möglich, dann legt der Hedoniker oder Stoiker — obwohl er ansonsten keineswegs jeden Lebenssinn ableugnen würde — gelassen Hand an sich, um dem ein Ende zu bereiten, was nicht mehr mit Würde zu Ende zu bringen ist:

Denken wir an Zenon den Mittleren von Kition, den Begründer der Stoa, der, wie man sagt, sich im Alter von 98 Jahren das Leben genommen haben soll, nachdem er gestolpert sei und sich einen Finger verstaucht habe, oder auch an dessen Meisterschüler Kleanthes: Als der Arzt ihm wegen eines Zahngeschwürs für zwei Tage die Nahrungsaufnahme verbot, weigerte sich der treffliche Philosoph auch nach Ablauf dieser Frist — da er auf seiner Reise in den Tod bereits so weit fortgeschritten sei — zu essen und zu trinken und hungerte sich nun erfolgreich zu Tode. Oder erinnern wir uns — um ein drittes Beispiel aus einer anderen Zeit zu wählen — an den deutsch-schwedischen Philosophen John Robeck (gest. 1735), der sich, nachdem er eine lange stoische Apologie des Selbstmordes verfaßt und sein ganzes Vermögen verschenkt hatte, in der Weser ertränkte; — selbst Voltaire war sehr beeindruckt.[240]

Diese Entscheidung zum Selbstmord verlangt Achtung und Respekt und ist gerade heutzutage gegen das herrschende Todestabu und die Sucht der Mediziner, jedes große (auch nicht-bejahende) menschliche Gefühl medikamentös zu nivellieren bzw. zu vernichten, nachdrücklich zu verteidigen. Es bleibt der Satz Senecas: *Patet exitus*: Ein Ausweg steht immer offen.[241]

4.3. SINNVERNEINUNG
4.3.1. Vorbemerkung

In weitaus schärferer Weise kann man das, was oben zum Verhältnis von transzendenzbezogener und immanenzbezogener Sinnbejahung gesagt wurde, zum Verhältnis von Sinnbejahung und Sinnverneinung formulieren: Gegenüber der Sinnverneinung hat die Sinnbejahung im Verlaufe der Philosophie- und Geistesgeschichte und im Bewußtsein der breiten Bevölkerung stets die Überhand gehabt. Alle großen und einflußreichen philosophischen Entwürfe gingen davon aus, daß man das Seiende als solches als sinnvoll betrachten könne (am eindringlichsten formuliert im klassisch-scholastischen *ens et bonum convertuntur*) und daß auch das menschlichen Leben einem Ziel und Zweck entspreche. Demgegenüber blieben die Skeptiker und Sinnverneiner in der Minderzahl: Sie finden sich unter den dummen Sophisten der platonischen Dialoge, unter den spätantiken Kynikern, unter den Frühaufklärern und Enzyklopädisten. Die „tausendjährige Verschwörung gegen den Selbstmord"[242] von der Cioran spricht, die erst durch Schopenhauer und Nietzsche durchbrochen wurde, ist vielleicht das markanteste Symptom dieser übermachtigen Sinnbejahungsformen.

In der neuesten europäischen Geistesgeschichte steht die Sinnverneinung der Sinnbejahung dagegen in adäquater Weise gegenüber. Besonders seit dem sogenannten Existenzialismus, seit der Buch- und Bühnenproduktion der Kriegs- und Nachkriegsjahre, ist ein starkes Interesse an der Möglichkeit der Sinnverneinung zu beobachten. Ja, man kann sagen, daß Sinnverneinung, besonders ein zum Nihilismus tendierender Existenzialismus — sei er nun an Sartre, Heidegger oder Becket angelehnt — für lange Jahre die vorherrschende geistige Modeströmung weiter Kreise, besonders der jüngeren Intelligenzlerschicht in Mitteleuropa, gewesen ist. Dennoch gilt es, zu betonen, daß diese Unausgeglichenheit innerhalb der Philosophiegeschichte zu Ungunsten der Sinnverneinung nichts über deren Legitimität oder Plausibilität aussagen kann. Mehrheitsentscheidung kann in den Gebieten der Aporie und *Agnosis* niemals Wahrheitsentscheidung sein.

Dies führt zu einem zweiten Punkt der Vorbemerkung, der oben schon im Abschnitt über die Illegitimitätsverdächtigungen zur Sprache gekommen ist: zur Betonung dessen, daß der Aspekt der Sinnverneinung, der immer zugleich den des Suizids einschließt, vorbehalts- und emotionsfrei diskutiert werden muß, ohne ihn sofort des Unnatürlichen, Krankhaft-Melancholischen oder Sündhaften zu zeihen. Aufgrund der Alternativstruktur menschlichen Handelns ist Suizid e i n e der realen Möglichkeiten, sich den Grundproblemen d e s L e b e n s zu stellen, und er kann ebensowenig kritisiert

werden wie eine religiöse Grundentscheidung. Gerade diejenigen, die vom
Standpunkt eines religiösen Glaubens den sinnverneinenden Suizid ablehnen
und verwerfen, müssen sich vergegenwärtigen, daß sie quasi in Komplizität mit den „Selbstmördern" leben und daß ihr religiöses Leben, sofern es
ernst geführt wird, auf der gleichen Ebene liegt wie das des Sinnverneiners:
Beide sind Glaubende, beide haben sich zu einer Entscheidung verfügt,
deren Wahrheitsgehalt letztlich dunkel bleibt. Beide haben die Grenzen
menschlicher Erkenntnisfähigkeit überschritten und einen Glauben angenommen: der eine den Glauben an Nichts, der andere den an Alles. „Wir
erfassen nur mehr den leidenschaftlichen Selbstmord als exaltierten Zustand, was die Distanznahme betrifft, so träumen wir davon als Veitstanz-
besessene" schreibt Cioran in seinen apologetischen Aperçus zum Selbstmord. „Die Weisen, die vor der Zeit des Kreuzes lebten, wußten mit der
Welt zu brechen oder ihr gegenüber zu resignieren, ohne Drama und ohne
schöne Klage."[243]

4.3.2.   Die immanenz-orientierte Sinnverneinung
4.3.2.1. Die individuelle immanenz-orientierte Sinnverneinung

Das Problem einer immanenz-orientierten Sinnverneinung muß bei denjenigen Argumentationsfiguren akut werden, die den Sinn des Lebens durch
rein immanenzbezogene Begriffe wie Glück, Lust, Freude, Ehre, Ansehen,
Geld, Macht, Herrschaft, konstituiert haben bzw. zu setzen gewillt sind.
Wenn äußere Umstände, die die Alten 'fortuna' und die Deutschen 'Schicksal' zu nennen beliebten, das Glück, „diesen voreiligen Vorteil eines nahen
Verlusts" von vornherein unmöglich oder nachträglich zunichte machen,
kann der Sinnbejahungszusammenhang schnell auseinanderbrechen. Dann
ist der Umschlag zu einer affektgeladenen Sinnverneinung („normaler"
Suizid) nicht fern: Die Libretti ergreifender Operetten und die Motive
schnulziger Trivialromane sind aus diesem Stoff gewebt: Der römische
Feldherr, der sich nach verlorener Schlacht und ebensolcher Ehre ins griff-
bereite Kurzschwert stürzt (zum Beispiel: Varus); der mittelalterliche
Kirchenfürst, der sich nach verhängtem Bann und mißglückter politischer
Karriere zu Tode trinkt (zum Beispiel: Heinrich von Virneburg); der franzö-
sische General, der sich nach verhindertem Staatsstreich am Grabmal seiner
Geliebten erschießt (zum Beispiel: Boulanger): sie und viele andere, weniger
prominente Figuren, könnten hier Revue passieren.

Nicht von ungefähr sind diese Beispiele aus dem historischen Alltagsleben gewählt; eine konsequente philosophische Reflexion würde nämlich
durch das Bemühen geleitet sein, allgemeine Prinzipien zu entwickeln, und
würde somit zugleich auf eine theoretische Ablehnung der Gesellschaft als
Ganzer hinzielen. In den Kreisen der Hedoniker, Eudämonisten, Epikureer
und Stoiker finden sich jedoch genügend Belege dafür, daß ein Ausbleiben

der „immanenten" Sinngarantieren (bzw. Garantien für ein „naturgemäßes Leben") wie Lust, Schmerzensfreiheit, Zufriedenheit, äußere Ruhe, ökonomische Existenzmöglichkeit, zum Sinnverlust bzw. zur Lebensbeendigung führen können: Zenon der Mittlere, Kleanthes und Seneca wurden schon oben als Beispiele bemüht.

Seneca, um bei letzterem kurz zu verweilen, plädiert zwar für das tapfere Ertragen von Unglück, Leid, Ehrlosigkeit und Schmerz, tritt aber gleichzeitig dafür ein, dem Leben dann ein Ende zu bereiten, wenn all' dies das Maß des Erträglichen überschreitet: „Vor allem habe dafür gesorgt, daß keiner euch festhalte gegen euren Willen: offen steht der Weg aus dem Leben. Wenn ihr kämpfen nicht wollt, könnt ihr fliehen. Deswegen habe ich von allen Dingen, die ich als euch unentbehrlich ansah, nichts leichter gemacht als zu sterben."[244] Der Verlust an Lust und Freude muß somit zwar nicht automatisch Verlust des Gesamt-Sinns heißen, kann aber durchaus zu einer relativen Sinnverneinung (sprich: Suizid) führen.

Allerdings gilt es gleichermaßen zu berücksichtigen, daß die konsequente Erfahrung der Sinnlosigkeit eines eudämonistisch oder hedonistisch orientierten Lebens nicht zur radikalen Verneinung führen m u ß , sondern auch ins Gegenteil einer bedingungslosen Hingabe an die transzendenz-orientierte Sinnbejahung umschlagen kann. Franziskus von Assisi, der begüterte Kaufmannssohn, ist hierfür ebenso Beispiel, wie Joris Karl Huysmans, der Romancier der französischen Décadence, der sich nach seiner Pensionierung und am Ende seines schriftstellerischen Weges als Oblat den Benediktinern anschloß und sich in selbstgewählter Naivität der Verehrung der Madonna von Lourdes verschrieb.

4.3.2.2. Die gesellschaftlich relevante immanenz-orientierte
         Sinnverneinung

Nicht nur im Bereich transzendenz-orientierter Begriffsbildungen haben sich Gegenpositionen zu jenen Theorien entwickelt, die einen gesellschaftlichen Gesamtsinn postulieren, sondern auch auf dem Feld jener Denkbemühungen, die mit Hilfe rein immanenz-orientierter Kategorien zu einer sinnhaften Interpretation von Welt und Mensch vorzudringen bemüht waren und sind.

Vor allem der späte Nietzsche wollte die entscheidende Kontraposition gegen jede Form des Kausalitäts-, Fortschritts- und Evolutions-Denkens aufbauen. Konsequent sucht er daher zunächst den Sozialismus seiner theoretischen Grundlagen zu entkleiden und ihn als „ein Agitationsmittel des Individualismus" zu entlarven, der sich nur dadurch von diesem unterscheide, daß er begriffen habe, „daß man sich, um etwas zu erreichen, zu einer Gesamtaktion" organisieren muß, zu einer 'Macht' also.[245] Dann aber erscheinen ihm alle Hoffnungsstrukturen, alle gesellschaftlichen Ziele des

„Sozialismus", als kindisch und lächerlich: „Wie mir die Sozialisten lächerlich sind" schreibt er, „mit ihrem albernen Optimismus vom 'guten Menschen', der hinter dem Busche wartet, wenn man nur erst die bisherige
'Ordnung' abgeschafft hat und alle 'natürlichen' Triebe losläßt . . . "[246]
Demgegenüber entwirft er sein eigenes Menschenbild, das ohne Teleologie
auskommt und sich von dem Grundprinzip des Willens zur Macht leiten
läßt. Wenngleich er die Geschichte bewußt anti-teleologisch als Ewige
Wiederkehr des Gleichen versteht, als die Schlange, die sich selbst in den
Schwanz beißt, so ist er doch kein radikaler und absoluter Sinnverneiner:
Indem er den 'Übermenschen' proklamiert, die Entwicklung und Befreiung
der natürlichen Anlagen des Menschen, setzt er neue Werte, vollzieht er die
von ihm sogenannte Umwertung der alten Werte. Ja, er wendet sich auch
gerade deshalb gegen den Sozialismus, weil dieser seiner Ansicht nach diesen Tendenzen im Wege steht und somit die Höherentwicklung des Menschen behindere: „Man (d. h. die Sozialisten) haßt die Vorstellung einer
höheren Art Menschen mehr als die Monarchen. Anti-aristokratisch: das
nimmt den Monarchenhaß nur als Maske."[247] Hinter der Maske aber, so
könnte man mit Nietzsches Worten fortfahren, verbirgt sich nicht der fort-
entwickelte menschliche Mensch, sondern der „marktende Pöbel", das
Gegenbild zum Übermenschen — oder, in vorliegender Terminologie formuliert: Die Sinnbejahung kehrt sich wider sich selbst und entlarvt sich als
großer Trug.

Der Sozialismus hat aus Nietzsches Sicht nicht nur Gott, sondern auch
den Menschen abgeschafft. So erweist sich Nietzsche nicht als absoluter
„Nihilist" und Sinnverneiner, aber als derjenige Denker der Neuzeit, der wie
kein zweiter Stellung bezogen hat gegen jede Form der religiösen oder sonstigen Sinnbejahung — auch und gerade gegen solche Systeme, die sich an
rein diesseitsbezogenen Werten zu orientieren suchen. Er steht gewissermaßen am Beginn einer „gesellschaftlich relevanten, immanenz-orientierten Sinnverneinung", die vor allem im 20. Jahrhundert ihre politischen
Verzerrungen zeigte.

Der Verlust bzw. das ursprüngliche Nichtvorhandensein des Glaubens an
einen Sinn der Gesamtgeschichte kann sich, wie gesagt, im politischen
Handeln konkretisieren. Die Gründe, die einen Politiker (bzw. bestimmte
Gruppen und Parteien) veranlassen können, den U n t e r g a n g anzustre-
ben oder diesen in Rausch und Lust in Kauf zu nehmen, sind vielfältiger
Natur; sie liegen im subjektiv-psychologischen, im massenpsychologischen,
im objektiv sozio-ökonomischen und traditionell-geistesgeschichtlichen
Zusammenhang.

Falangisten, Faschisten und Nationalsozialisten haben sich suggestiver
sinnverneinender Schlagworte bedient: „Viva la muerte" — Es lebe der
Tod — lautete eines der Hauptkampfworte des francistischen Generals
Millán Astray. Als er diesen Satz während einer langen Rede vor der Universität Salamanca in die Debatte warf, antwortete ihm der betagte Miguel de

Unamuno (der damalige Rektor der Universität, der noch in demselben Jahr starb), daß dieser schreckliche Ruf nekrophil und sinnlos genannt zu werden verdiene.[248] Die Neofreudianer um Erich Fromm benutzen seitdem den Ausdruck „nekrophil" im weiteren (nicht-freudianischen) Sinn zur Kennzeichnung einer Haltung, die im Tod, im Leblosen, in der Zerstörung und im Haß, Erfüllung und Befriedigung findet. Die faschistische Nekrophilie ist zugleich die Liebe des Sinnlosen. Indem der General den Tod hochleben läßt, negiert er bewußt oder unbewußt ein gesamtgesellschaftlich sinnhaftes Ziel, erhebt er den „Gegen-Sinn", den Tod, zum obersten Skopus. „*Viva la muerte*" könnte auch heißen: Es lebe der Un-Sinn. So könnte man die parataktischen Adjektivattribute aus der Antwort Unamunos „nekrophil" und „sinnlos' reziprok kausal verknüpfen: Der Satz „Es lebe der Tod" ist nekrophil, weil er aus einer Ablehnung gesellschaftlichen Gesamt-Sinns resultiert; er ist sinn-los, weil er mit dem Hochleben des Todes die Sinnhaftigkeit aller negiert.

Der psychologischen Seite des Wunsches, die Gesamtgesellschaft zu ermorden, hat sich, lange vor Falangisten und Faschisten, Kierkegaard im „Entweder – Oder" genähert. In Neros unberechenbarer Wesensart, in seiner Zerstörungs- und Mordlust, sieht er nicht so sehr den theoretischen Willen zum Tode am Werke, sondern Schwermut und Angst. Angst als Urgrund der Schwermut läßt den wahnhaften Cäsaren vor jedem Menschen erschrecken, der ihm offen in die Augen blicken kann, und so muß er, um dieser Angst zu entgehen, der ganzen Welt ständig aufs Neue seine Macht beweisen: „Nero besitzt sich selber nicht; nur wenn die Welt vor ihm erbebt, ist er beruhigt, denn dann ist doch niemand da, der es wagte, ihn zu packen. Daher diese Angst vor den Menschen, die Nero mit jeder Persönlichkeit dieser Art gemeinsam hat."[249] Diese Angst äußert sich in der Sucht zu zerstören (Fromms „Nekrophilie"), und diese Sucht ist zugleich Lust, aber Lust, die keine Befriedigung findet: „Im Augenblick der Lust nur findet er Zerstreuung. Das halbe Rom brennt er nieder, seine Qual aber bleibt die gleiche."[250]

So äußert sich der Mangel an Sinnfindung am eignen Ich und an der Gesamtgesellschaft in Massentötung und Brandstiftung. Der individuelle Sinnverlust führt konsequent zum Suizid, der gesellschaftliche konsequent zum Mord. Daß die Differenz zwischen individueller und gesellschaftlich relevanter Sinnverneinung zugleich die Differenz von Suizid und Mord darstellt, hat vor Camus (im L'Homme revolté) bereits Kierkegaard beobachtet: „Wäre er nicht Roms Kaiser, würde er vielleicht sein Leben durch Selbstmord enden; denn es ist in Wahrheit nur ein anderer Ausdruck für dieselbe Sache, wenn Caligula wünscht, daß aller Menschen Köpfe auf einem Halse säßen, um mit einem Hieb die ganze Welt vernichten zu können, und wenn ein Mensch sich selbst entleibt."[251]

Die Möglichkeit, von der die Caesaren nur zu träumen wagten, mit einem Akt die gesamte Menschheit zu vernichten, ist heute praktisch in greifbare Nähe gerückt. Die Nuklearbewaffnung gibt Politikern die Macht, das Ende der Gesamtgesellschaft herbeizuführen. Wie nahe wir an der Gefahr dieses Mißbrauchs von Macht sind, wie konkret die Wahnträume Caligulas werden können, haben die Enthüllungen aus den letzten Amtstagen von Richard Nixon (1974) gezeigt. In einer unerfindlichen Mischung aus Verzweiflung (Suizidgefährdung), Angst und Machtrausch war er — offensichtlich zeitweise nicht mehr Herr seiner selbst — der Gefahr einer kriegerischen Explosion mit dem Ziel des atomaren Krieges offensichtlich recht nahe.[252] Hier liegt der erste — und wohl kaum der letzte Fall vor, daß ein einzelner Mensch nicht nur die Bereitschaft, sondern auch die konkrete praktische Möglichkeit besitzt, mit seinem eigenen Sinnverlust (politischer Absetzung) auch die Sinn-Entleerung (Zerstörung) aller anderen Menschen herbeizuführen.

Nach diesem gesamtgesellschaftlich wirksamen theoretischen und historisch-praktischen Beispielen noch ein letztes Exempel aus dem facettenreichen Bereich der immanenz-orientierten Sinnverneinung: Die Selbsttötung eines einzelnen, die aus ironischen, zynischen, anti-rationalen, dandyhaft-exzentrischen Gründen mit einem Mord gekoppelt wird. Es herrscht hier nicht die Verzweiflung des Verbrechers vor, der bei akuter Bedrohung durch die Polizei seinen Geiseln den Todesschuß gibt, nicht der letzte Rausch des sich tötenden Familienvaters, der seine Kinder mit in den Tod nimmt, sondern die dadaistische, zwecklose letzte Tat eines Nonkonformisten.

Jacques Vaché, von dem hier die Rede ist, sagte vor seinem Tod: „Ich werde sterben, wenn ich sterben will, aber gemeinsam mit jemandem. Allein zu sterben, das ist langweilig, ich möchte sterben vorzugsweise mit einem meiner besten Freunde."[253] So nahm er im Jahre 1919, mit 23 Jahren, eine Überdosis Opium und verabreichte zwei Freunden, die zufällig vorbeigeschaut hatten, ohne deren Wissen die gleiche tödliche Dosis. Langeweile, war, wie er angekündigt hatte, die einzige Grundlage dieser „*action gratuit*" (Gide), dieser sinn-losen und bewußt sinnwidrigen Tat.

4.3.3.   Die transzendenz-orientierte Sinnverneinung
4.3.3.1. Die philosophisch begründete transzendenz-orientierte Sinnverneinung

Wie einleitend ausgeführt, sollen hier jene Formen der Sinnverneinung aufgeführt werden, die sich auf eine transzendenzbezogene Argumentation einlassen, die sich also — wenngleich negativ, defensiv und formal — mit den theologischen und religiösen Fragen auseinandersetzen und innerhalb deren Sprach- und Bilderwelt Gegenvorstellungen zu formulieren trachten. Als Gegenfigur zu den philosophischen Bemühungen, das Dasein Gottes zu beweisen, müssen hier jene Denker zitiert werden, die entweder mit dem

Anspruch allgemein-weltanschaulicher Überzeugungskraft oder mit dem wissenschaftlich-logischen Vorgehens versucht haben, ein Menschen- und Weltbild ohne den Begriff 'Gott' zu entwerfen.

Diese Formen des Atheismus sind als solche nicht stets zugleich Entwürfe einer philosophisch begründeten Sinnverneinung, können aber dennoch hier genannt werden: Erstens sind sie in der Regel von den Hoch- und Volksreligionen als sinnverneinende Systeme verleumdet und mißverstanden worden und müssen daher in ihrer wirklichen Intention dargestellt werden; zweitens haben sie im Laufe der Geschichte eine Wirkung ausgeübt, die vielfach auf die hier zu behandelnde Form der Sinnverneinung bezogen werden kann; drittens wird nicht in jedem Falle deutlich, welche Formen einer neuen oder geänderten Sinngebung gemeint waren oder konstituiert wurden.

Im neuzeitlichen Denken sind die Bemühungen um den Atheismus vor allem mit den französischen Enzyklopädisten und Aufklärern verbunden, Thierry d'Holbach hat seine Philosophie in diesem Rahmen ausdrücklich als 'Atheismus' definiert.[254] Er bekämpfte jede positive Religion gleicherweise sowie jede übernatürliche und teleologische Naturerklärung. Ihm zufolge gibt es in der Natur weder Übel, Schuld noch Unordnung; eine glückliche Gesellschaft könne nur entstehen, wenn die Menschheit den überkommenen Aberglauben abwerfe und Einsicht in das wissenschaftlich zu erforschende System der materiellen Wirkursache erhalte. Jeder Sinn wird somit als Funktion im Rahmen der Naturkausalität beschrieben; darüberhinaus aber ist kein höherer Sinn festzustellen. Die Verneinung jeden metaphysischen Sinnes geschieht demnach mit dem Anspruch und Postulat exakter Science.

Einflußreicher und wissenschaftlich andersgelagert waren die Untersuchungen Ludwig Feuerbachs zum Theismus-Atheismus-Problem. Im „Wesen des Christentums" versucht er, Gott als das vergegenständlichte Wesen des prinzipiell unendlichen Menschenwesens in der dreidimensionalen Erstrecktheit von Verstand, Wille und Liebe zu entlarven.[255] So wurde im Rahmen einer geistesgeschichtlich verwurzelten anthropologischen Psychologie zum ersten Mal in einem umfassenden einheitlichen wissenschaftlichen Konzept versucht, das Gottesbild durch Rückbezug auf menschliches Selbstverständnis zu kritisieren. Der Projektionsverdacht gegen jedes anthropomorphe, personale Gottesbild war seit dieser Zeit unabweisliches Problem der Theologie.

Karl Marx — ebenfalls erklärter Atheist wie Feuerbach — hat diesen individualistischen, anthropologischen Projektionsverdacht um die gesamtgesellschaftliche Komponente erweitert, indem er Religion nicht nur als Produkt des entfremdeten Einzelwesens, sondern auch als Vertröstungsmittel der herrschenden Klasse interpretierte: „Die Religion ist der Seufzer der bedrängten Kreatur, das Gemüt einer herzlosen Welt, wie sie der Geist geistloser Zustände ist. Sie ist das Opium des Volkes."[256]

Den hier ausgewählten und vielen anderen atheistischen Positionen ist gemein, daß sie unter Berufung auf das Nichtsein Gottes zu neuen Formen der Sinnbejahung gelangen, meist zu solchen, die wir die „immanenz-orientierten" nennen würden. Eine denkerische Bewegung, die den Bruch mit dem familial-überlieferten Gottesglauben vollzieht, dann aber nicht wieder zu einer positiven Sinngebung des Daseins vordringt, beschreibt Sartre in seiner essayistischen Autobiographie „die Wörter" (*les Mots*), — wobei wir hier außer acht lassen wollen, daß der alte Sartre sich noch kurz vor seinem Tode von der Hoffnungslosigkeit seiner Frühwerke distanziert und ihnen sogar eine gewisse innere Unehrlichkeit zugeschrieben hat.[257]

In den „Wörtern" berichtet er, daß er als Siebenjähriger über die Fragen nach Tod und Sinn nachgedacht habe und dabei zu jenem Gottesbild gelangt sei, das ihm die Umwelt und Familie im Rahmen eines liberal-katholischen Weltbildes präsentiert hatte.[258] Ein einziges Mal, so schreibt er, habe er die wirkliche Überzeugung verspürt, daß Gott ihn sähe und daß es ihn gäbe. „Ich hatte mit Streichhölzern gespielt und einen kleinen Teppich versengt; ich war im Begriff, meine Untat zu vertuschen, als plötzlich Gott mich sah. Ich fühlte Seinen Blick im Innern meines Kopfes und auf meinen Händen; ich drehte mich im Badezimmer bald hierhin, bald dorthin, grauenhaft sichtbar, eine lebende Zielscheibe. Mich rettete die Wut: ich wurde furchtbar böse wegen dieser dreisten Taktlosigkeit, ich fluchte, ich gebrauchte alle Flüche meines Großvaters. Gott sah mich seitdem nie wieder an." So starb Sartres Jungen-Gott; einige Zeit noch, so schreibt er, habe er in ihm vegetiert, sei dann aber gestorben. „Spricht man heute von ihm, so sage ich amüsiert und ohne Bedauern wie ein altgewordener Frauenjäger, der eine ehemals schöne Frau trifft: 'Vor fünfzig Jahren hätte ohne das Mißverständnis, ohne jenen Irrtum, ohne den Zufall, der uns auseinanderbrachte, etwas zwischen uns sein können.'"[259]

Der „junge Sartre" hat demnach die religiöse Sinnbejahung, das Bild eines personalen Gottes nicht akzeptiert und sich später philosophisch auf diese Jugenderfahrung berufen, ohne dem eine konkrete Sinnbejahung entgegenzuhalten. Es blieb — jedenfalls in dieser Zeit des „Ekels" und des „Seins und Nichts" — die Existenz im 'Dennoch' und 'Trotzdem' und 'Als Ob'; es blieb die Philosophie, die er in der Tagebucheintragung eines Dienstages aus „La Nausée" in nur zwei Wörtern zusammenfaßte: „Nichts. Existiert."[260]

4.3.3.2. Die religiös begründete transzendenz-orientierte Sinnverneinung

Da wir den Unterschied zwischen Philosophie und Religion primär durch die Differenz von Intellekt und Psyche erläutert haben, entspricht die religiöse Sinnverneinung mit Bezugnahme auf das Transzendente dem Irrewerden an der Religion, dem Glaubensverlust (ohne vorausgesetzte logische Reflexionen um religionsphilosophische Grundfragen).

Ein solcher Verlust kann seinen Anfang nehmen, wenn der Glaubende an der religiösen Gemeinschaft oder ihren bestallten Repräsentanten, der und denen er sich in emotionalen Bezügen verbunden weiß, irre wird, wenn er sich getäuscht und enttäuscht fühlt, wenn er seine Ideale verraten weiß.

Schwerer wiegt das Bewußtsein der Enttäuschung durch Gott selbst. Jedes Böse, jedes Übel — das gestorbene Kind, die gebrochene Blume, der gemarterte Bekenner — ruft die Frage wach: Wenn es einen guten Gott gibt, woher das Übel (*Si deus iustus unde malum*)? Das Theodizee-Problem ist das Ferment, das den konventionellen anthropomorphen Gott zersetzt und zerstört. 'Gott' als verantwortliche kausal-schöpferische Instanz für alles, was ist und alles, was geschieht, wird nicht allein durch die Argumente seiner Gegner getötet, sondern durch die innere Logik, die diesem Gottesbild inhäriert.

Die Folgen dieser Infragestellung Gottes, der Gnade, der Unsterblichkeit, können Haltlosigkeit, Sinnverlust, grenzenlose Enttäuschung, sein. Moralische Normen, gesellschaftliche Ordnungsstrukturen, persönliche Lebensziele, verlieren ihre Basis und ihren Halt. Wenn es so ist, wie Dostojewski seinen Iwan Karamassoff sagen läßt, daß einzig der Glaube an die Unsterblichkeit die Menschen an die christlichen Gebote der Nächstenliebe gefesselt hat, dann steht mit dessen Verlust die Basis des sittlichen Zusammenlebens auf dem Spiel. „. . . Aber auch damit war's noch nicht genug: er schloß mit der Behauptung, daß für jede Privatperson, wie hier zum Beispiel ich, die weder an Gott noch an ihre eigene Unsterblichkeit glaubt, das sittliche Gesetz der Natur sich in das volle Gegenteil des früheren religiösen Gesetzes verwandeln müsse, und daß der Egoismus, sogar bis zum Verbrechen, dem Menschen nicht nur erlaubt sei, sondern für ihn als unvermeidlicher, vernünftigster und womöglich edelster Ausweg in seiner Lage anerkannt werden müsse."[261]

Die Folgen, die sich aus dem Verlust transzendenter Bindungen, des Glaubens an den Gott und die Unsterblichkeit, im Rahmen des Christentums ergeben, werden bis ans Ende durchdacht. Zunächst bedeutet die Ableugnung der Unsterblichkeit die Anerkenntnis des menschlichen Todes als radikalem Ende. Aber „Wenn nichts dauert, ist nichts gerechtfertigt; was stirbt, ist bar jeden Sinnes" — wie Camus unter Berufung auf Dostojewski formuliert.[262] Diese Sinnlosigkeit erstreckt sich selbstverständlich auch auf die Moral: „Es gibt keine Tugend, wenn es keine Unsterblichkeit gibt" sagt Dostojewski, und Camus faßt noch präziser: „Alles ist erlaubt." Erlaubt ist somit auch das Verbrechen, ja, durch die Wendung gegen das „natürliche Sittengesetz" wird das ethische Handeln ins Gegenteil verkehrt und das, was vor der „Umwertung der Werte" als Verbrechen galt, nicht nur gestattet, sondern folgerichtig herbeigeführt. Somit läßt der russische Romancier in der ihm eigenen Logik Iwan Karamassoff zum moralisch schuldigen Verur-

sacher des Mordes an seinem Vater werden. Er, der „Gottesmörder", wird
somit zugleich zum „Vatermörder"; — er, der mit der Ablehnung der Transzendenz die eigene Freiheit erworben hat, hat zugleich die höchste Schuld-
fähigkeit erkauft. Der Mord am Vater ist nicht nur symbolischer Reflex des
Mordes an Gott, sondern zugleich höchster Ausdruck menschlicher Auflehnung gegen das Sitten- und Naturgesetz.

Wenn wir oben sagten, daß die Differenz zwischen individualistischer
und gesellschaftlicher Sinnverneinung zugleich die Differenzierung zwischen
Mord und Selbstmord einschloß, und wenn wir anfangs vorausgesetzt hatten, daß die transzendenz-orientierten Verneinungs- und Bejahungsformen
diese Unterscheidung nicht zulassen, so muß auch hier gelten, daß die
transzendenz-orientierte Verneinung sowohl individuell als auch gesellschaftlich relevant wird.

Gerade der genannte Dostojewski-Auszug ist ein guter Beleg für das
Gemeinte. Iwan argumentiert, wie er selbst sagt, ausdrücklich als Privatperson. Für ihn selbst ist der Lebenssinn verschwunden, statt dessen steht
— wie übrigens auch für die Hauptpersonen der „Dämonen" — der Weg zum
Selbstmord frei. Aber zugleich ist die gesellschaftlich relevante Sphäre geöffnet:. Selbstmord u n d Mord stehen d e m zu Gebote, der eine Entscheidung des Herzens gegen die Religion und gegen Gott getroffen hat. Der
Wegfall moralischer und transzendenter Hemmschwellen ermuntert und
provoziert den konkreten Protest, die potentielle Vernichtung der eigenen
wie auch der anderen Existenz.

Der Gottesleugner verbleibt in schicksalshafter Verstrickung mit dem
Geleugneten. Wenn die Folgerung gilt, daß mit der Leugnung Gottes und
der göttlichen Allmacht der Mensch selbst zum Richter über sich und die
anderen wird, dann gilt auch die Konsequenz, daß er sich selbst an die
Stelle Gottes setzt. Kiriloff in Dostojewskis „Dämonen" sagt dementsprechend von sich selbst, daß er — im Falle seines Selbstmordes — Gott
werde: „Wenn es Gott nicht gibt, so bin ich Gott"[263] formuliert er mit para-
doxaler Logik: Wenn ich die Entscheidung über mich selbst zum Äußersten
treibe, indem ich mich erschieße, gleichzeitig aber von der Nichtexistenz eines
höchsten Wesens außer mir überzeugt bin, so stehe ich selbst an der alles
verantwortenden Position, dann bin ich selbst Gott — so könnte man diesen
Satz paraphrasieren.

Und weil Extreme illustrativ sind, betrachten wir das komplementäre:
Der Mensch wird Satan. Ausgehend von der Unlogik, daß im christlichen
Gottesbegriff sowohl die Verantwortung für das Gute als auch für das Böse
letztlich aufgehoben bleibt, kann man gleichsam das Böse ins Satanische
projizieren und sich selbst als Meister des Bösen lustvoll feiern lassen.
Gilles de Rays (1404—1440) — eine durchaus historische und nicht literarisch fingierte Gestalt der französischen Geschichte — der grausamste Kin-
dermörder aller Zeiten, mag uns als Beispiel dienen. Seite an Seite hatte er

mit Jeanne d'Arc bei der Durchbrechung der Belagerung von Orléans gekämpft; danach, schon zurückgezogen auf seine Güter und Schlösser, erlebte er, wie man sie, die charismatische *Pucelle*, als Hexe diffamierte und verbrannte.

Wenn aber das Heilige in Wahrheit teuflisch war, so konnte umgekehrt auch das Teuflische heilig werden: Dies ist die Wendung, die de Rays wohl eher unbewußt als bewußt vollzogen hat. In kultisch-sakramentalen Formen begann der Marschall von Frankreich (dieser Titel war ihm von Charles VII. verliehen worden) fortan mit der Anrufung der Dämonen (sein Hausdämon war der wunderschöne Jüngling Barron), welchen er weit mehr als hundert (einige sprechen von 800) Kinder beiderlei Geschlechtes „opferte". Dabei gab er sich alle Mühe, das sadistische Raffinement bis zum Äußersten zu treiben. Und es ist sicherlich mehr als bitterer Zynismus, wenn er, der Herr von Tiffauges, ein eigenes Kanonikerstift einrichtet und es unter das Patrozinium der Unschuldigen Kinder stellt: Auch er, der Herr des Bösen, unterhält seine kultischen Institutionen, auch er sorgt für sein „Seelgerät" und sichert seinen Opfern gleichzeitig das ewige Heil kraft der Fürbitte ihrer berühmten Vorgänger von Bethlehem. — Der umständliche Gerichtsprozeß, der schließlich angesetzt werden mußte, weil die umliegenden Landstriche fast kinderleer geworden waren, reflektiert wiederum diese heilige Scheu, die die Verurteilenden noch vor Gilles empfunden haben mögen. Verurteilt wurde der Marschall nicht nur wegen Mordes und Sodomie, sondern in erster Linie wegen Ketzerei und Dämonenanrufung; hingerichtet wurde er nach einer langen, christusgleichen Rede „vom Gebäude der Welt herab", in welcher er die Menschen um Verzeihung flehte und zum Guten mahnte; bestattet wurde er nach feierlicher Prozession in der Marienkirche zu Nantes. So offenbart sich die Logik des Satanischen: Es bleibt die Aura eines Menschen, der es gewagt hat, ans Ende zu gehen, und sich selbst, in der Figur des absolut Bösen, gottgleiche Prädikate und Eigenschaften zuzulegen. Es bleibt der heilige Schauer vor einem möglichen Fingerzeig Gottes im Satanischen.[264]

Iwan Karamassoff und Gilles de Rays auf der einen, Kiriloff auf der anderen Seite, kämpfen mit demselben Problem: mit der Bewältigung der Theodizeeproblematik und eines dahinter stehenden anthropomorph-personalen Gottesbildes. In der Leugnung Gottes provozieren sie seine Allmacht; in der Abkehr von der Religion demonstrieren sie indirekt ethische Notwendigkeit; im Aufbau eines Gegen-Gottes (sei es das eigene Ich, sei es der Satan) unterstreichen sie ihr „natürliches Bedürfnis" (*desiderium naturale*) nach einem höchsten und absoluten Wesen. Die Sinnverneinung der religiös engagierten Verneiner scheint somit ambivalent: Indem diese Denker und Glaubenden im existenziellen Engagement am Gott ihrer Väter irre werden und diesen sowie die damit verbundenen Sinn-Implikate leugnen, zeigen sie zugleich ihr verzweifeltes Bemühen um neue Sinnsetzung. Sie vollziehen (jedenfalls in den hier gemeinten Beispielen) nicht den

Schritt zum radikalen Nihilismus, sondern lassen der Interpretation Raum, um auf dem Weg des Negativen residuale Sinn-Reste bzw. Sinn-Postulate zu entdecken.

Gleiches gilt auch dann, wenn die religiös begründete Verneinung sich augenscheinlich nicht mit einem personalen Gottesbild auseinandersetzt, sondern mit einem mysterial-entzogenen. Gott wird dabei ausdrücklich als das Andere, das Unsagbare, das Geheimnis, verstanden und in einer Sprache geleugnet, die zugleich das geheime Ja atmet. Versuchen wir dies an einem der Niemandsrosen-Gedichte Paul Celans zu verdeutlichen:

„Psalm:

Niemand knetet uns wieder aus Erde und Lehm,
niemand bespricht unsern Staub.
Niemand.

Gelobt seist du, Niemand.
Dir zulieb wollen
wir blühn.
Dir
entgegen.

Ein Nichts
waren wir, sind wir, werden
wir bleiben, blühend:
die Nichts- die
Niemandsrose.

Mit
dem Griffel seelenhell,
dem Staubfaden himmelswüst,
der Krone rot
vom Purpurwort, das wir sangen
über, ob über
dem Dorn."[265]

Der gesamte „Psalm" klingt wie eine zynische Absage auf den christlich-alttestamentlichen Psalm: Der vom Psalmisten feierlich besungene Schöpfergott, der Tonbildner und Lebenseinhaucher, wird ausdrücklich als 'Niemand' tituliert. Er ist keine Person, kein personales Gegenüber; er wird mit dem stärksten Gegenbegriff für das menschliche Wesen belegt, das die deutsche Sprache kennt: Niemand. Dem 'Niemand' wird in der dritten Strophe der Mensch als das 'Nichts' entgegengesetzt. In allen drei Formen der Zeit (Vergangenheit, Gegenwart, Zukunft) wird der Mensch als 'Nichts' tituliert. 'Nichts' ist hier sicherlich nicht der rhetorische Diminutiv der Bescheidenheit, sondern eine parallele Konstruktion zur Titulatur des Niemand. Nichts und Niemand stehen sich gegenüber; in gleicher Weise wie 'Gott' verweigert der Dichter dem Menschen personale Prädikate und Titulaturen; die jüdische Interpretation des Zweiten Gebotes wirkt nach.

Stattdessen greift er zum Bild, zum Bild der roten Rose, die war, ist und sein wird; — der Mensch wird zur „Nichts-, zur Niemandsrose". Das 'Nichts' ist nicht einfach die vollständige nihilistische Negation jeglichen Wertes; auch nicht das relative Nichts als partielle oder totale Absenz von Seiendem überhaupt. Das Nichts gleicht hier vielmehr dem 'absoluten Nichts' der (östlichen) Religionen und der (westlichen) Mystik. Es ähnelt der absoluten Entleerung von allem Seienden, der daraus resultierenden radikalen Freiheit und Offenheit des Herzens, der absoluten Losgelöstheit von allem irdischen Erkennen, Hoffen und Besorgen, in welcher sich Neues, Erscheinung, Offen-barung ereignen kann. Daher blüht dieses Nichts als Rose; daher lobt dieses Nichts den ihm fernen und doch nahbaren Niemand; daher kennt es ein Ziel, auf das es sich richtet, dem es sich entgegenreckt, dem sein Gesänge gewidmet sind. Ja, das Nichts erhält in der letzten Strophe königliche Attribute: die rote Krone und das Purpurwort, d. h. das Wort der Königsgeborenen (*porphyrogénnetoi*). Tiefstes Leid, Tod, Folter und zugleich höchste Dignität und personale Würde werden in der Farbe Purpur zusammengeschaut. So wird leise und bildhaft der Umschwung, die Ambivalenz des Nichts angedeutet, die in anderen benachbarten Gedichten deutlicher ausgesprochen wird:

> „In der Mandel — was steht in der Mandel?
> Das Nichts . . .
> Im Nichts — wer steht da? Der König . . . "[266]

Hier im Poem „Mandorla" erscheint der symbolträchtige König (Fülle und Herrlichkeit) erst auf dem Hintergrund des (absoluten, 'göttlichen') Nichts. Der Lobpreis und die verhalten anklingende Liebe („dir zulieb") der zweiten Strophe des Psalmes sind nicht einfach bittere Ironie oder schmerzlicher Zynismus. Zwar tragen sie die Erfahrung von Gottesferne, des Zerbrechens personaler Vorstellungen, existenzieller Enttäuschung und getrogener Hoffnung in sich, dennoch sind sie ernst und offen gemeinte Aussagen auf der Basis grundsätzlicher Hoffnungs- und Liebesfähigkeit, die das 'Nichts' immer wesentlich prägen.

Die Rose wird zugleich zum Symbol der Vitalität, des Trotzes, des Übermächtigen im Menschen (Rilkes 'Vielsein'), der sein 'Purpur'-Wort über den Dorn, d. h. die Fülle des Leids, zu erheben und zu verkünden vermag. Die rote Rose ist die aufgeblühte, aroma-strömende Blume, die sich wüst in den leeren Himmel reckt; es ist aber zugleich die sich verströmende menschliche Liebe und personale Dignität, die sich nach einer geheimen, nicht aussagbaren Lichtquelle ausrichtet. Die Auseinandersetzung mit dem Schöpfergott führt zu einer Erhebung des Menschen gegen diesen Gott im Namen seiner eigenen leidvollen Würde; aber sie ist zugleich von Hoffnungsstrukturen getragen, die jenseits dieser Konfrontation verwurzelt sind.

So erweist sich die auf den ersten Blick ('Nichts', 'Niemand') so plausible transzendenz-orientierte Sinnverneinung als scheinbare, und es stellt sich die gleiche Frage wie bei den anderen Denkern: Leuchtet hinter diesen aufs Transzendente bezogenen Verneinungsformen nicht die Sehnsucht, der Wunsch oder sogar die konkrete Vorstellung einer neuen Sinnsetzung auf? Kann es denjenigen, die sich einmal darauf eingelassen haben, im Rahmen des Gottesdenkens zu argumentieren, überhaupt gelingen, den Bezugszusammenhang vollständig zu verlassen, in welchen sie sich verfügt haben?

Ob man sich — eher orthodox — kritisch gegen ein positiv-dogmatisches Gottesbild wendet oder — eher in der Tradition der Mystik — mit einem negativ umschriebenen Begriff auseinandersetzt, — die Grundproblematik erscheint so unterschiedlich nicht: In gewissem Umfang bleibt die transzendenz-orientierte Sinnverneinung abhängig von dem Begriff, auf den sie sich bezieht. Somit ist das Bemühen, hinter allen Verneinungsformen ein Positivum zu sehen (wenngleich als unbekanntes Ziel, wenngleich als *terra incognita*, wenngleich als verzweifelt-sehnsüchtige Ausständigkeit etc.) allen kritischen Gottesdenkern gemein.

4.3.4. Sinnverneinung und Nihilismus

Wenn in den vorangegangenen Abschnitten nicht von einer Untersuchung dessen ausgegangen wurde, was man allgemein 'Nihilismus' nennt, so deshalb, weil dieser Begriff derartig vielschillernd und amorph ist, daß er im Rahmen der hier zugrundegelegten Systematik eher Verwirrung als Ordnung gestiftet hätte. Vor allem die neuzeitlichen nihilistischen Bewegungen können im Sinn vorliegender Terminologie nicht als schlechthin sinnverneinend angesehen werden; sie haben wesentliche, für das abendländische Denken fundamentale Sinnbejahungsstrukturen geleugnet, ohne aber einen tragenden Restbestand von Sinn gänzlich aufgegeben zu haben.

Ein universaler und ontologischer Nihilismus wäre die Leugnung alles Seienden und alles Nichtseienden sowie der Erkennbarkeit des Seienden. In diesem radikalen Sinn hat sich der aus den platonischen Dialogen bekannte Rhetor Gorgias von Leontinoi (5. Jh. v. Chr.) geäußert. Sextus Empiricus berichtet, daß er folgende drei Grundthesen zu vertreten pflegte: „Erstens: es gibt nichts; zweitens: wenn es auch etwas gäbe, wäre es doch für den Menschen unerkennbar; drittens: wenn es auch erkennbar wäre, wäre es doch unseren Mitmenschen nicht mitteilbar und nicht verständlich zu machen."[267] Gorgias, der auf diese Weise die gesamten denkerischen Bemühungen in Frage gestellt hat, zog auf seine Weise die direkte Konsequenz, indem er sich der Rhetorik zuwandte, um auf diese Weise die Macht und Wirkkraft des gesprochenen Wortes ebenso zu erweisen wie die Unmöglichkeit wirklicher Erkenntnis.

In gewisser Weise hat sich auch Protagoras, ein weiterer der sokratischen Dialogpartner, einem gnoseologischen Relativismus bzw. Nihilismus angeschlossen.[268] Auch Pyrrhon von Elis, der Begründer der ersten skeptischen Schule, rückt in die Nähe zu diesen Philosophen: Er lehrte, wie bereits gesagt, daß jede Behauptung nur auf subjektiver Erkenntnis von Erscheinungen beruhe und daß ein Gleichgewicht von Argumenten für und wider ihre Richtigkeit (*'isosteneia'*) bestehe.[269] Die neuzeitliche Verwendung des Nihilismus-Begriffes hat diese ontologische und gnoseologische Radikalität weitgehend verloren und findet sich zunächst im Bereich der Polemik. Während so Friedrich Heinrich Jacobi 1799 den subjektiven Idealismus Fichtes als 'Nihilismus' bezeichnete, hat Franz von Baader 1824 die Leugnung Gottes und der Grundwerte des Christentums mit diesem Titel belegt.[270] Im 19. Jahrhundert wurde er zudem unkritisch für den sozialpolitisch-anarchistischen Bereich verwendet. Vor allem die Revolutionäre und Revoltierenden im zaristischen Rußland konnten als Nihilisten bezeichnet werden: Bakunin und Kropotkin, Netschajew, Belinskij und Wera Sassulitsch. In diesem eher unkritischen Sinn hat sich die Bezeichnung bis heute für Vertreter verschiedener Richtungen von Anarchismus und Terrorismus gehalten.

Der erste bekannte Philosoph, der seine Philosophie ausdrücklich als Auseinandersetzung mit dem Nihilismus bezeichnete, war Nietzsche. Zu Beginn des „Willen zur Macht" heißt es: „Was ich erzähle, ist die Geschichte der nächsten zwei Jahrhunderte . . . Die Heraufkunft des Nihilismus. Diese Geschichte kann jetzt schon erzählt werden, denn die Notwendigkeit selbst ist hier am Werke."[271] Diese Notwendigkeit ist der Selbstzersetzungsprozeß der europäischen Werte, vor allem der tradierten christlichen Moral. Die vom Christentum stets eingeimpfte Tugend der Wahrhaftigkeit wendet sich nun gegen die Verlogenheit und Dummheit ihrer Lehre selbst.

Somit   w e r d e n   die obersten Werte nicht entwertet, sondern   e n t - w e r t e n   s i c h   eigentlich selbst: „Was bedeutet Nihilismus? Daß die obersten Werte sich entwerten. Es fehlt das Ziel, es fehlt die Antwort auf das Warum."[272] Jeder Zweck, jedes Ziel, jeder Grund, jedes *télos* im Sinne der überkommenen Geistesgeschichte, wird radikal zurückgewiesen: „Unsere Voraussetzungen: kein Gott; kein Zweck: endliche Kraft."[273]

In diesem Zusammenhang bedenkt Nietzsche auch den dreifachen Aspekt der Sinnfrage, den wir oben methodisch anschnitten, und lehrt, daß die gesamte Menschheit als bestimmte Tiergattung ihrer Endlichkeit zulaufe und somit kontingent, ziel- und sinnlos sei. Somit fordert er die Zurücknahme der im christlich-anthropozentrischen Denken für den Menschen vindizierten Werte: „Daß man endlich die menschlichen Werte wieder hübsch in die Ecke zurücksetze, in der sie allein ein Recht haben: als Eckensteher-Werte. Es sind schon viele Tierarten verschwunden; gesetzt, daß auch der Mensch verschwände, so würde nichts in der Welt fehlen. Man muß Philosoph genug sein, um auch dieses Nichts zu bewundern (— nil admirari)."[274]

Somit kann er resümmieren: „Der radikale Nihilismus ist die Überzeugung einer absoluten Unhaltbarkeit des Daseins, wenn es sich um die höchsten Werte, die man anerkennt, handelt; hinzugerechnet die Einsicht, daß wir nicht das geringste Recht haben, ein Jenseits, oder ein An-Sich der Dinge anzusetzen, das göttliche, leibhafte Moral sei."[275]

In schroffer Kehrtwendung gegen jedes abendländische Zweck- und Zieldenken, gegen jede christlich-eschatologische Hoffnung, verkündet Nietzsche — nach dem Tod Gottes — die Ewige Wiederkehr des Gleichen als die perfekte Vollendung des Nihilismus: „Denken wir diesen Gedanken in seiner furchtbarsten Form: Das Dasein, so wie es ist, ohne Sinn und Ziel, aber unvermeidlich wiederkehrend, ohne ein Finale ins Nichts: 'die ewige Wiederkehr'. Dies ist die extremste Form des Nihilismus: das Nichts (das 'Sinnlose') ewig!"[276]

Trotz dieser Destruktion aller bisherigen Werte ist Nietzsches Nihilismus eine aktive, vorwärtsdrängende, vitale und dynamische Lehre, die weit entfernt ist von bloßer Zerstörung und Negation. „Ich versuche auf meine Art eine Rechtfertigung der Geschichte" kann er an einer Stelle formulieren.[277] So lehrt er den Übermenschen, die höhere Gattung, die aus der Einsicht ihre Kraft gewinnt, daß Leben Wille zur Macht sei,[278] daß sich letztlich alles Seiende und Gewesene sowohl in seiner Ontogenese als auch in seinem alltäglichen Verhalten aus diesem Grundprinzip allen Lebens her interpretieren lasse. Es bleibt vitale Bejahung des Lebens als Wille zur Macht, wenngleich ohne Sinn und Ziel, so doch im anti-pessimistischen, künstlerisch-tragisch-dionysischen Rausch der Kraft, Macht und Vitalität. 'Werte' wird es weiterhin geben können; zwar keine 'guten Taten' mehr, aber vielleicht „Übermut, Wagnis, Gefahr, große Werke und Taten."[279] „Wir müssen Eroberer sein, nachdem wir kein Land mehr haben, wo wir heimisch sind, wo wir einhalten möchten. Ein verborgenes Ja treibt uns . . . wir wissen um eine neue Welt."[280]

Demnach ist nicht alles schlechthin sinnlos (im Sinne vorliegender Terminologie); der Rausch des Dionysischen vermag einen neuen Menschentyp emporzutragen, von welchen „ein höchster Zustand der Bejahung des Daseins konzipiert" wird, „aus dem auch der höchste Schmerz nicht abgerechnet werden kann: der tragisch-dionysische Zustand."[281]

Dieser Zustand aber rechnet eine Tat ein, die zum 'aktiven Nihilismus' gehört, den Selbstmord. „Viele sterben zu spät, und einige sterben zu früh. Noch klingt fremd die Lehre: 'stirb zur rechten Zeit! . . . Frei zum Tode und frei im Tode, ein heiligen Nein-Sager, wenn es nicht Zeit mehr ist zum Ja: also versteht er sich auf Tod und Leben . . . Also will ich selber sterben, daß ihr Freunde um meinetwillen die Erde mehr liebt; und zur Erde will ich wieder werden, daß ich in Der Ruhe habe, die mich gebar."[282] So bleibt der Philosoph des 'aktiven Nihilismus' im anti-logischen, anti-rationalen Pathos der Erde treu, obgleich und gerade weil sie kein lineares Ziel, keinen Sinn mehr hat. Der Übermensch und die Wiederkehr des Gleichen sind an die Stelle des „gestorbenen" Gottes getreten.

Die Vision Nietzsches von der Heraufkunft des Nihilismus hat sich bis heute anscheinend zum großen Teil bewahrheitet; die vom Existenzialis-

mus und Relativismus geprägte Philosophie des 20. Jahrhunderts bestätigt
das Ende verbindlicher Werte und Ziele. Während Nietzsche der Destruktion noch Visionen und Fragmente eines Neubeginns folgen ließ, wurden
weitaus radikaler auch diese Versuche der nihilistischen Kritik unterzogen.
Gerade in den Kreisen der Dadaisten und Surrealisten zu Beginn des 20. Jahrhunderts wurde ein radikaler Nihilismus in Bezug auf alle Gebiete zum
Ausdruck gebracht, der sich sowohl in den provozierenden künstlerischen
Aktionen als auch in schriftstellerischen Produkten äußerte. Das berühmte
Manifest des Louis Aragon drückt diesen radikalen Nihilismus in einer unüberbietbar eindringlichen, wenngleich auch unüberbietbar primitiven,
sprachlichen Form aus: „Keine Maler mehr! keine Literaten! keine Kompo-
nisten! keine Bildhauer mehr! keine Religionen! keine Republikaner mehr!
keine Royalisten! keine Imperialisten! keine Anarchisten mehr! keine Sozialisten! keine Bolschewisten mehr! keine Politiker! keine Proletarier mehr!
keine Demokraten mehr! keine Armeen! keine Polizei mehr! keine Vater-
länder! Endgültig Schluß jetzt mit dem ganzen Quatsch! Weg damit! Mit
allem! Überhaupt nichts mehr! Nichts mehr! nichts! NICHTS! NICHTS!
NICHTS!"[283]

Einflußreicher wurde Jean-Paul Sartre, vor allem der junge Denker, der
Sartre des „L'Etre et le Néant", der „Nausée" und der frühen Dramen. Auf
der Basis Hegelscher Begriffsdialektik, angesteckt vom Heidegger-Fieber
seiner Generation und erfüllt von der Fachterminologie der Husserlschen
Phänomenologie, hat er die völlige Entwertung der Anthropologie und der
Ontologie konsequent weitergeführt und somit das erste und bis heute ein-
flußreichste explizit „nihilistische" Standardwerk im Stil der gängigen
Philosophie verfaßt.

Ebenso wie Nietzsche lehnt Sartre jede vorgegebene Wesens- und Wert-
ordnung des Seins ab und merzt Begriffe wie Gott, Ziel und Sinn aus. Er
nimmt seinen Ausgang von der Überlegung, daß das 'Sein' an sich kontingent sei, d. h. zufällig, nicht notwendig, von keiner causa getragen.[284] Der
Mensch als das Für-Sich des Ansich des Seins ist ebenfalls völlig kontingent.[285] Dies gilt in gleicher Weise für das Sein der anderen Menschen
(Nicht-Ich) und für den Tod als menschliches Grunderlebnis.[286] In dieser
kontingenten Faktizität erweist sich die grundsätzliche F r e i h e i t des
Menschen. Er wird in jeder Handlung, in seinem gesamten Sein, stets vor die
'Wahl' gestellt. Ständig ist er verurteilt zu handeln, zu entscheiden, zu wählen („zur Freiheit verdammt"). Dies aber heißt jeweils auch, Möglichkeiten
zu verneinen, abzuschlagen, zu 'nichten' und damit ein 'Nichts' herbeizuführen. 'Sein' ist vom 'Nichts' durchwirkt; durch die Freiheit kommt das
Nichts in die Welt.[287]

Ebenso wie die nichtende Freiheit sich selbst erfaßt (vorzüglich in der
Angst) ist das Für-sich (der Mensch) sich seiner Faktizität bewußt, d. h.
seiner völligen Kontingenz.[288] „Es (das Für-sich) hat das Gefühl seiner völligen Beliebigkeit, es erfaßt sich als für nichts da seiend, als überflüssig."[289]

Damit ist jede Teleologie zerschlagen und ist jeder Sinn verneint. Was bleibt, ist die Freiheit ohne sinnvolle Orientierungsmöglichkeit, der Wert an-sich, der dem Für-sich wesensgleich ist, aber formal geworden ist, ohne inhaltliche wertethische Füllung.[290]

Dennoch ist der Mensch in seiner Freiheit verantwortlich, obgleich es keine ethischen Maßstäbe mehr geben kann: „Die wesentliche Folgerung aus unseren vorhergehenden Darlegungen ist, daß der Mensch, der verurteilt ist, frei zu sein, das ganze Gewicht der Welt auf seinen Schultern trägt; er ist, was seine Seinsweise betrifft, verantwortlich für die Welt und für sich selbst. Wir nehmen das Wort 'Verantwortlichkeit' in dem banalen Sinn eines 'Bewußtseins, der unbestreitbare Urheber eines Ereignisses oder eines Gegenstandes (zu) sein.'"[291]

Damit erweist sich alles Sprechen von Wert und Verantwortung letztlich als Tautologie: Verantwortlichkeit ist ebensowenig wie 'Wert' materiell gefüllt, sondern aufs Formale beschränkt: Alles ist und bleibt Faktizität, Beliebigkeit, Kontingenz, effektiv Sinnlosigkeit. Das Für-sich, der Mensch, ist in dieser Welt verlassen, auf sich allein zurückgeworfen, verurteilt zur eigenen Freiheit und Verantwortlichkeit, für die es keine Normen und Orientierungsmaßstäbe mehr gibt.[292] Eine Ethik ist nicht mehr möglich, „denn die Ontologie kann keine ethischen Vorschriften erlassen."[293]

Von dieser Daseinsanalyse ist auch die Sicht des menschlichen Todes umfangen. Der Tod selbst partizipiert an dem Absurdheitscharakter in gleicher Weise wie das gesamte kontingente Sein.[294] „In diesem Sinne muß jeder Versuch, ihn wie einen auflösenden Akkord am Schlusse einer Melodie zu betrachten, unbedingt als verfehlt bezeichnet werden."[295] Er ist absurd, denn „ich kann meinen Tod weder entdecken, noch erwarten, noch eine Haltung ihm gegenüber einnehmen, denn er ist das, was sich als das Unentdeckbare enthüllt, das alle Erwartungen wirkungslos macht . . . Der Tod ist ebenso wie die Geburt, ein reines Faktum er kommt von Draußen und verwandelt uns in Draußen."[296] Der Tod ist Kronzeuge der Sinnlosigkeit: „er nimmt dem Leben jede Bedeutung[297] . . . Wenn wir sterben müssen, hat unser Leben keinen Sinn, weil seine Probleme ungelöst bleiben und sogar die Bedeutung der Probleme unbestimmt bleibt."[298]

Absurdheit, Kontingenz, Geworfenheit, Faktizität — all' dies, ernst genommen, müßte den Suizid zur Folge haben, denn, wenn nichts Sinn hat, lohnt es sich nicht, zu leben. Sartre lehnt auch den Suizid theoretisch (und praktisch, wie sein späterer „normaler" Tod zeigte) ab. Der Tod ist nach ihm nämlich — dieser Zusatz gehört hinter das obige Zitat — vor allem deshalb absurd, weil er „nicht auf dem Untergrund unserer Freiheit erscheint", d. h. weil er nicht in des Menschen freiem Belieben steht. Nun aber, folgert Sartre, trifft das gleiche auch für den Suizid zu: Der Selbstmord beschneidet die Freiheit, da er sich der menschlichen Zukunft verweigert; durch den Freitod nimmt sich der Mensch die Freiheit, sich in der Wahl in verschiedenen Projektionen weiter zu entwerfen. Somit ist auch der Suizid „eine Absurdheit, die mein Leben im Absurden untergehen läßt."[299]

So akzeptiert Sartre zwar die totale Absurdität allen Seins und des gesamten Lebens, weigert sich aber, in der Frage des Todes dieser Absurdität in Freiheit konkrete Verwirklichung zu gewähren — ein gewisser Widerspruch, den man wohl im präargumentativen, psychologischen Bereich begründet finden dürfte: Die durchgehaltene Phantasie, Lebensbejahung und Farbigkeit, die allerorten in den lebendigen Beispielen in „Sein und Nichts" und natürlich noch stärker in den Dramen dieser Phase zum Ausdruck gelangt, umschreiben ein umfangreiches Reservoir lebensgestaltender Möglichkeiten, so daß sich Begriffe wie 'Freiheit', 'Wert', 'Verantwortlichkeit', obzwar theoretisch ihres wertsetzenden Inhalts entkleidet, als Schibboleth eines rational irreduktiblen Aktivismus und Sinnersatzes im Nihilismus erweisen.

Demnach heißt es, sorgsam zwischen Sinnverneinung und Nihilismus zu unterscheiden. Der Nihilismus stellt ein breites Spektrum recht verschiedener Weltdeutungen dar, deren einige bereits eher der Sinnbejahung als der Sinnverneinung zuzurechnen wären. Dementsprechend sind viele Formen der Sinnverneinung — namentlich der „transzendenz-orientierten" — weit davon entfernt, Nihilismen zu sein.

Ebenso exakt hat man zwischen Nihilismus und Agnostizismus zu differenzieren. Zwar mag das philosophische Ergebnis beider, nämlich die grundsätzliche Kritik an vorausgesetzten metaphysischen und umgreifenden Wertvorstellungen und Handlungsanweisungen, im Einzelfall identisch oder ähnlich sein, dennoch sind die kognitiven und methodischen Unterschiede evident. Im Gegensatz zum Nihilismus geht der Agnostizismus nicht zur direkten Negation über. Der „klassische" Nihilismus eines Nietzsche oder Sartre verneint konkret und direkt das Dasein Gottes, die Existenz höherer Werte, die Möglichkeit der Unsterblichkeit, die Zielgerichtetheit des menschlichen Entwicklungsprozesses. Der Agnostizismus sieht in dieser rigorosen Leugnung Ausdruck einer Denkform, die der herkömmlichen metaphysischen nicht unähnlich ist, weil auch sie die Grenzen menschlicher Erkenntnisfähigkeit überspringt und Behauptungen jenseits der Empirie aufstellt. Demgegenüber läßt der Agnostiker diese Probleme *in suspenso*; — ja, er klagt gegenüber dem Nihilismus die Rechtmäßigkeit religiöser und metaphysischer Ideengebäude ein. Er ist keineswegs Atheist — obgleich er seitens der (katholischen) Kirche vielfach als solcher bezeichnet wurde und wird[300] — sondern ein Denker, der die religiösen wie die anti-religiösen Argumente zur Geltung bringen lassen und abwägen, sich aber innerhalb dieser dualistischen Argumentationsform jedweden Urteils enthalten möchte. Sein „Attribut" ist nicht das Schwert, sondern die Waage.

4.3.5. *Sinnverneinung und Suizid*

Unter der Überschrift „Sinnbejahung und Suizid" hatten wir vor dem Trugschluß gewarnt, jeder Suizid sei *ipso facto* Ausdruck von Sinnverneinung, und demgegenüber (mit Camus) die Behauptung untermauert, daß gerade die „Sinnbejaher" im allgemeinen sowohl den Suizid als auch den Mord indirekt oder direkt besser zu rechtfertigen verstehen als sie glauben machen wollen. Die Aussage nun: Jeder Suizid kann sowohl Ausdruck von Sinnbejahung als auch von Sinnverneinung sein, gilt es hier zu wiederholen, mit der Ergänzung: Jede Sinnverneinung kann sich im Suizid äußern; – muß dies aber nicht notwendigerweise.

Zunächst ist die Aussage unwidersprochen, daß die direkte und demonstrative Verwirklichung theoretischer Sinnverneinung sich im Suizid bzw. im Mord äußert; dennoch kann es im Einzelfall hinreichende Gründe nichtlogischer, emotional-affektiver Natur geben, die einer solchen Tat im Wege stehen: dies können Neugierde sein oder Trotz, Liebe und Verbundenheit, Auflehnung und Kampfeslust, Machtstreben und Libido, Unentschlossenheit und Wankelmut. Ferner ist wiederum an die Camus'schen Forderungen des Körpers zu erinnern, an die Lebensimpulse als solche, die im allgemeinen stark genug sind, einen Sinnverneiner so lange vom Suizid fernzuhalten, als er keine unerträglichen Einbußen an körperlichen oder geistigen Grundbedürfnissen erleidet. Dies kann bis zum scheinbaren Paradoxon gehen, daß ein Sinnverneiner Selbstmord begeht – und zwar nicht deshalb, weil er jetzt zur konsequenten Konkretisierung seiner theoretischen Überzeugungen schritte, sondern weil er aufgrund physischer oder psychischer Leiden sein Leben nicht mehr zu ertragen vermag.

Die einfache Gleichsetzung von Sinnverneinung und Suizid stimmt also ebensowenig wie die von Lebensbejahung und Ausschluß des Selbstmordes. Ebensowenig, wie man einen Menschen, der keinen Suizid verübt, ungeprüft als Sinnbejaher bezeichnen kann, kann man einen anderen, der seinem Leben selbst ein Ende setzt, ohne weiteres als Verneiner charakterisieren. Gerade hier erweist sich – trotz aller gesellschaftlichen Tabus – die Notwendigkeit feiner Analysen bis an die Grenze des Analysierbaren.

4.4. DIE ALTERNATIVE IM ALLTAG
4.4.1. *Alltagswissen, Interaktion und Sinnfrage*

Wenn wir davon ausgehen, daß die Sinnfrage nicht nur in einer „Professorenphilosophie für Philosophieprofessoren"[301] einen legitimen und angestammten Platz innehat, sondern auch im konkreten alltäglichen Wirken und Leiden der Menschen, so ist zu überlegen, ob sich die Sinnfrage im 'Alltag' unter gleichen Formen und in gleicher Aussage-Intention zu stellen pflegt.

Des 'Alltags' als soziologischer Größe haben sich heutzutage größere Fachdisziplinen der Sozialwissenschaften angenommen, die „Ethnomethodologie", der „Interaktionismus" und die „historische Ethodologie" (Alfred Schütz, Georges Herbert Mead, Herbert Blumer, Harold Garfinkel, Erving Goffman, Alvin Ward Gouldner, Karl Otto Hondrich, August Nitschke u. v. a.)[302], — mit dem Ziel, das praktisch-kommunikative Handeln in seinen Abhängigkeiten, Interdependenzen, Erscheinungsformen und Zielsetzungen näherhin zu analysieren. Dabei wäre es von Interesse, auch die Sinnfrage (in dem mehrdimensionalem Sinn vorliegender Arbeit) im historischen Prozeß des Alltagswissens, der Alltags-Kommunikation und der alltäglichen Interaktion zu verfolgen. Zu berücksichtigen wären dabei folgende Punkte, die als Prolegomena einer notwendigen sozialwissenschaftlichen Beschäftigung mit der Sinnfrage verstanden werden wissen wollen:

— Alltag und Arbeit sind eng aufeinander bezogen. Arbeit ist Umgang der Menschen mit der Natur nach technischen Regeln und Strategien der Verwertung zum Zwecke der individuellen Reproduktion und sozialen Produktion. Allerdings wäre es allzu reduktionistisch, Arbeit prinzipiell zur alleinigen Kategorie des Lebens und Wirkens der Menschen in gesellschaftlichen Abhängigkeitsverhältnissen zu erheben. Arbeit steht immer im Zusammenhang mit praktisch-kommunikativem Handeln, mit Interaktion, mit gegenseitigem Umgang in Wort und Tat nach wechselseitigen Verhaltenserwartungen und sprachlichen Regeln, die im normalen Umgang ohne weiteres verständlich werden. Die Sinnfrage im 'Alltag', d. h. im Arbeitsprozeß, wird somit immer im Zusammenhang mit praktischen Problemen stehen. Sie wird sich zunächst und zumeist auf den konkreten Nutzen in der Arbeits- und Lebenswelt des handelnden Menschen beziehen und somit auf Unverständnis stoßen, wenn sie in abstrakter Form diese Voraussetzungen negiert und ignoriert. Sie hat demnach den Erweis zu erbringen, daß sie — wenngleich in vermittelter Form — konkrete Änderungen im Alltagsleben des Individuums wie der sozialen (Arbeits-)Gemeinschaft herbeizuführen vermag.

— Alltag und Arbeit werden als entfremdet erlebt. Solange gesellschaftliche Produktionsbedingungen herrschen, unter denen der arbeitende Mensch nicht in erster Linie als Mensch, sondern als Produktionsmittel verstanden wird, unter denen er sich dem von ihm geschaffenen Produkt (bzw. der von ihm verwalteten und kontrollierten Produktion) nicht verbunden weiß, unter denen er beherrscht und unangemessen entlohnt wird, wird Arbeit als entfremdete erlebt. Je undurchsichtiger die gesellschaftlichen und politischen Mächte und Regeln erscheinen, desto eher kann er die Lebensumstände, in denen er sich befindet, als schicksalshaften Rahmen empfinden, als Meer von Ungesichertheit und Unklarheit.[303] Die Sinnfrage bricht besonders leicht auf, wenn der abhängige arbeitende Mensch sich seiner Entfremdungsverhältnisse bzw. seiner existenziellen Ungesichertheit bewußt wird. Dann stellen sich die Fragen nach dem 'Wozu' und 'Warum', dem

Sinn und Zweck seines täglichen Mühens, ebenso wie die Fragen, ob und in welcher Form dieser Alltag verändert werden kann.

— Alltag konditioniert und tabuisiert die Sinnfrage. Zu den Entfremdungserscheinungen des gegenwärtigen und vergangenen Alltagsgeschehens gehört die Tatsache, daß die Sinnfrage als solche — und auch andere grundsätzliche, den Menschen angehende Fragen — tabuisiert und verdrängt werden. Sie finden im Arbeitsprozeß keinen Platz und nur selten in der Muße. Nur eine gewisse Schicht von (meist akademisch vorgebildeten) Zeitgenossen hat hinreichend Freizeit (und die für diese Freizeit nötige Energie), sich mit Problemen dieser Art auseinanderzusetzen. So wird die Sinnfrage im Alltag verlagert auf gewisse, durch Brauchtum und historische Normen geregelte Zentralereignisse, z. B. auf Todesfälle und Begräbnisse. Die Tabuisierung und Konditionierung der Sinnfrage beim größten Teil der Bevölkerung trägt zur Verschärfung des Entfremdungsverhältnisses bei. Es muß zu den Zielen einer Philosophie und Soziologie der Sinnfrage gehören, die anstehende Problematik durch die herrschenden Tabus hindurch wieder in den Alltag zurückzutragen. (Dies ist eine im weiteren Sinne didaktische Aufgabenstellung). Hierzu würde insbesondere gehören, die Erscheinungsformen der Sinnfrage verstärkt zur Geltung zu bringen. Der Tod müßte als ursprüngliches Phänomen herausgeholt werden aus der Abgeschiedenheit und Anonymität der Rumpelkammern von Krankenhäusern und der verlogenen Präparations-Ateliers der Beerdigungsinstitute.[304] Das Seiende als solches müßte in Freiräumen der Muße und Besinnung in seiner Nicht-Selbstverständlichkeit und Erstaunlichkeit zur Geltung gebracht werden. Die Kunst schließlich müßte daraufhin geöffnet werden, was sie für die Erfahrnis des Seienden und die Antwort auf die Sinnfrage im Leben eines jeden zu sagen hat.

Schließlich müßte der verhängnisvolle Teufelskreis zerbrochen werden, nach welchem die Sinnfrage infolge der gesellschaftlichen Arbeitsteilung primär auf eine bestimmte Gruppe berufsmäßiger „Sinnbewahrer", namentlich die Priester, abgewälzt wird, — so als hätten diese Menschen eine höhere Einsicht und tiefere Erkenntnis als die anderen. Diese suchen die Sinnfrage durch den geübten Griff in die Requisitenkiste ihrer Antwortfiguren und Redeformen zu perpetuieren und weiterhin für ihre eigene Religion und Kirche zu reservieren. Eine grundsätzliche Offenheit kann solange nicht in den Bereich der Sinnfrage gelangen, als dieser durch eine bestimmte Interessen- und Machtgruppe (in unseren Breiten die christlichen Kirchen) gelenkt und bestimmt wird.

— Alltag betrifft alle. Auch die Philosophen und Geistesarbeiter werden vom Alltag erfaßt. Die spezifische Form der alltäglichen Sinnfrage in ihrer Verknüpfung mit der Arbeit, den Entfremdungsverhältnissen, den gesellschaftlichen Tabus und der herrschenden Arbeitsteilung, hat konkrete Auswirkungen auf jeden Menschen, der sich mit ihr auseinandersetzt, und vermag jenseits aller Logik und intellektuell-theoretischen Einsicht ein hohes

Maß an Eigendynamik zu erlangen. Demnach ist die sozialwissenschaftliche Reflexion der Sinnfrage keine „Spezial-Reflexion" einer bestimmten Fachdisziplin, sondern ein Bereich, der auch der philosophischen Beschäftigung mit diesem Problem ursprünglich zukommt.

— Die Sprache des Alltags ist vage.[305] Der alltäglichen Kommunikation und Interaktion kommt eine wesensmäßige Unbestimmtheit zu. Eine logische Analyse alltäglicher Sprachformen legt diese Vagheit schnell offen. Deshalb wird eine solche Analyse im alltäglichen Sprachgebrauch allgemein gemieden und, sofern nicht, als Unhöflichkeit und Zudringlichkeit empfunden. Auch die Sinnfrage wird von dieser Vagheit überschattet; in Liedern (Schlagern), Romanen, Berichten, Redewendungen und Floskeln kommt diese Unbestimmtheit zum Ausdruck. Zur Verdeutlichung der Sinnfrage im Alltag ist ein hohes Maß an analytischer Genauigkeit erforderlich, das zugleich das Risiko von Konfrontationen birgt. Die Explikation der Sinnfrage im Alltag stößt demnach auch auf sprachlichen Widerstand.

— Alltag birgt Erkenntnis. Wenngleich die Sinnfrage durch gesellschaftliche, sprachlich formulierte Normen und Konventionen gebändigt und eingedämmt wird, bergen Wahr- und Merksprüche „des Volkes", „der Leute", vielfach Erkenntnisse, die den Ergebnissen philosophischer Reflexionen gleichzustellen sind. Der Alltag birgt „philosophische" Erkenntnis, weil die zu erkennenden Probleme und die dafür benötigten intellektuellen Leistungen bei „alltäglichen" und bei professionellen Philosophen im wesentlichen die gleichen (d. h. gleich gering) sind, wenngleich die Ausdrucksform wesentlich unterschiedlich sein kann.[306]

Dieser Hintergrund vermag zum Teil die spezifische Form zu deuten und zu erklären, in der die Sinnfrage im Alltag auftaucht. Versuchen wir anschließend, das oben entwickelte Raster unter Berücksichtigung dieser sozialwissenschaftlichen Überlegungen auf die alltägliche Sinnfrage zu übertragen:

4.4.2.   Die Sinnbejahung im „alltäglichen" Bereich
4.4.2.1.   Die immanenz-orientierte Sinnbejahung im „alltäglichen"
             Bereich

Als „philosophische" Positionen haben wir oben alle Formen des Hedonismus' und Eudämonismus' im individuellen, alle Formen der rein gesellschaftlichen und wirtschaftlichen Theorien im allgemein-sozialen Bereich genannt. Die häufigsten Antworten aus dem nichtwissenschaftlichen Bereich decken sich — (so wird man hier ohne aufwendige und dennoch nie untrügerische statistische Belege vermuten dürfen) — im wesentlichen mit diesen Argumentationsformen:

„Ich lebe nur für: meine Frau, meine Kinder, meinen Beruf, meine Aufgabe, meinen Dienst, mein Lebensziel (sei es: die Kaninchenzucht, die Kristallographie, den 100-Meter-Lauf, die Heraldik, den Neuplatonismus,

die Erforschung der Präraffaeliten, das späte Mittelalter, die Weltmeister-
schaft im Fingerhakeln, die Heilung des Krebses, den Gregorianischen
Kirchengesang, die Rettung Schiffbrüchiger, die Entwicklung von Mikro-
Prozessoren, das Ballett usw.)", oder aber auch: „für das Vergnügen, für das
Geld, für ein angenehmes Leben, für die Frauen, die Männer" — dies sind
häufige Konkretionen dessen, was philosophisch (im hedonistischen Sinn)
Glück, *happiness*, bzw. Ziel, Pflicht und Aufgabe genannt wird.

In diesen und ähnlichen (meist auf diese einfachen Grundmuster zu-
rückzuführenden) Antworten spiegeln sich im allgemeinen die von uns oben
behaupteten Entfremdungs-, Tabuisierungs- und Vagheits-Momente wider;
meist vermögen dergleichen „Antworten" weder denjenigen eine zufrieden-
stellende Auskunft zu erteilen, die die Frage gestellt haben, noch denjenigen, die diese Antworten von sich gegeben haben — und zwar vor allem aus
den beiden folgenden Gründen:

Erstens verwechseln die Antwortenden des Alltags bewußt oder unbewußt Motiv und Funktion. Es wird vielfach eine Haltung vorgegeben, die
der Betreffende bewußt und gezielt erworben habe und in welcher er sich
kraft freien Willensentscheides bewege. Dasjenige, was als Gegenstand und
Ziel des Lebens ausgegeben wird, wird oft als initiativ gewählt und frei
erstrebt hingestellt. Wenn also jemand antwortet: Ich lebe nur für meine
Familie, meine liebe Frau, meinen Beruf (oder für alles drei zusammen),
dann wird die Haltung vermittelt, als ob diese spezifischen Aufgaben seiner
gegenwärtigen Lebensführung freiwillig als Ziel und Zweck des Lebens erworben worden seien. Diese freie Wahl eines solchermaßen formulierten
und gelebten Lebenssinnes mag zwar im Einzelfall als Ergebnis einer gründ-
lichen Reflexion vorliegen (vgl. den Dialogpartner 'B' in Kierkegaards
'Entweder—Oder'); in der Regel aber wird gesagt werden dürfen, daß die
äußeren Lebensumstände keineswegs gezielt und freiwillig erworben wurden, — etwa weil sie den Vorstellungen des Betreffenden vom Sinn des
Lebens in idealer Weise entsprochen hätten — sondern, daß sie das Produkt
eines unentwirrbaren Gemisches aus soziokulturellen und anthropogenen
Dispositionen, aus gesellschaftlichen, wirtschaftlichen, ökonomischen
Umständen, aus weltanschaulichen Entwürfen, Ideologien und Ideen sind.
Wer demnach, um beim Beispiel zu bleiben, aussagt, er lebe nur für seine
Familie und damit, logisch gesehen, die Aussage impliziert, er habe eine
Familie gegründet und Kinder gezeugt, weil er in der Kleinfamilie den Sinn
des Lebens gesehen habe, hat sich vielleicht nur durch die übermächtigen
herrschenden Einflüsse des gesellschaftlichen Lebensideals oder durch un-
glückliche Umstände mit der Situation des „Familienvaters" bzw. der
Hausfrau abfinden müssen.

So wird man verallgemeinernd sagen können, daß die Antwort auf die
Sinnfrage vielfach von der Normativität des Faktischen geprägt wird und
daß dasjenige die Funktion, irgendeinen Sinn zu rechtfertigen, bekommt,
was allein durch persönliche Intention und Motivation niemals als hinrei-

chend erachtet worden wäre, den Sinn des Lebens argumentativ zu tragen: mit anderen Worten: Funktion wird (entsprechend der eigentümlichen Vagheit der Alltagssprache, die Komplikationen vermeidet und neue herbeiführt) als Motiv ausgegeben; Motiv ist durch Funktion verdeckt (verdrängt); Motiv und Funktion werden verwechselt. (Erinnert werden soll einschränkend an diejenigen Personen, die dieser Verwechslung nicht erliegen, sondern das gleiche Lebensziel infolge einer gezielten Planung anstreben).

Zweitens wird man sagen können, daß — gemäß der allgemeinen Konditionierung und Tabuisierung — die Sinnfrage im *vie quotidienne* zu wenig ausladend beantwortet wird, daß man sie zu kurzsichtig bestimmt und auffaßt. Wenn der Sinn das Interesse an persönlichem oder allgemeinem Glück, bzw. an Besitzstandwahrung und -verbesserung ist, dann muß man sich fragen, ob dies hinreicht, die gewichtigen Fragen nach Leben und Tod zu durchdringen. Die Frage nach dem Sinn des Lebens an sich, nach dem Tod des Individuums, dem Ende der Gesamtgesellschaft (der Gattung Mensch), nach dem Warum und Woher des Kosmos', — diese Fragen, die stets die Sinnfrage hervorrufen und unerbittlich stellen, werden häufig verdrängt und verschüttet. Soziologische Symptome dieser Verdrängungsprozesse sind z. B. die allgemeine Todestabuisierung und das gesellschaftliche Verdikt über Leid und Trauer.

Wenn man demnach — um beim Beispiel zu bleiben — zur Antwort gibt, man lebt für die Familie, so hat man die Problematik nur verlagert: Man muß sich dann fragen lassen, ob das Leben von Frau und Kindern einen Sinn hat, dann das Leben der darauffolgenden Nachkommenschaft, die ebenso unweigerlich sterben wird wie die gesamte Menschheit. Eine Antwort, die sich mit kurzsichtigen Verlagerungen und Projektionen zufriedenstellt, verschlimmert den allgemeinen Verdrängungsprozeß anstatt ihn zu durchlöchern.

4.4.2.2. Die transzendenz-orientierte Sinnbejahung im „alltäglichen" Bereich

Ein wohl überwiegender Prozentsatz der Menschen hat das Bedürfnis, sein Leben durch einen meist recht allgemein formulierten Glauben an ein höheres Wesen abzusichern. Dieses „*Être Suprême*" braucht nicht Ähnlichkeit mit den Gottesvorstellungen einer bestimmten religiösen oder philosophischen Richtung zu haben, selbst wenn diejenigen, die diese Vorstellungen kultivieren, der Meinung sein sollten, auf dem Boden einer dieser Richtungen zu stehen. Vielfach findet sich die vage Vorstellung von einer übergeordneten Instanz, der man die Urschöpfung zuschreibt, die man möglicherweise in der Natur wirksam finden möchte oder die man mit dieser identifiziert, die lohnend und strafend in Aktion tritt und die eine Sinngarantie über den menschlichen Tod hinaus gewährleistet. Bei der transzendenz-orientierten Sinnbejahung handelt es sich in den meisten Fällen um einen recht unphilosophischen Vulgär-Theismus, der gestützt wird durch staatliche und gesellschaftliche Verordnungen, Institutionen oder sprachliche Konnotationen (Schule, allgemeiner Anstand, „gesundes Volksempfinden", politische Reden mit Bezugnahme auf die Bibel etc.). Dieser Vulgär-Glaube beschränkt sich vielfach auf kirchliche Zeremonien bei gewissen Zentralereignissen des Lebens (Geburt, Initiation, Hochzeit, Tod) oder auf das latente Bewußtsein gewisser Tabu-Bereiche (meist auf moralischem oder sexuellem Sektor).

Dieser „Vulgär-Glaube" (mit entsprechendem Vagheits-Charakter, vgl. Punkt c) ist keineswegs auf jene Schichten der Bevölkerung konzentriert, die ein geringeres Maß an Bildung, Ausbildung oder Intelligenz aufzuweisen haben als andere; er findet sich in allen gesellschaftlichen Gruppen und Schichten. Gemäß der Arbeitsteiligkeit unserer Gesellschaft wird er nur in seltenen Fällen ausdrücklich auch von jenen reflektiert, die sich nicht *e professione* mit diesem zu beschäftigen haben. Analyse, Legitimation und Auslegung dieses Glaubens werden dementsprechend den Kirchen überlassen; die Zugehörigkeit zu einer dieser Kirchen wird überwiegend als hinreichende Absicherung für jenen Risikobereich angesehen, bei dem man „ja nie wissen kann . . ." Dies drückt sich deutlich in allen gesellschaftspolitisch relevanten Diskussions- und Entscheidungsprozessen aus, zu denen man — gewissermaßen als Fachleute für das Religiöse und Transzendente — Geistliche (meist propotional ausgewählt) hinzuzieht. Es liegt auf der Hand, daß die Tabuisierung und Konditionierung der Sinnfrage auf diese Weise weiterhin verfestigt und zementiert wird; eine Frage, die alle — und zwar jeden einzeln — angeht, kann nicht den amtlich bestallten und auskömmlich besoldeten Vertretern reputierlicher „Sinnbejahrungs-Institutionen" überlassen bleiben.

Die Problematik erhält eine besondere Verschärfung in jenen staatlichen und gesellschaftlichen Gemeinschaften, deren Normen und Werte (im systemtheoretischen Sinn) ausdrücklich direkt oder vermittelt durch religiöse Anschauungen geprägt werden. Dort wird nicht selten ein Grundkonsens über die allgemeine Zugehörigkeit oder zumindest die ernsthafte Bejahung dieser Religion (bzw. von Religion überhaupt) vorausgesetzt. In solchen staatlichen Gemeinschaften kann sich dieser Grundkonsens z. B. darin ausdrücken, daß der Präsident wiederholt zum gemeinsamen Gebet aufruft (und selbst die Rolle des Vorsprechers einnimmt), daß der Kanzler bis zum Überdruß aus Dekalog und Bergpredigt zitiert oder daß die Minister unter Aufsagen religiöser Formeln vereidigt werden.

4 4.3. *Die Sinnverneinung im „alltäglichen" Bereich*
4.4.3.1. Die immanenz-orientierte Sinnverneinung im „alltäglichen"
Bereich

Hier gilt analog dasselbe, was oben unter 4.3.2.1. und 4.3.2.2. gesagt wurde:
Die immanenz-orientierte Sinnverneinung äußert sich vielfach in derjenigen
Form des Suizides (bzw. der Apathie, der Neurose etc.), die durch un-glück-
liche äußere Lebensumstände (im weitesten Sinn) bedingt ist. In der Literatur zur Selbstmordverhütung hat man versucht, diese Momente nach Häu-
figkeit zusammenzustellen: Soziale Faktoren wie „situative Einengung"
rangieren an erster Stelle, gefolgt von persönlichen („dynamische Einengung" etc.), während Krankheiten, psychische Störungen, „begründete"
Trauer (infolge Unfalls etc.) nur einen recht geringen Raum einnehmen. Das
heißt: Der Mangel an Befriedigung von Vitalbedürfnissen — in Regionen,
in denen Hunger, Durst und Kälte einigermaßen befriedigt sind, vor allem:
Liebe, Zuneigung, Zärtlichkeit, Aufmerksamkeit, Kommunikation, Anerkennung, Erfolg — kann zu subjektiven Einengungssyndromen führen, die
recht häufig den Suizid zur Folge haben. Hat man sich dagegen einzig auf
bestimmte Faktoren wie Glück, Reichtum, Erfolg, Macht, Geld kapriziert,
wird man bei deren Verlust zwar auch mitunter ähnlichen Einengungssyndromen unterliegen, dennoch mit geringerer Wahrscheinlichkeit den Suizid
dem Überleben vorziehen.

So wird die Suizidgefährdung dann akut, wenn das Individuum jeglichen
Halt und jedes Ziel zu verlieren meint und sich in scheinbarer oder wirklicher Isolation und Ausweglosigkeit befindet. In vielen Fällen wird diese
Einengung, Bedrängung, Isolation als derartig bedrückend und physisch be-
lastend empfunden, daß eine verstandesmäßige Reflexion bereits zu spät
kommt und keine Aufnahme mehr finden kann. Ohne zynisch über menschliches Leid und „Schicksal" hinweggehen zu wollen, darf dennoch ange-
merkt werden, daß in vielen dieser Fälle die Sinnfrage ebenso verkürzt gesehen wird wie bei den sogenannten „immanenz-orientierten" S i n n b e j a -
h e r n . Sicherlich wären viele Enttäuschungen, viele Suizide dieser Art ver-
meidbar, wenn eine größere, gesellschaftlich akzeptierte Einübung in die
philosophisch-agnostische Sinnfrage Platz greifen könnte. Denjenigen, die
sich in der Gefahr persönlicher Isolierung befinden, würde es helfen, über
den engen Rahmen des rein individuellen Bereichs hinauszublicken und
Probleme allgemeiner, umfassender Natur zu erörtern und damit zu einer
gewissen Relativierung der eigenen Bedrängnisse zu gelangen; diejenigen,
die — entsprechend dem Arbeits- und Konsumcharakter des Alltags —
Grundwerte an Äußerlichkeiten und Oberflächlichkeiten festzumachen ge-
wöhnt sind und bei deren Verlust zur Sinnverneinung tendieren, würden
belehrt werden können, daß die Sinnproblematik tiefer greift und andere
Orientierungen erfordert.

Allerdings heißt es auch in diesen Fällen, jeweils den Einzelfall zu betrachten. Nicht alles, was äußerlich nach „immanenz-orientierter Sinnverneinung" aussieht, ist tatsächlich eine solche. Oftmals kann ein Suizid, der als Folge einer solchen Verneinungsform interpretiert wird, Entschlüsse ganz anderer Art verschleiern, die der *moriturus*, aus Scham vor den allgemeinen gesellschaftlichen Tabuisierungsmechanismen und Verdikten, aus Rücksicht vor den überlebenden Angehörigen etc., selbst vor seinem sicher geplanten *Exitus* nicht zu offenbaren wagt. Oftmals kann ein äußerer Unglücksfall, der plötzliche Verlust von Geld, Macht und Reichtum, eher als A n l a ß denn als wirkliche U r s a c h e dafür genommen werden, dem eigenen Leben ein Ende zu bereiten; — gerade weil es sich um einen Grund handelt, der gesellschaftliches Verständnis erheischt, während „philosophische" Überlegungen sinnverneinender Natur eher auf Unverständnis hoffen müßten. (vgl. 4.4.3.3.).

4.4.3.2. Die transzendenz-orientierte Sinnverneinung im „alltäglichen" Bereich

Da sich die religiös begründete transzendenz-orientierte Sinnverneinung (vgl. 4.3.3.2.) im Unterschied zur philosophisch begründeten notwendigerweise auch an Gefühle und Emotionen zu wenden hat, ist sie immer schon so weit im „alltäglichen" Bereich, im konkreten Lebens- und Arbeitsprozeß anwesend, daß es nicht möglich ist, unter diesem Stichwort neue Argumente aufzuzeigen. Auch hier gilt, daß vor allem die Theodizee-Frage die Menschen an Gott zweifeln läßt. In einer Reihenumfrage antworteten viele Menschen auf die Frage, warum sie nicht (mehr) glaubten, daß die Erfahrung menschlichen Leides sie daran hindere; — dies konnten Erfahrungen aus den letzten Weltkriegen, aus dem eigenen personalen Umfeld oder aus der gegenwärtigen gesellschaftlichen und politischen Situation sein.[307]

Die Überlieferung des (einfachen) Volkes kennt diese Erfahrung, daß Gott nicht mehr als „lieber" empfunden werden kann, recht gut. Im Grimmschen Märchen „Der Gevatter Tod" wird dies sehr deutlich: „Es hatte ein armer Mann zwölf Kinder und mußte Tag und Nacht arbeiten, damit er ihnen nur Brot geben konnte. Als nun das dreizehnte zur Welt kam, wußte er sich in seiner Not nicht zu helfen, lief hinaus auf die große Landstraße und wollte den ersten, der ihm begegnete, zu Gevatter bitten. Der erste, der ihm begegnete, das war der liebe Gott; der wußte schon, was er auf dem Herzen hatte, und sprach zu ihm: 'Armer Mann, du dauerst mich; ich will dein Kind aus der Taufe heben, will für dasselbe sorgen und es glücklich machen auf Erden.' Der Mann sprach: 'wer bist du? — 'Ich bin der liebe Gott' — 'So begehr' ich dich nicht zu Gevatter', sagte der Mann: 'du gibst dem Reichen und lässest den Armen hungern!'"

Dies ist das Theodizee-Problem im Märchen: Gott, – der sich in selbstverständlicher Selbstgerechtigkeit als „lieber" vorstellt – wird abgelehnt, weil das schreiende menschliche Elend den Glauben verdrängt hat. Welche Brisanz in diesem Text steckt, wußten schon die ersten Bearbeiter vor Grimm, indem sie – gleichsam als orthodoxe Reinwaschung – die Erläuterung einflochten: „Das sprach der Mann, weil er nicht wußte, wie weislich Gott Reichtum und Armut verteilt."

Der Teufel wird im Märchen ebenso behandelt wie der liebe Gott. Auch er verspricht, das Kind glücklich zu machen, indem er Gold und Lust zusagt; auch er wird vom Vater mit ähnlich lakonischen Worten abgefertigt: „So begehr' ich dich nicht zu Gevatter, du betrügst und verführst die Menschen." Der Vorwurf gegenüber dem lieben Gott war nicht minder schwer wiegend: Gott ist Ursache der Ungerechtigkeit, der Teufel Ursache der Sünde – so könnte man kurz resümieren. Beide stehen jedoch qualitativ auf derselben Ebene. Von dort ist es kein großer Gedankensprung zu der neuzeitlich-nihilistischen Schlußfolgerung, daß ein Gott, der für eine solche Welt, die eigentlich die Hölle genannt zu werden verdient[308] die Verantwortung trägt, mit dem identisch ist, was bislang 'Teufel' genannt wurde. „Wenn Gott lebt, ist er der Teufel" – war etwa 1970 auf einer Amsterdamer Toilettentür zu lesen.

Schließlich begegnet der arme Vater dem Tod. Dieser, sonst Zeuge für absolute Sinnlosigkeit, hat seinen Schrecken verloren. Der Mann sieht in ihm nicht nur einen vertrauten Gefährten des alltäglichen Lebens, sondern zugleich den einzigen Garanten für Gerechtigkeit: „Ich bin der Tod, der alle gleichmacht" sagt der Tod, und Vater antwortet freudig: „Du bist der Rechte, du holst den Reichen wie den Armen ohne Unterschied, du sollst mein Gevattersmann sein." So wird die unerbittliche Sinnlosigkeit, der Tod, das Nichtsein, schließlich zur Garantie positiver Werte. Der Vater des Märchens hat sich von Gott abgewandt und dem Tod, der Vernichtung, in die Hand gegeben. Der Sohn, das Patenkind des Gevatters, muß schließlich sterben wie jeder andere: „Alsbald sank der Arzt zu Boden und war nun selbst in die Hand des Todes geraten." Zwar wird durch dieses Ende die Moral der Geschichte wieder direkt greifbar – es hat keinen Sinn, sich um Ruhm und Reichtum zu bekümmern, wenn man dabei seine Seele verliert – aber deutlich und verständlich vollzieht das Märchen die „transzendenzorientierte Sinnverneinung", indem Gott abgelehnt und der Tod bevorzugt wird. Das Märchen endet mit der Feststellung der Sinnlosigkeit, ohne daß ein Bearbeiter einen moralisierenden Epilog hinzugefügt hätte.

4.4.3.3. Interdependenz der Sinnverneinungsmotive

Wenn ein Mensch Hand an sich gelegt hat und gestorben ist, fragt man im allgemeinen nach den Gründen. Vielfach, vielleicht meistens, wird man auf die verschiedenen Punkte stoßen, die die Suizidologen namhaft machen können und auf die schon oben verwiesen wurde: unerträglicher Rückstau der Vitalbedürfnisse, soziale Isolation, schmerz- und leiderfüllte Existenz, persönliche Enttäuschungen und Niederlagen.

Dennoch kann man sich des Eindrucks schlecht erwehren, daß es in sehr vielen Fällen nicht gelingen will, mit diesen oder ähnlichen Gründen das zu erklären, was sich wirklich abgespielt hat. Demgegenüber muß wiederum auf die Möglichkeit verwiesen werden, den „philosophischen" Selbstmord zu begehen, weil entweder innerhalb eines sinnbejahenden Systems der Wert des eigenen Lebens unter den des erstrebten Zieles gestellt oder weil im Rahmen sinnverneinender Ideen weder für das individuelle noch für das soziale Leben irgendein Sinn ausgesagt werden kann.

Es bleibt das Phänomen des „philosophischen Selbstmordes", das vielleicht weniger selten ist, als man auf den ersten Blick glauben möchte. Man braucht hier nicht wieder an die Weisen der Antike zu erinnern, sondern kann auf zahlreiche Schriftsteller und Dichter verweisen — die gleichsam am Schnittpunkt von „Philosophie" und Leben, von Phantasie und Wirklichkeit, ihrem Leben sicherlich nicht aufgrund einer Zufallslaune ein selbstgewähltes Ende setzten: Crevel, Crane, Schwartz, Jarrel, Plath, Majakowski, Jessenin, Zwetajewa, Celan, Hemmingway, Günderode, Kleist, Klepper, London, Klaus Mann, Trakl, Tucholsky, Woolf, Pavese, Zweig — um nur einige aufzuzählen. Wenngleich man auch hier in vielen Fällen „allgemeinmenschliche" Gründe für einen Suizid nachweisen kann — etwa bei der Gräfin von Günderode die unglückliche Liebe zu Professor Creuzer oder bei Kurt Tucholsky die Konfrontation mit der nationalsozialistischen Gewaltherrschaft — so wird man doch in den meisten Fällen eine lange und reflektierte Auseinandersetzung mit dem Phänomen Tod (bzw. mit dem, was hier 'Sinnfrage' genannt wird) zurückverfolgen können.

Nach alledem wird man folgende These formulieren dürfen: Neben dem rein „philosophischen Suizid" (aufgrund systematisch-theoretischer Reflexionen im Sinne des oben ausgeführten Schemas) steht der „alltägliche", individuelle Suizid (aufgrund der suizidologisch ermittelten Symptome und Syndrome): Beide jedoch treten in „Reinform" seltener auf als angenommen werden möchte. Hinter den meisten Suizidereignissen ist ein persönliches Motiv (alltäglicher, „normaler" Natur) verborgen; ja, angesichts der starken Vital-Impulse, angesichts der „Sprache des Körpers" (Camus), ist eine Selbsttötung ohne einen gewissen Prozentsatz dieser „persönlichen" Motive schlecht vorstellbar.

Umgekehrt aber spielen bei vielen „alltäglichen", „normalen" Selbsttötungen nicht nur die im einzelnen suizidologisch zu erschließenden Ursachenketten und Mangelsyndrome eine entscheidende Rolle, sondern auch abstrakt-philosophische Reflexionen. (Psychographien und Biographien der oben genannten Schriftsteller könnten dies bestätigen). Man muß demnach sowohl für die „philosophischen" Suizide ein Quantum „alltäglicher",

„allgemein-menschlicher", für die „alltäglichen" Selbsttötungen ein gerüt-
teltes Maß „philosophischer" Motivationen in Rechnung stellen. Wenn dem
aber so sein sollte, wird es nicht möglich sein, zur restlosen Aufhellung
des Phänomens Suizid zu gelangen.

5. DER APORETISCHE AGNOSTIZISMUS

5.1. ENTWEDER – ODER

Sinnbejahung und Sinnverneinung scheinen sich als zwei große, einander ausschließende (kontradiktorische) und befehdende Bereiche gegenüberzustehen. Eine Übernahme und Vertiefung dieses dualistischen Schemas führt notwendigerweise zu der desultorischen Forderung, zwischen beiden die Wahl zu treffen (Forderung des Entweder–Oder). Vor allem die Religionen als professionelle „Sinnbejaher" haben diesen Entscheidungszwang mit Hilfe eines jeweils nuancierten Gratifikations- und Repressionssystems derartig vertieft, daß er vielfach als selbstverständlich akzeptiert wurde. Besonders das Christentum hat dieses harte Wahlverlangen mit einer Kette kontradiktorischer Wortpaare zu legitimieren gesucht: Gut–Böse, Licht–Finsternis, Himmel–Hölle, Erlösung–Verdammung, Gott–Teufel.

Und weil es für alles bekanntlich ein passendes Bibelzitat gibt, hat man nicht versäumt, auf das harte Logion Jesu: „Wer nicht mit mir ist, der ist wider mich, und wer nicht mit mir sammelt, der zerstreut." (Mt 12,30) hinzuweisen.

Oder man zitierte – um sich mit den „Lauen" und Schwachen, den Nicht-Festgelegten, sprich: Agnostikern, „auseinanderzusetzen", – jene markante Sentenz des apokalyptischen Engels von Laodikeia, die in Dostojewskis „Dämonen" eine zentrale Stelle gewinnen sollte: „Und dem Engel der Gemeinde von Laodikeia schreibe: Das sagt der Amen, der treue und wahrhaftige Zeuge, der Anfang der Schöpfung Gottes: Ich kenne deine Werke (und weiß), daß du weder kalt bist noch heiß. Wärest du doch kalt oder heiß! So aber, weil du lau bist, und weder heiß noch kalt, so will ich dich ausspeien aus meinem Munde." (Apk 3,14–16).

Im Zusammenhang mit den übrigen biblischen Belegen für eine unerbittliche Entscheidungsforderung: dem Aufruf Jesu, sich jetzt und in „der Stunde" ihm anzuschließen; der Verdammung der „Kinder der Finsternis" in den paulinischen Briefen; der Lohnverheißung für die Auserwählten auf der anderen Seite, entwickelte die katholische Kirche eine Wahlforderung, die sie konkret-historisch mit aller ihr jeweils zur Verfügung stehenden Macht und Herrschaft durchzusetzen bemüht war. Doch im Zuge dieses langen, nicht selten blutigen und aggressionsgeladenen, Weges des Christentums, traten immer wieder – eher am Rande und stets gefährdet – sublime, dialektisch bewanderte Denker auf, die die Nacht des Zweifels und der Verzweiflung, den Weg durch die Negation und die Negation der Negation bis in die menschliche Tiefe durchlebt und durchlitten haben und in ihren Schriften eindrucksvolles Zeugnis von diesem Weg durch die „dunkle Nacht der Seele" ablegen, der sie dennoch und gerade deswegen zu einer vertieften und fundierteren Bejahung des Entweder—Oder geführt hat. Drei dieser Denker, die in stärkerem Maße als die dogmatisch-orthodoxen Repräsentanten kirchlicher Macht- und Herrschaftssysteme zum Gesprächspartner des Agnostikers werden können, sollen im folgenden kurz vorgestellt werden: Erst dann wird deutlich, bis zu welchem existenziellen „Ernst" (Kierkegaard) das Entweder—Oder vorzudringen vermag und aus welchen Gründen es hier   n i c h t   übernommen werden kann.

5.1.1. Pascal

Kein christlicher Denker nach Augustinus hat die Entscheidungsforderung so konsequent und rigoros auf den Begriff gebracht wie Blaise Pascal. Er variiert das „Entweder—Oder" ausdrücklich oder indirekt in all' jenen Texten seiner „Gedanken", die den Glauben an Christus und Gott betreffen.

Die *condition humaine* gilt ihm zunächst als ambivalent. Der Mensch, dieses „denkende Schilfrohr"[309] schwankt und existiert zwischen dem Elend seiner begrenzten Menschennatur und der Größe seiner Erkenntnisfähigkeit, die ihn über die anderen irdischen Lebewesen erhebt. So ist er „ein Nichts im Hinblick auf das Unendliche, ein All im Hinblick auf das Nichts, eine Mitte zwischen dem Nichts und dem All, unendlich weit davon entfernt, die Extreme zu begreifen."[310] Dieser „Zustand voll Schwachheit und Ungewißheit" läßt dem Menschen den Zweifel, dem er sich nur durch eine Entscheidung entziehen kann: „Ihr mögt tun, was ihr wollt: und doch muß man entweder glauben oder leugnen oder zweifeln."[311]

Dies führt zur Entscheidung für oder wider Gott: „Gott ist oder er ist nicht."[312] Unter Bezugnahme auf die philosophiegeschichtlichen Begriffe spricht Pascal auch vom Gegensatz zwischen „Pyrrhonismus" (womit er den radikalen Skeptizismus meint) und Dogmatismus (die religiös-kirchliche Bejahung) und stellt fest: „damit ist der Krieg zwischen den Menschen eröffnet und jeder muß darin Partei ergreifen und sich notwendigerweise entweder zum Dogmatismus oder zum Pyrrhonismus schlagen."[313] So hat er das Entweder dem Oder unüberbietbar scharf gegenübergestellt: Entweder Gott oder Verdammnis,[314] entweder Alles oder Nichts,[315] entweder Pyrrhonismus oder Dogmatismus.[316]

Warum aber dieser Entscheidungsfanatismus? Pascal verwendet keine längeren Ausführungen auf die Begründung, warum der Mensch sich seiner Ansicht nach in dieser Form entscheiden muß, aber er insistiert unerbittlich auf der Notwendigkeit einer Wahl, die er vor allem in der berühmten „Wette" als indispensablen Bestandteil eines ernsthaften Lebens darstellt. „Ja, aber man muß wetten; es steht nicht in unserem Belieben. Sie sind mit im Boot" (*Oui, mais il faut parier. Cela n'est pas volontaire, vous êtes embarqués*).[317] Wenig später wird — wieder an die Adresse der Skeptiker — gesagt: „Denn

wer neutral zu leben vermeint, wird erst recht ein Pyrrhonist sein; diese
Neutralität ist das Wesen der Kabale."[318] Damit will er sagen, daß eine
Nicht-Entscheidung innerhalb des Entweder—Oder zur Unentschiedenheit
des Skeptizismus führen muß, eine wirkliche philosophische Lehre und
Praxis zu begründen und daß damit alles im ständigen Wirbel der unablässi-
gen skeptischen Frage untergehen müsse. (Die Möglichkeit eines sachlich-
erkenntnistheoretischen Agnostizismus im modernen Sinn hat Pascal dabei
nicht entwickelt).

Wenn der Mensch aber vor die unerbittliche Entscheidungssituation gestellt wird, ist es nicht beliebig, welcher Seite er sich zuneigen soll. Zwar ist
die Vernunft begrenzt und schließlich zur Unterwerfung (soumission) unter die sie übersteigenden Wahrheiten des Glaubens genötigt,[319] dennoch
muß man, um den Menschen zu heilen, ihn vernunftgemäß zur Religion und
zum Glauben führen. Dabei soll man „zunächst zeigen, daß die Religion der
Vernunft nicht widerspricht, daß sie ehrwürdig ist, und ihr Achtung verschaffen; dann muß man sie liebenswert machen, in den Guten die Sehnsucht wecken, daß sie wahr sei; und endlich zeigen, daß sie wahr ist."[320]
Vor diesem Hintergrund kann man die „Wette" verstehen, in der Pascal
gerade den der Vernunft verantwortlichen Glauben darstellt, indem er die
Entscheidungshilfen anzuzeigen bemüht ist, die die Vernunft trotz aller
Geringheit vorzugeben vermag, damit sich der Mensch der Wahrheit nähere.
Somit ist diese Wette durchaus kein „Beweis" im Sinne der scholastischen
Gottesbeweise (welchen man sie wohl als weitere Spätform — unter der
Bezeichnung „Spielbeweis" — zugeordnet hat), aber sie ist auch keine
unvoreingenommene offene Frage, sondern das Bemühen, der Entscheidung
des Herzens mit Hilfe der Logik Geltung zu verschaffen. Verantwortung
gegenüber der Vernunft, liebevolle Annahme durch das Herz, dann aber
eine erneute Demonstration ihrer Wahrheit durch die „Vernunft des Herzens", — das ist der Dreischritt, der der Wette zugrundeliegt. So ist die
Wette auch als Prüfstein, als Katalysator, des gläubigen Herzens zu verstehen,
das sich stets seiner Wahrheit zu versichern sucht. Insofern ist die Wette
mehr als der Aufweis, daß Religion der Vernunft nicht widerspricht; sie ist
Bestätigung des (vorausgesetzten) Glaubens im Rahmen des menschenmöglichen Denkens.

Der Gedankengang des berühmten Textes „Infini-Rien" ist folgender:
Der Mensch hat nicht nur eine dumpfe Ahnung, sondern eine wirkliche
Kenntnis vom Unendlichen. Dieses zeigt sich ihm z. B. in der Unendlichkeit
der Zahlen, der Zeit und der Ausdehnung. Ich weiß, d a ß es dieses 'Unendliche' tatsächlich gibt, ohne aber erkennen zu können, w a s es eigentlich sei. So kann man nun auch sehr wohl erkennen, daß es einen Gott gibt,
ohne zu wissen, was und wie beschaffen er ist. Wir wissen — so Pascal —
nur, daß dieser Gott, falls er existiert, „von unendlicher Unbegreiflichkeit"
sein muß, „denn da er weder Teile noch Grenzen hat, hat er keine Ähnlichkeit mit uns."

Dieser unendlich Unbegreifliche kann durch keinen menschlichen Prüfstein direkt bewiesen werden; nach der menschlichen Logik muß die Entscheidung für oder wider offen bleiben: „Durch den Verstand können Sie sich weder für das eine noch für das andere entscheiden. Mit dem Verstand können Sie keines von beiden ausschließen." Demnach kann zwar kein Vernunftbeweis erfordert werden, aber wegen der Wichtigkeit der Entscheidung darf man keineswegs beim „Weder–Noch" stehenbleiben, sondern muß der Wahl zwischen Glauben und Unglauben zumindest das gleiche Maß an Vernunft, *ratio*, zugrundehalten, das man normalerweise einer spielerischen Entscheidung oder eine Wette zubilligt. So fordert er uns auf, die Glaubensentscheidung mit einer normalen Wette zu vergleichen. Bei einer solchen Wette stehen die Chancen im allgemeinen eins: eins, bestenfalls auch drei: eins oder gar mehr. Bei der „Wette des Glaubens" aber stehen sich letztlich Alles: Nichts gegenüber. Wenn die Wette gewonnen ist, so hat man alles gewonnen, die Unendlichkeit des Lebens und die Anschaulichkeit des Unendlichen, — wenn man verloren hat, so hat man nichts verloren, da der Einsatz — das einzige menschliche Leben — gleich Null ist. Wenn also schon ein normaler Spieler einen sicheren Einsatz vergibt, um eine unsichere Gewinnchance zu erhalten, so muß man in diesem ernstesten aller Spiele, dessen Einsatz gering ist, dieses „Nichts" riskieren, um „Alles" zu gewinnen. Somit steht die „Unsicherheit, zu gewinnen, . . . in einem sinnvollen Verhältnis zur Sicherheit des Wagnisses, entsprechend dem Verhältnis der Gewinn- und Verlustmöglichkeiten."[321] Damit glaubt Pascal, der menschlichen Vernunft Genüge getan und den Boden bereitet zu haben, auf dem das Herz sich dem Glauben und der Gnade öffnen kann.

Die Fragen, die man aus agnostischer Sicht an Pascal richten kann, haben ihren gemeinsamen Ursprung in der Vermutung, daß seine Fragestellungen erheblich präjudiziert sind. Zunächst: Kann man — ausgehend von mathematischen Erkenntnissen — das Unendliche dem Endlichen schlicht gegenüberstellen und somit (im Sinne einer *metábasis eis allo genos*) die empirische und die metaphysische Ebene gegeneinander ausspielen; — ein Verfahren, das Kant später so treffend an den herkömmlichen „Gottesbeweisen" kritisiert hat? Ist die Analogie zwischen dem Mathematisch-Unendlichen und dem Göttlich-Unendlichen zulässig? Wird der Mensch schließlich, wenn er als schäbiges Nichts aufgefaßt und als *„rien"* dem *„infini"* gegenübergestellt wird, in seiner personalen Dignität erfaßt oder wird er nicht aufgrund theologischer (augustinisch-jansenistischer) Prämissen von vornherein gegenüber der übermächtigen Gnade Gottes bis zur Unkenntlichkeit verkleinert?

Ist es richtig, als einzige Alternative zum Glauben den absoluten Skeptizismus zu sehen, der in Verwirrung, Verzweiflung oder Selbstmord enden muß? Hat schließlich Pascal — dies freilich wäre ein wenig zuviel verlangt gewesen — die Trennung von philosophischen und religiösen Gedanken intensiv genug angestrebt?

All' diese Fragen zeigen, mit welchen Vorstellungen und Vorgewichtungen Pascal an die Erörterung der Entscheidungsforderung herangetreten ist. Zwar reißt er — beeinflußt durch portroyalistische Auserwählungs- und Prädestinationsvorstellungen — die Alternative des Entweder—Oder schärfer auf als irgendeiner seiner Vordenker, dennoch hat er sich bereits von Anfang an eindeutig zugunsten des Glaubens entschieden.

Er ist aber weit davon entfernt, bei einer plumpen Kontradiktion stehenzubleiben, sondern versucht, den Glauben in einem dialektischen Dreischritt herzuleiten: Die Vernunft gelangt zur Erkenntnis ihrer Grenzen, innerhalb deren allerdings noch der Analogieschluß auf die Sinnhaftigkeit des Glaubens zulässig ist (die „Wette"), steigt dann nieder zur Unterwerfung unter den Glauben und die Gnade, und gipfelt in der Öffnung des Herzens, das seine eigene „*raison*" und seine eigenen Erkenntnismöglichkeiten besitzt. Denn das Herz, nicht die Vernunft, ist das „allumfassende Wesen", das Gott fühlt. Und „das ist der Glaube: Gott dem Herzen fühlbar, nicht dem Verstand."[322]

5.1.2. Kierkegaard

Deutlicher als bei Pascal tritt die disjunktorische Entscheidungsforderung schon im Titel des Hauptwerkes „Enten—Eller" (Entweder—Oder) des bekannten protestantischen dänischen Religionsphilosophen zutage.[323] Es handelt sich bei beiden zwar um dieselbe Grundproblematik — die Wahl zwischen einer Lebensform ohne Anerkenntnis der christlichen Lehre und einer christlich-gläubigen Existenz — doch formuliert der Kopenhagener — offensichtlich ohne besondere Kenntnis Pascals — diese Beziehung eher in praktischer Hinsicht als die Relation zwischen unmittelbarer ästhetischer, poetischer, nicht-geplanter Lebensform und einer christlich verantworteten Ethik.

In breiter Form stellen die fiktiven Dialogpartner 'A' (der Ästhetiker) und 'B' (der Ethiker) ihre Standpunkte einander gegenüber, wobei die stilistischen und formalen Künste zugunsten von 'A', die inhaltlichen Argumente aber zugunsten von 'B' sprechen. 'A' stellt sich als Prototyp des dandyhaft-ironischen, leichtlebigen, ethisch indifferenten, ästhetisch und poetisch dahinlebenden Zeitgenossen vor, während 'B' die Rolle des moralisch verantwortlichen, gottgläubigen, christlichen Ehemannes und Familienvaters zu übernehmen hat.

Unmerklich und ständig spürt man in den Ausführungen von A, daß hinter aller Leichtfüßigkeit und Ironie tiefe Melancholie verborgen ist: hinter dem „Musikalisch-Erotischen" lauern Dämonie und Verführung[324], in dem tragischen Schauspiel werden Trauer und Schuld versteckt und offenbart[325]; Langeweile, Verzweiflung und Schwermut sind des Ästhetikers verschworene Schwestern. So kommt es schließlich zur Wahlforderung, die der Pascalschen ähnlich ist: „Entweder muß man also ästhetisch leben oder man muß ethisch leben."[326]

Für dieses „absolute Entweder—Oder"[327] verschwendet der Däne ebensowenig Argumente wie der Franzose; recht vage wird einmal von einem „natürlichen Bedürfnis"[328] gesprochen, und an anderer Stelle wird die Bedeutung der Wahl wie folgt erläutert: „Die Wahl selbst ist entscheidend für den Gehalt der Persönlichkeit; durch die Wahl sinkt sie in das Gewählte hinab, und wenn sie nicht wählt, welkt sie in Auszehrung dahin."[329] Ja, Kierkegaard geht so weit, zu behaupten, daß eine eigentliche Existenz nur durch die Wahl als solche möglich sei; so tönt auch hier der Engel von Laodikeia fort: Erst die *choix* macht ein einfaches Dahinleben zur wirklichen *'Existenz'* und die Vermeidung der Wahl (unklar bleibt, ob nur durch oberflächliche Ästhetik oder durch wirkliche Ablehnung) hat die „Auszehrung" zur Folge, d. h. den langsamen Tod. „Das Ästhetische in einem Menschen ist das, wodurch er unmittelbar ist, was er ist; das Ethische ist das, wodurch er wird, was er wird."[330]

So ist, recht betrachtet, A ein Popanz und die Entscheidung ist (*mutatis mutandis* analog zu Pascal) von vornherein getroffen. Wie der Verfasser später selbst formuliert, ist der erste Teil (das Ästhetische) eine „Existenz-Möglichkeit, die keine Existenz gewinnen kann, eine Schwermut, die ethisch aufgearbeitet werden soll . . . und im übrigen täuscht, indem sie sich hinter der Maske der Lust, der Verständigkeit, der Verdorbenheit versteckt . . ."[331] So entscheidet sich der Verfasser eindeutig für die Ethik, — und zwar für die christliche, da eine andere außerhalb seines Horizontes liegt. „Erst wenn man das Leben ethisch betrachtet, erst dann gewinnt es Schönheit, Wahrheit, Sinn, Bestand; erst wenn man selbst ethisch lebt, erst dann gewinnt das eigene Leben Schönheit, Wahrheit, Sinn, Sicherheit, erst in der ethischen Lebensanschauung sind der autopathische und der sympathische Zweifel beruhigt."[332]

Doch darf man sich nicht täuschen lassen: Auch und gerade in der liebevollsten und detailliertesten Schilderung des ethisch lebenden bürgerlich-biederen „Helden" steckt ein gut' Teil Ironie: Man spürt (und weiß aus des Verfassers Biographie), daß diese Form des ethischen Lebenswandel nicht die seine sein kann; und so schwingen auch hier neben der Ironie Angst, Zweifel und Gefährdung mit. Kierkegaard als „Victor Eremita" hat sich zwar eindeutig für 'B' ausgesprochen, als Mensch und Person hat er sich weder zu 'A' noch zu 'B' schlagen können.

Dementsprechend reflektieren auch seine kleineren, späteren Schriften weiterhin die fast zwanghaft zu nennende disjunktive Grundtendenz. Die „Philosophischen Brocken" (erschienen am 13. Juni 1844) behandeln die Spannung zwischen Philosophie und Glaube, zwischen Sokrates und Christus, zwischen Hegel und — Kierkegaard; somit die existenziell abgründige Auseinandersetzung zwischen zwei entgegengesetzten Anschauungs- und Le-

bensformen, die sich — wie üblich — hinter einem ironisch-leichten, spiele-
risch-dialektischen und änigmatisch-ambivalenten Stil zu verbergen wissen.

Wie der leitenden Frage dieses „*Pièce*": „Wie bekomme ich einen historischen Ausgangspunkt für mein ewiges Bewußtsein?"[333] nicht ohne weiteres zu entnehmen ist, geht es um die Entscheidung für oder wider das un-
historisch-sokratische Denken auf der einen, das christlich-gläubige auf der
anderen Seite; um den Widerstreit zwischen philosophischer Maieutik und
Anamnesis-Lehre einerseits und christlich-gläubigem Ergreifen des absoluten Augenblicks (Inkarnation) andererseits. Das aktuelle Kampfziel bildet
nicht eigentlich das griechische, sondern das idealistische Denken im Sinne
Hegels und seiner Anhänger, die Kierkegaard bei einem kurzen Berlin-
Aufenthalt verachten gelernt hatte. In vehementer Wut und existenzieller
Verwundung schießt der Däne im Namen des immer paradoxalen, immer
absurden Glaubens gegen die idealistische Vermittlung Gottes mit der Welt
und ihren Institutionen. Entsprechend dem vorangestellten Shakespeare-
Motto „Besser gut gehängt als schlecht verheiratet" entscheidet Kierkegaard
sich dafür, lieber gehängt zu sein (in Anspielung an den Kreuzestod Christi)
als „durch eine unglückliche Ehe in systematischer Schwangerschaft mit
aller Welt".[334] von der niemals vermittelten Hingabe an Gottes Liebe und
vom Kampf um den Wahrheitsanspruch dieser Liebe abgetrieben zu werden.

Es handelt sich aber nicht nur um ein Entweder—Oder zwischen Philosophie und Religion, zwischen Hegel und der 'Existenz' des Glaubenden,
sondern auch um die konkrete weltanschauliche Entscheidung zwischen
Christentum und allen anderen Richtungen philosophischer und religiöser
Natur. Indem Kierkegaard die Denkleistung des Christentums betont, die
seiner Ansicht nach vor allem darin bestehe, das Historische in Einklang mit
dem Ewigen gebracht zu haben (Inkarnation), behauptet er, daß „keine
Philosophie (denn die ist nur für den Gedanken), keine Mythologie (denn
die ist nur für die Phantasie), kein historisches Wissen" diesen Einfall gehabt
habe, „von dem man in diesem Zusammenhang mit aller Zweideutigkeit
sagen kann, daß er nicht in eines Menschen Herz entstanden ist."[335]

Diese Entscheidung für das Christentum als einzige akzeptable aller
Religionen und Philosophien wird bei Kierkegaard aber nicht von der Basis
einer feststehenden Machtposition aus getroffen (dies ist der Vorwurf, den
er seinen lutherisch-landeskirchlichen und hegelianisch-idealistischen
Gegnern macht), sondern in einem gefährdeten, existenziellen Kampf, in
dem der Kämpfer bereit ist, das eigene Leben aufs Spiel zu setzen: „Mein
Leben kann ich einsetzen, mit meinem Leben kann ich im Ernst Scherz
treiben . . . Nur mein Leben habe ich, welches ich sofort einsetze, jedesmal,
wenn eine Schwierigkeit sich zeigt. Da geht das Tanzen leicht, denn der
Gedanke an den Tod ist eine flinke Tänzerin, meine Tänzerin."[336]

Dieser Tod-Ernst der Entscheidung zieht sich durch sein weiteres Œuvre.
Er ließe sich ebensogut in der nur vier Tage nach den „Philosophischen
Brocken" entstandenen Schrift „Der Begriff Angst" erheben wie in den

Anti-Climacus-Schriften, als deren abgründigste die „Krankheit zum Tode" (1849) genannt werden soll: Ausgehend vom elften Kapitel des Johannes-Evangeliums (Jesu Auferweckung des Lazarus) stellt Kierkegaard die „Krankheit zum Tode" dem Glauben entgegen. Diese Krankheit ist — ebensowenig wie bei Johannes — ein medizinisch feststellbares letales Fieber, noch — wie bei Goethe — der geheimnisvolle Hang zum Suizid, sondern die menschliche Verzweiflung, die *in nuce* und in verschiedenen Formen allen Menschen innewohnt.[337]

Somit werden hier einander gegenübergestellt: Krankheit zum Tode (Verzweiflung) und Glaube an die Auferstehung[338] und damit zugleich die ästhetisch-unmittelbare, fatalistische oder „sokratische" Daseinsform (die anstelle des Glaubens die Tugend setzt) und die desultorisch-christozentrische Existenzweise „leidenschaftlichen Protestes gegen ein System des Daseins."[339]

In seiner apodiktischen Argumentationsform setzt Kierkegaard — in schroffer Wendung gegen Atheisten, Agnostiker und alle Nicht-Christen — dieses Gegensatzpaar „Sünde — Glauben"[340] absolut: „Jede menschliche Existenz, die nicht ihrer als Geist sich bewußt ist, oder vor Gott persönlich ihrer als Geist sich bewußt ist, jede menschliche Existenz, die so nicht durchsichtig in Gott gründet, sondern in etwas abstraktem Universellem ruht und aufgeht (Staat, Nation und dergleichen) oder in Dunkelheit über ihr Selbst ihre Fähigkeiten bloß als Wirkkräfte nimmt ohne in tieferem Sinn sich bewußt zu werden, woher sie sie hat, ihr Selbst als Unerklärliches auffaßt, sofern es nach innen verstanden werden soll, — jede solche Existenz, was sie auch ausführe, und sei es das Erstaunlichste, was sie auch erkläre, und sei es das ganze Dasein, wie intensiv sie auch das Leben ästhetisch genieße: eine jede solche Existenz ist doch Verzweiflung."[341]

Auf diesem Hintergrund beginnt der dänische Religionsphilosoph nun — entsprechend seiner Überzeugung, daß „der Grad des Bewußtseins die Verzweiflung potenziert"[342], verschiedene Formen der Verzweiflung darzulgen, bis er zur Aussage gelangt, daß die höchste und eigentliche Form der Verzweiflung die 'Sünde' sei, allen voran die Sünde als freiwillige, bewußte Verzweiflung, vor Gott sich selbst sein zu wollen. Die höchste Erscheinungsform dieser Art Sünde — also die Sünde „wider den heiligen Geist" — ist es aber, die Göttlichkeit Christi rationalistisch oder doketisch hinwegzuleugnen; damit leugne sie alles Christliche und zeige ihren unüberbietbaren Höhepunkt.[343]

Es wäre allerdings ein gewisses Mißverständnis, aus diesen recht dogmatisch klingenden Schlußfolgerungen die Ansicht herzuleiten, es handele sich um eine systematisch-theologische Abhandlung über Glaube und Sünde. Der existenzielle Ernst, der Todesernst, ist überall im Spiel, wenn es um die „Entscheidung" geht, die hier keineswegs als „flinke Tänzerin", sondern eher schwerfällig und nur schlecht kaschiert als Versuchung zum Suizid auftritt. Wenngleich der Selbstmord nur am Rande eingeführt wird, so hat er — wie der „*Anti-Climacus*" einmal in Parenthese bemerkt — doch „ein tieferes Verhältnis zu dieser ganzen Untersuchung."[344] Er droht sofort, wenn man — wie die „Heiden" der Stoa und der Klassik — kein Verhältnis zu Gott entwickelt, oder wenn die menschliche Existenz aus der verzweifelten Verschlossenheit (Kierkegaards eigener Grundstimmung!) keinen Ausweg (entweder in rastloser Aktivität oder in unbegrenztem Sinnestaumel) findet, —[345] und er kann schließlich auch eine direkte Konsequenz der voll zum Bewußtsein gebrachten Verzweiflung sein.[346] Zwar betont der Verfasser, daß die eigentliche Form der Verzweiflung sei, n i c h t sterben zu können, weil auch der (freiwillige) Tod keinen Ausweg und keine Hoffnung bedeute,[347] aber die wenigen Andeutungen machen deutlich, daß die Alternative: Christusglaube oder Verzweiflung, Erlösung oder Sünde, zugleich die Alternative Glaube oder Suizid mit einschließt, — ein Drittes hätte allenfalls Wahnsinn bedeutet.

5.1.3. Wust

Greifen wir als drittes Beispiel christlich engagierter „Entweder—Oder-Philosophen" Peter Wust heraus, der als Professor in Münster wirkte.

Auch er sieht den Menschen als suchendes Wesen, als *Viator*, als Zwischenwesen, hineingestellt in den ungeheuren geistigen Raum „eines furchtbaren Entweder—Oder zwischen den extremsten Möglichkeiten von absoluter Leere und absoluter Fülle, zwischen *nihil absolutum* und *ens absolutum*, zwischen extremster Sinnverneinung durch die spekulative Vernunft und extremster Gottesbejahung durch die im Glauben an die Offenbarung sich blindlings unterwerfende Vernunft."[348]

Somit ist der Mensch vor die Wahl gestellt zwischen „Nihilismus und Ewigkeitsglaube"[349], „Trotz und Hingabe"[350], „Dogmatismus und Pyrrhonismus"[351], „Endlichkeit und Unendlichkeit"[352], „alles verschlingender Zeit oder alles überdauernder Ewigkeit"[353], — oder, stärker religiös formuliert, — zwischen „*humilitas* und *superbia*"[354], „Liebe und Selbstsucht"[355], „Vertrauen oder Mißtrauen."[356]

Das Grundproblem des Sinns und Seins ist immer direkt bezogen auf die menschliche „*Insecuritas*", die Unsicherheit, Ungewißheit in Bezug auf die philosophischen und religiösen Fragen. Diese Ungewißheit offenbart sich als wesensgemäße, existenzielle, auf einer dreifachen Ebene: auf der des alltäglichen Lebens, der *fortuna*, des Schicksals; auf der des Offenbarungs- und Gottessuchens und drittens auf der des menschlichen Heilstrebens. Wust bescheidet sich nicht damit, diese „*Insecuritas*" als Existenzial (wie es bei Heidegger heißen würde) zu erheben und phänomenologisch-existenzial-philosophisch noch schillernder und eindringlicher zu schildern als Pascal und Kierkegaard, sondern er sieht es zugleich als seine Aufgabe an, diese Problemstellung durch einen „richtigen Mittelweg"[357] der Philosophie, der das „Gleichgewicht"[358] zwischen den beiden „Irrtumsmöglichkeiten eines unkritischen Dogmatismus und eines hyperkritischen Skeptizismus" wahrt, zu überwinden.

Unrealistisch und verantwortungslos erscheint ihm zunächst die agnostische Lösung. Wer auf die große Alternative[359] zwischen Ja und Nein[360] damit antwortet, daß der Mensch aufgrund seiner intellektuellen Natur prinzipiell an der der Möglichkeit der Erkenntnis des Erfragten gehindert sei — wie etwa Kant — der schreibe der menschlichen Natur einen „Wesensdefekt"[361] zu, „und das ist eine Annahme, die der tiefen Weisheit der Schöpfung in keiner Weise gerecht wird."[362]

Zudem aber sei eine solche Entscheidungslosigkeit — das Wort 'Agnostizismus' kommt in Wusts bekanntestem Werk nur einmal, in der gerade zitierten Stelle eher abfällig und am Rande vor — für Menschen dieser Art nichts als die Vorstufe innerer Verzweiflung und Zerrüttung, — eine (durch nichts weiter als durch sich selbst erhärtete) Vermutung, der auch bereits Kierkegaard Ausdruck verliehen hatte. Diese Menschen, die vor der äußersten Lebensalternative zu keiner Entscheidung kommen können, „w e d e r zu einer Entscheidung im Sinne des Ja, n o c h zu einer Entscheidung im Sinne des Nein"[363], werden durch die Heilsungewißheit des prinzipiellens Seinszweifels und Seinsunglaubens (sic!) mehr und mehr zermürbt, „um dann am Ende in die absolute Verzweiflung zu versinken oder aber auch vielleicht in den Liebesabgrund der Gnade hineingezogen zu werden."[364] Diese wenigen und teilweise etwas undifferenzierten und befremdlichen Sätze (was ist dies für ein Glaube, der unter Androhung von Zerrüttung und Verzweiflung für sich werben muß?) zeigen, daß eine agnostische Lösung für Wust völlig unannehmbar ist und daß er sich in gewisser Weise bereits für seinen „Schöpfungsglauben" vorentschieden hat. Sein Denken ist aber dennoch zu tief, zu ehrlich und zu gewandt, als daß er es mit einem einfachen katholischen *Credo* bewenden sein ließe.

Er geht bei seinen Begründungen für die Entscheidung zugunsten des Glaubens zunächst davon aus, daß die geforderte Wahl nicht eine zwischen zwei völlig gleichwertigen Positionen sei (wie vorliegende Schrift, *mutatis mutandis*, auch). „Unser Selbst", sagt er, „ist von seiner objektiven Grundtiefe her gesehen, bei all seiner Wahlfreiheit doch nicht indifferent gegenüber Wahrheit und Unwahrheit, Wert und Unwert, sondern gleichsam vorbelastet, so daß es uns ganz von selbst in die Richtung des Ja gegenüber der Wertregion hindrängt."[365]

Wenn Wust hier von der „natürlichen Triebkraft zum Seinsobjektiven"[366] spricht, schöpft er aus dem Erbe des christlich-scholastischen Seins-Optimismus, der aristotelischen Teleologie und der neoscholastischen Werthierarchie. Dabei geht er so weit, die (neo)scholastischen Gottesbeweise im Prinzip als Zeugnis der Evidenz Gottes zu interpretieren und davon zu sprechen, daß der philosophische Sachverhalt 'Es existiert ein höchstes Wesen, vor dem wir als sittliche Personen verantwortlich sind' prinzipiell als streng einsichtig bewiesen werden könne.[367] Dennoch wird er nicht müde, zu betonen, daß menschliche Existenz die Geborgenheit nur in der Ungeborgenheit finden könne. Die religiöse Gottesgewißheit verbleibe trotz aller logisch-philosophischen Darlegungen im Spielraum der *Insecuritas humana*[368], da trotz aller Evidenz eine „ganz merkwürdige innere Anfechtbarkeit"[369] bestehe, die uns gerade dann am stärksten bedrohe, wenn wir allzu siegesgewiß auf diese Evidenz pochen möchten.[370] Auch die Gesamtoffenbarung, die Kirche und die einzelne Seele verbleibe so — angesichts der zwei großen Reiche des Glaubens und des Unglaubens, die sich stets fortentwikkeln und durch gegenseitige Stimulation neu beleben — im „sakralen Raum der Offenbarungsgewißheit immer *in statu insecuritatis*".[371] Und schließlich findet der Satz von der Ungewißheit auch und gerade in der Frage nach der personalen Heilsgewißheit seine markanteste Bestätigung.[372]

Demgegenüber reicht es nicht hin, philosophisch vom Dasein Gottes zu reden; vielmehr muß das „Wagnis der Weisheit" gefordert werden, „das dem Halbdunkel der menschlichen *Insecuritas*-Situation als die einzige Möglichkeit für die dem Menschen gestellte Lebensaufgabe entspricht" und somit das „höchste Ideal der Vernunft überhaupt" darstellt.[373] Dieses Wagnis der Weisheit ist aber nicht mit dem Anspruch auf Besitz von Wissen und Wahrheit zu verwechseln, sondern als Ausdruck des menschlichen Pilgerstandes zu verstehen, der als *status viatoris* immer zugleich *status insecuritatis* ist.

Das Wagnis kann sich der Ungewißheit nicht begeben; es muß Nietzsches Absolutismus ebenso ernst nehmen wie Kierkegaards Glaubensabsolutismus und beide Extreme hineinnehmen in die gelebte Dialektik des verantworteten, reflektierten Glaubens. Somit hat Wust versucht, das agnostische Moment mit hineinzunehmen in seine eindeutige Entscheidung für und zugunsten von Sinn. Er hat einem plumpen aufdringlichen Alternativzwang ebenso die Tür gewiesen wie einer vorschnellen Entscheidung, die sich entweder einseitig auf den Intellekt oder einseitig auf das emotionale Bedürfnis stützt. Damit zeigt sich Wust Pascal (den er sehr verehrte) zutiefst verpflichtet: Zwar ist das Wagnis des Glaubens in der Vernunft fundiert, doch wagt es sich zugleich in das Labyrinthische und Unberechenbare vor, das jenseits der minimalen Leuchtkraft von Verstand und Vernunft steht. Der Mensch tappt „weder im absoluten Dunkel der völligen Ungewißheit noch im absoluten Licht der völligen Gewißheit, sondern in einem Halbdunkel zwischen Ungewißheit und Gewißheit."[374]

So ist man bei der Reflexion der Frage „Sinnbejahung oder Sinnverneinung?" nicht nur zur letztlich unbefriedigenden und unfruchtbaren Auseinandersetzung mit den verschiedenen Formen der einfachen, undialektischen, schwarz-weiß-malenden Entscheidungsforderung genötigt, wie sie häufig von kirchlichen, staatlichen oder parteigebundenen Machtinstitutionen vertreten wurde und wird, sondern auch mit jenen engagierten und entschiedenen Religionsdenkern, die — wie die drei Beispiele aus dem 17., 19. und 20. Jahrhundert belegen — trotz und gerade wegen einer umfassenden Durchdringung der Thematik in entschlossener Weise zu Denkern des Entweder—Oder geworden sind.

Gemeinsam ist allen dreien der Ansatz bei der vernunftgemäßen, philosophischen Reflexion, die (relativ) unvoreingenommene Prüfung gegnerischer Standpunkte, gemeinsam ist ihnen aber vor allem das existenzielle, gesamt-personale Engagement, das mit Ernst, Tod-Ernst, in Angst, Verzweiflung und Dunkelheit die aufrichtige Entscheidung zwischen steriler Philosophie und vitalem Glauben herbeiführt.

Schließlich aber ist den drei Beispielen auch gemein, daß sie sich jeweils einzeln und mit jeweils anderen Argumenten nicht nur für 'Glauben' als solchen, sondern auch ganz entschieden für das Christentum aussprechen und sich somit mit jenen Impulsen verbünden, die ihr Denken bereits von Anfang an prägten — bei Pascal sind es die augustinisch-jensenistischen, bei Kierkegaard die lutherisch-reformatorischen, bei Wust die Schelerschen und neoscholastischen Strömungen. Das besondere *Fascinosum* am Christlichen ist bei allen in erster Linie die Inkarnation, der Schnittpunkt zwischen Ewigem und Jetzt, in welchem Heil, Erlösung und Menschheitsgeschichte ansichtig werden sollen.

Diese Denker sind ernstzunehmende Gesprächspartner des philosophischen Agnostikers, weil sie die *Agnosis*, die Grenzen der Vernunft, die „Dunkle Nacht der Seele", sehr wohl kennen. Er hat sie nicht — gleichsam vom Katheder der Philosophie herab — mitleidig oder überlegen zu schulmeistern oder zu kritisieren; — im Gegenteil wird er mit Hochachtung zur Kenntnis nehmen, mit welcher Verve diese Denker sich dem Dilemma menschlicher Erkenntnisgrenzen stellen und es zu überwinden trachten. Der Agnostiker ist aber dann, wenn er in den besagten Texten kampfeslustig angegriffen und oberflächlich disqualifiziert wird, berechtigt und genötigt, darauf hinzuweisen, daß sich besagte Denker zu wenig mit dem eigentümlichen Phänomen des Skeptizismus und Agnostizismus auseinandergesetzt haben, ebenso wie sie auch den Unterschied zwischen Religion als solcher und christlicher Weltanschauung zu verwischen suchen.

Demgegenüber verharrt der Agnostiker bei einer grundsätzlichen Trennung von Philosophie und Religion und sieht darin neue, zukunftsweisende Chancen einer vernunftbegründeten Ethik, die sich von der emotions- und aggressionsgeladenen Verhaltensweise vieler christlichen Handlungsentwürfe unterscheiden soll. Dementsprechend wird er instinktiv vor dem apodiktischen desultorischen Moment zurückschrecken, das alle drei in nicht zu überbietender Schärfe zur Geltung gebracht haben. Er wird der Vermutung Ausdruck verleihen, daß eine solche Entscheidungsforderung (die man eher Entscheidungsfanatismus oder Entscheidungszwang nennen könnte) in der gelebten ethischen Praxis nicht zu denjenigen Grundlagen führen kann, die von allen vorausgesetzt und angezielt werden; — eben weil die Entscheidung, die Wahl ein selektierender, aussondernder, diskriminierender und somit

verurteilender Prozeß ist, der notwendigerweise zur Wiederbelebung aggressiver Verhaltensmuster führt.

5.2. WEDER – NOCH

Erliegt man der suggestiven und faszinierenden Forderung nach disjunktiver
desultorischer Wahl, so wird man mit einer Fülle neuer emotionaler und
intellektueller Probleme konfrontiert:

Meint man, der Sinnwidrigkeit des Daseins entflohen zu sein, dem
grauen, herzzerstörenden Nihilismus, sieht man sich bald umfangen von
einem Gespinst religiöser oder „ideologischer" Glaubensaussagen, von
dogmatischen Sätzen, kirchlichen oder weltlichen Katechismen und dem
dazu gehörigen äußeren Gepräge und Gepränge. Der nagende Zweifel an der
Unsicherheit der angenommenen kirchlichen Glaubenswahrheiten wird zum
beständigen Begleiter und läßt sich auch durch tiefes Glaubensbemühen
nicht vertreiben. Die Sekurität, in die man geflohen ist, entlarvt sich somit
als scheinbare.

Und umgekehrt: Meint man der Naivität des Gottes- und Weltenglaubens
entkommen zu sein, flieht man in einen neuen, in einen neuen, in einen
Glauben an Nichts und Niemanden. Hat man kritisch die Relativität und
Partikularität derjenigen Religion oder Ideologie erkannt, der man sich bis
dato verschrieben hatte, begibt man sich nun unkritisch in die Hybris des
Weltweisen. Man leugnet die transzendenz- oder immanenz-orientierte
Sinnbejahung, bejaht aber die Erkenntnis, daß es keinen Sinn gebe. Das,
was es zu vermeiden hieß, erweist sich somit als ubiquitär, denn es ist nichts
als das negative Zerrbild dessen, was man verlassen hat. Die Spiegelschrift
des Positiven ist in seiner Fülle und Ganzheit aber das Negative, beides auf
seltsame Art Ungewußtes, „nur" Geglaubtes und kein fester Halt.

Unter logischem und gnoseologischem Aspekt ist daran zu erinnern, was
eingangs über das Wesen der antiken Skepsis gesagt wurde. Dementsprechend
soll hier davon ausgegangen werden, daß Sinnbejahung und Sinnverneinung
gemäß der *isostheneia* eine gleiche Menge gleich unter Argumente jeweils
auf ihrer Seite wissen und daß man angesichts der engen Grenzen der menschlichen Erkenntnisfähigkeit keine vernunftgemäß begründbare Entscheidung
treffen kann. Gegen Pascal, Kierkegaard und Wust soll bestritten werden,
daß es ein natürliches, seins- und wesensgemäßes Übergewicht der bejahenden Seite gibt. Dennoch soll – auf andere Weise freilich – betont werden,
daß die entsprechenden konkreten Entscheidungsvorgänge keineswegs
identisch sind:

Eine Wahl z u g u n s t e n von Sinn ist in ihrem Vollzug vielschichtiger
und komplizierter als eine solche gegen Sinn. Während man bei der Wahl
contra Sinn, logisch gesehen, nur eine einzige größere Entscheidungsmög-
lichkeit besitzt – nämlich die, jeden Sinn schlichtweg zu verneinen – muß

man bei der Wahl *pro* Sinn zugleich zwischen den zahlreichen Sinnbejahungsentwürfen wählen, die im Laufe der Geschichte entstanden und heute zu einem unüberschaubaren Sinnbejahungsbereich zusammengeflossen sind.

Dies liegt — wie bereits einleitend ausgeführt —, an der Tatsache, daß die verschiedenen Formen der Sinnverneinung sich nicht durch verschiedene materielle Inhalte unterscheiden, sondern nur durch die verschiedenen Argumentationsformen gegenüber einer bestimmten Bejahungsfigur. So muß man, logisch besehen, bei der Bejahung z w e i m a l wählen, während man bei der Verneinung nur e i n m a l wählt. Unter diesem Aspekt wäre eine Verneinung intellektuell und logisch naheliegender, weil einfacher (*simplex sigillum veri*), als eine Bejahung. Man kann dies an einer vereinfachten Form des eingangs zugrundegelegten Schaubildes (4.1.) verdeutlichen.

Bildlich könnte man diesen Entscheidungsvorgang durch einen Fischteich verdeutlichen, dem eine Menge von Menschen gegenübersteht. Dieser Teich, der „Antworten-*Pool*", ist bevölkert mit hunderten von bunten Paradiesfischchen (die vielleicht — wie in der Natur üblich —in Rudeln auftreten) und einem einzigen größeren grauen gefräßigen Hecht, der seine einsamen Bahnen dreht. Die Menschen am Rande des Teiches sind auf der Suche nach dem für sie geeigneten Fisch und stehen vor der Wahl, entweder eines der bunten Fischlein auszusuchen — hierbei geraten sie in große Nöte, da ein Fischlein noch anmutiger und bunter aussieht als ein anderes — oder sich für den Hecht zu entscheiden.

Dann wiederum gibt es solche, die sich weder für Paradiesfische noch für einen Hecht interessieren und sich weigern, diese Alternative als absolut notwendige zu akzeptieren. Sie gehen, nachdem sie die Menschen am und die Fische im Teich eine Weile beobachtet haben, weiter ihres Weges.

Man kann somit den christlichen (und anderen Entscheidungsdenkern) darin zustimmen, daß — angesichts der engen Grenzen menschlicher Erkenntniskraft, menschlicher Lebensdauer und menschlicher Freiheitsentwicklung — so etwas wie ein *desiderium naturale in visionem beatificam* bestehe, also eine wesensgemäße Neigung in Richtung auf Ewigkeit, Heil und Erlösung; — ja, man kann so weit gehen, zu sagen, daß der Mensch sich angesichts dieser existenziellen Nöte auch gegen ein Maximum von Gründen zugunsten eines bestimmten Glaubens aussprechen kann[375], — darf aber nicht ungeprüft der Behauptung aufsitzen, daß damit schon ein natürliches, ontologisch begründbares Übergewicht der Bejahungsseite gegeben sei.

Demgegenüber erweist sich eine logische Prüfung als geeignet, darzutun, daß in binär-entscheidungstechnischer Sicht die Negation vor der Position Vorrang genießt, da sie lediglich   e i n e n   Entscheidungsvorgang verlangt, während die andere Wahl einen zweiten, weitaus schwierigeren Entscheidungsprozeß zur Folge hat.

Damit ist auf der „anthropologischen" Seite die „isostheneia" wiederhergestellt: Auf der einen Seite der argumentativen Waagschale liegt das Herz (Psyche etc.), auf der anderen Seite die Vernunft (Intellekt etc.), beide neigen − für sich genommen − jeweils leicht einer bestimmten Seite zu, halten sich aber, zusammen betrachtet, die Waage.

Der Agnostiker kann demgemäß seine Entscheidung in dem Satz zusammenfassen:

„Ich kann nicht   j a   sagen.

aber ich will auch nicht   n e i n   sagen."[376]

Das heißt: Ich kann nicht − selbst wenn ich gemäß meinen inneren Impulsen oder gemäß dem gelebten Beispiel Glaubender wollte − J a sagen, d. h. mich zur Annahme bestimmter Glaubenssätze verstehen; ich will aber auch nicht − obwohl es mir vernunftgemäß nicht nur möglich wäre, sondern entscheidungslogisch gesehen näher liegen würde − N e i n sagen, d. h. jede Hoffnung auf Erfüllung, jede Möglichkeit von Erlösung, in Abrede stellen. Indem ich sowohl das *desiderium naturale* als vernunftwidrig ablehne (und zugleich als emotionale Gegebenheit akzeptiere) als auch die bestimmte Negation mit Hilfe von Herz und Vernunft negiere, bewahre ich das Gleichgewicht, oder besser: stelle ich es allerst her. Nur wenn ich einem Tausch der Verben des obigen Zitates erliegen würde, so daß es hieße:

„Ich   w i l l   nicht ja sagen,

aber ich   k a n n   auch nicht nein sagen",

wäre ich jenes zerrüttete und dem Spaltungsirrtum geweihte Wrack, als das mich die Entscheidungsfanatiker zu karikieren pflegen.

5.3. DER AGNOSTIZISMUS

Will man das mit dem Schlagwort „Weder−Noch" Gemeinte in den Rahmen der philosophiegeschichtlichen Begriffe einordnen, bietet sich, wie eingangs gesagt, der des Agnostizismus an.

Wenngleich die Lehre von der Unentscheidbarkeit metaphysischer Grundprobleme recht alt ist und sich im Kern auf die antike (pyrrhonische) Skepsis zurückführen läßt, wurde dieser Begriff erst 1869 durch den englischen Zoologen Thomas Henry Huxley (den Großvater des Utopisten Aldous Huxley) in der Londoner *Metaphysical Society* eingeführt, um im Geiste eines aufgeklärten Darwinismus und Evolutionismus den Protest gegen anglikanische Entmündigung und gegen scheinwissenschaftlichen Dogmatismus zu bezeichnen.[377] Damit war ein Terminus in die Welt gesetzt, der bald von verschiedener Seite aufgegriffen wurde, und mit dem man sowohl die denkerischen Intentionen Humes und Kants als auch diejenigen weiterer Philosophen des Victorianischen Großbritanniens (wie William Hamilton, John Stuart Mill, Herbert Spencer und Leslie Stephen) zu umschreiben suchte.

Im Gegensatz zum Skeptizismus, dem jede Erkenntnis- und Wahrheitskonstitution fraglich ist, wurde der Begriff 'Agnostizismus' nun auf jene Positionen eingeengt, die gemäß dem *ignoramus ignorabimus* die Möglichkeit der Lösung metaphysischer Grund- und Wahrheitsprobleme in Abrede stellen.[378]

Max Scheler — der im übrigen für sein eigenes Denken die agnostische Position zurückgewiesen hat — unterschied im großen ganzen zwei Schulen: Diejenige, die sich an Kant orientiert, die also die Rechtsgültigkeit metaphysischer Fragen und Probleme bestehen läßt, aber deren theoretische Lösungsmöglichkeit verneint; und diejenige, die aus positivistisch-sensualistischen Analysen und Gründen die Legitimität dieser Fragen selbst verwirft. Der sprachlichen Klarheit wegen kann man die erste der Grundarten den „aporetischen" Agnostizismus nennen, da er die Antwort auf die philosophischen Ausweglosigkeiten darstellt, in die das Denken hineingerät, wenn es sich selbst treu bleibt[379]; während man die zweite Grundart den „positivistischen"[380] oder „analytischen"[381] Agnostizismus nennen kann, weil er im Rahmen des gegenwärtigen analytischen Philosophierens aufgetreten ist.[382]

Entsprechend den oben dargelegten Bedenken gegen die analytische Philosophie und den modernen Empirismus wird hier die erste Art des Agnostizismus vertreten, wobei *aporetischer Agnostizismus* verstanden wird als Vermittlung zwischen der Möglichkeit eines totalen transzendenten Sinnes und den Erfordernissen der theoretischen wie der praktischen Vernunft; aber weder als Aufgabe, noch als Einengung, weder als emotionsfreie Analyse, noch als interessengebundene Instrumentalisierung der Vernunft, sondern vielmehr als Basis realer (relativer) Freiheit und nicht-totalitärer Praxis jenseits von Atheismus, Positivismus und Skeptizismus.

5.4. APORETISCHER AGNOSTIZISMUS UND SUIZID

Der naheliegende Trugschluß, der aporetische Agnostizismus führe in jene Bereiche, in denen alle Rede von philosophisch begründbarer Praxis zu verstummen habe, mithin in eine positivistische Ethik als Anerkenntnis der Normativität des Faktischen, er entrate mithin auch jeder Gegenwartsbezogenheit, wird leicht als solcher entlarvt, wenn auf die Ausgangsfrage zuzurückgegriffen wird.

Das Problem lautete, ob das Leben sinnvoll sei oder nicht. Im ersten Fall galt die praktische Konsequenz des reflektierten Weiterlebens, im zweiten Fall als reinste Folgerung der Suizid (— obgleich wir auch ausführlich dargelegt haben, daß sowohl die Anerkenntnis von Sinn den Suizid als auch die Nicht-Anerkenntnis den Nicht-Suizid einschließen kann). Wenn nun aber aus der Begriffsbestimmung des aporetischen Agnostizismus' die Folgerung hergeleitet werden kann, daß weder die erste noch die zweite These in hinreichender Form philosophisch begründet werden kann, ist auch die harsche Alternative aufgelöst. So weiß man weder, ob Weiterleben oder Suizid die Folge der geistigen Bemühungen sein soll. Wenn aber Unklarheit in der Frage besteht, ob Leben sinnvoll oder sinnlos ist, wenn man nach beiden Seiten offen bleiben muß, darf man keine unwiderrufliche Wahl treffen, die das Problem in einer einzigen eindeutigen Weise löst und somit zugleich die Möglichkeit nimmt, sich demselben weiterhin zu stellen.

Selbstmord aber ist eine irreversible Handlung, die diese Aporie in einer direkten und radikalen Weise zerschlägt. „Mit ihm entscheidet sich der Mensch definitiv für die Bejahung der Sinnlosigkeit und des Nichts. Damit aber gelangt er zu einem dogmatischen Nihilismus, der eben dieses Nichts als das Letzte, ja als das einzige Sinnhafte in einem Meer von Sinnlosigkeit ansieht. Demgegenüber kommt es . . . darauf an, in der offenen Fraglichkeit zu existieren, so schwierig das auch sein mag."[383] Somit führt der aporetische Agnostizismus zu einer Verneinung der Lebensbeendigung als Konsequenz philosophischer Einsichten, — nicht aufgrund objektiv festgestellter Werte, sondern aufgrund der Einsicht in das Unvermögen, derartige Werte und Sinnstrukturen zu erkennen. Obgleich und gerade weil wir nicht wissen, ob das Leben einen Sinn hat, ist es „sinnvoll", zu leben.

Diesen Gedanken kann man auch durch mathematische Begriffe umschreiben. 'Eindeutigkeit' kommt einer klar beschreibbaren Funktion zu, in der das eine dem anderen intersubjektiv einsichtig zugeordnet wird. 'Eineindeutigkeit' ist einer Funktion zugehörig, die nur in einer einzigen Weise eindeutig ist. Wenn wir jetzt vor der Entscheidung stehen, ob wir leben sollen oder nicht, haben wir hinsichtlich der Deutigkeit keine Gleichwertigkeit. Bei der Lebensverneinung haben wir uns für einen unumkehrbaren eineindeutigen Sachverhalt entschieden, aus dem es kein Zurück gibt. Entscheiden wir uns aber zugunsten des (Weiter-)Lebens, halten wir die aporetische Zweieindeutigkeit aufrecht. Dies zeigt erneut, daß die beiden Möglichkeiten: Leben oder Suizid unter Anlegung des aporetisch-agnostizistischen Maßstabes nicht gleichwertig sind. In der folgenden Graphik (S. 145) erfährt dieses Problem die bildhafte Darstellung.

Das hier zum Verhältnis von aporetischem Agnostizismus und Suizid Gesagte ist aber durch einen zweiten wichtigen Teil zu ergänzen. Durch die angestellte Überlegung kann Suizid nicht an sich und als solcher zurückgewiesen werden, sondern lediglich als philosophischer Imperativ. Abzulehnen ist demnach nur die reine Konsequenz eines einseitig gelösten Antwortens

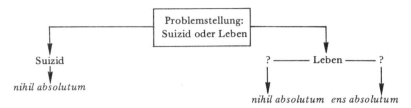

auf den weitgehend eingefressenen Dualismus den Entweder–Oder; abzulehnen ist der Suizid als Postulat oder logischer Imperativ, — oder, wie man
kurz sagen könnte, der philosophische Freitod.[384]

Es leuchtet jedoch ein, daß auf den vorgelegten Gedanken kein ethisches Prinzip fußen kann, das den Selbstmord an sich als nicht wünschenswert disqualifiziert. Im Gegenteil muß der Freitod als e i n e der menschlichen Möglichkeiten zum Tode voll und bewußt bejaht werden: Wenn verschiedene Gründe einem Menschen so einschneidende Einschränkungen in
seinen physischen, psychischen oder geistigen Entfaltungsmöglichkeiten
bereiten, daß der Suizid eine erträglichere Lösung darstellt als das lange
Warten auf den „normalen" Tod (— und was ist dies?? —), kann er als konkrete Möglichkeit in Betracht gezogen und gegebenenfalls realisiert werden.
Eine solche Möglichkeit zum Tode „zur rechten Zeit" (Nietzsche) soll im
Gegensatz zum „philosophischen Freitod'' verteidigt werden gegenüber allen, die ihm aus verschiedenen Gründen das Kainsmal der Immoralität und
Perversität einbrennen wollen. Ebenso aber, wie es philosophischerseits
nicht möglich ist, diesen „immanenz-orientierten" Suizid moralisch abzu-
werten, ebensowenig kann man ihn als besonders erstrebenswert hinstellen.
Man wird sich zu bemühen haben, ihm als menschlicher Notlösung, als
Lösung von Not, in relativer Distanz entgegenzutreten.[385]

Eine dritte Reflexion betrifft das Verhältnis von Gottesproblem und
Suizid. Die gesellschaftliche Diskriminierung des Suizides wurde und wird —
zumindest in den Bereichen der monotheistischen Hochreligionen — theologisch gestützt. Seitens der Kirchen wird darauf hingewiesen, daß der Mensch
in der freien Verfügung Gottes stehe und daher ihm gegenüber nicht das
Recht besitze, seinem Leben selbst ein Ende zu setzen, — bei Zuwiderhand-
lung wird entsprechend den religiösen Gepflogenheiten mit Sanktionen (der
„Hölle") gedroht.

Wenn nun aber — so ließe sich auf dieser Basis weiterfragen — der
Agnostiker die reale Möglichkeit der Erkennbarkeit der Existenz Gottes
leugnet, und somit, anders gewendet, nicht ausschließt, daß es einen solchen
Gott gibt, von dem die Christen reden, dann schlösse dies zugleich die Anerkenntnis der Möglichkeit entsprechender göttlicher Gebote ein und somit
u. U. auch eine Ablehnung des Freitodes in jedem Fall? Läge es somit nicht
gerade in der agnostizistischen Argumentationsform begründet, wenn nicht
nur der „philosophische Selbstmord" (im Sinn vorliegender Arbeit), sondern jedweder Freitod sanktioniert und abgelehnt würde?

Demgegenüber ist ein Zweifaches zu bemerken: Der Agnostiker leugnet nicht eine bestimmte Form von Religion; er behauptet auch nicht, diesen oder jenen Gott „nicht zu kennen", sondern er a-gnostiziert. Er vollzieht keine k o n k r e t e Agnosis, sondern eine a b s t r a k t e ; er behauptet das Nicht-Erkennen-Können Gottes, ohne sich darauf festzulegen, welche Attribute einem solchen Gott zukommen könnten und welche Gebote dieser möglicherweise erlassen haben könnte. Diese Überlegungen liegen außerhalb seines Horizontes, denn sie würden bereits einschließen, daß er sich trotz seiner Agnosis um Konkretionen und Darstellungen Gottes bemüht.

Aber es gilt auch ein zweites: Wenn der Begriff Agnostizismus gemäß seiner historischen Entstehung gebraucht werden soll, so ist ihm zugleich ein aufklärerisch-kritisches Moment zueigen. So ist der Agnostiker nicht genötigt, bei einer sterilen Urteilsenthaltung gegenüber jeder Rede von Gott stehenzubleiben, sondern er kann im Sinn der von ihm auch sonst angewandten kritischen *Ratio* urteilend eingreifen. So wäre gegenüber denjenigen, die unter Berufung auf ein bestimmtes Gottesbild zu einer generellen Leugnung der Erlaubtheit jedweden Freitodes gelangen wollen, an die Ergebnisse der Überlegungen von Feuerbach, Marx und Freud zu erinnern. Ein Gottesbild, das den von diesen dreien formulierten Projektionsverdächtigungen nicht standhalten könnte, wäre ohnehin für einen kritisch-rationalen Geist untragbar. Ein anthropomorpher, personaler, lohnender, rächender, sühnender Gott — also ein solcher, dem angeblich der Freitod zuwider ist, — ein solcher Gott ist tatsächlich unter den Hammerschlägen der Projektionsverdächtigungen längst gestorben. Ein kritisch-rationaler Agnostiker weist somit nicht die Möglichkeit einer transzendenten Sphäre oder auch eines 'Gott' genannten Anderen zurück — er betont vielmehr, daß nur ein 'Gott', sofern es ihn gibt, die einzige wirkliche Hoffnung ist, die dem Menschen bleibt — aber er nimmt sich — entsprechend dem Niveau seiner übrigen Überlegungen — die Freiheit, den Gott der Väter und Kinder, der Bibeln und Fibeln, abzulehnen.

5.5. APORETISCHER AGNOSTIZISMUS UND SINN DES LEBENS

Wenn gesagt wurde, daß es sinnvoll sei zu leben, gerade weil man nicht wissen könne, ob das Leben einen Sinn habe, ist damit ein doppelter Sinnbegriff involviert. Wir wollen anhand der dreifachen Bedeutungsdimension der Sinnfrage die Ergebnisse hinsichtlich dieses Zentralproblemes zusammenfassen.

Beginnen wir der Einfachheit halber bei der dritten Bedeutung von 'Sinn': Wenn wir 'Sinn' als Ziel und „höchste Wünschbarkeit" verstehen, müssen wir feststellen, daß in dieser Frage keine Klarheit zu gewinnen ist. Die Sinnfrage als Frage, ob ein letzter Wert oder ein letztes Ziel des menschlichen Lebens bestehe, kann nie anders als aporetisch beantwortet werden: Es kann sein, oder auch nicht: *Non liquet*.

Fragen wir nach dem Sinn des Lebens in seiner zweiten Bedeutung, nämlich in der Bedeutung von 'Bedeutung', so müssen wir gleichfalls sagen, daß hinsichtlich jeder metaphysischen Implikate diese Frage ebenso aporetisch beantwortet werden muß wie die Zielfrage. Dennoch kann man feststellen, daß das menschliche Leben als solches etwas 'bedeutet', etwas 'darstellt', etwas 'aussagt', was als Folgerung des aporetischen Agnostizismus zu interpretieren ist. Das Leben gewinnt die Bedeutung einer großen Frage, eines Rätsels (*änigma*). Leben ist als solches nie klar und deutlich zu durchleuchten, sondern immer ins Unsagbare, Geheimnisvolle, Nichtende und Mysteriöse verwiesen. Menschliches Leben und Handeln hat die Bedeutungsstruktur des steten Sich-selbst-Entzogenseins, niemals ganz Umgriffenen, niemals ganz Umgreifenden. Da sich menschliches Dasein in der Zeit vollzieht, heißt das: Leben ist ohnmächtige Herkünftigkeit aus dem Nicht-begriffenen, verzweifelt-hoffende Ausständigkeit in die entzogene Künftigkeit, tätig-harrendes Verweilen im Dunkel des gelebten Augenblicks. Als Episode zwischen dem pränatalen Noch-Nicht und dem postmortalen Nicht-Mehr hungert und dürstet das Änigma Mensch nach physischer und geistiger Nahrung. Beides aber berührt die innersten Interessen des Menschen: Leben ist Sorge um Brot und Sinn.

Der Sinn aber bleibt Geheimnis. Es basiert auf dem Zwiespalt des Menschen, tiefere Fragen stellen als Antworten geben zu können. Das Transzendente, der Gott, wenn er vorhanden ist (in seiner ihm eigenen Seinsweise, die nicht durch das Hilfsverb 'sein' umschrieben werden kann), ist nicht selbst 'das Geheimnis' oder 'der Sinn', sondern die einzige Instanz, die dieses preisgeben könnte. 'Sinn' wäre in dieser Dimension identisch mit 'Offenbarung'; — oder, profan gesagt, Klarheit aller Verhältnisse.

Das Geheimnis ist auch nicht das Absurde. Der Zwiespalt zwischen Existieren und Erkennen, den man das Absurde nennen kann, ist vielmehr die anthropologische Basis für das Geheimnis des Sinnes. Da die Sinnfrage aber vielmehr auf dem Bewußtsein der Grenzen menschlicher Erkenntnisleistung beruht, erfragt sie 'Sinn' (in dreidimensionaler Weise) als das der *Ratio* niemals offenbare Geheimnis, dessen allein möglicher Offenbarer sich nicht einmal denken läßt.

In seiner ersten Dimension aber wurde 'Sinn' als Beschaffenheit und Tauglichkeit im Rahmen der Zweck-Mittel-Rationalität definiert. Da das Ziel des menschlichen Lebens uns als unerkennbar gilt, müssen wir — wenn wir unter dieser Bedeutung von einem positiv bestimmbaren 'Sinn' reden wollen — das menschliche Leben in Relation zur Aporie setzen. Wenn wir also sagen, daß man das Leben prinzipiell bejahen soll, da sich der „philosophische Freitod" nicht vernunftgemäß legitimieren läßt, so setzen wir voraus, daß es einen gewissen 'Sinn' hat, den man als Funktion des aporetischen Agnostizismus verstehen kann: Die 'Funktion' (der philosophisch

begründbare 'Sinn') des Lebens wäre somit, Palliativ zu sein gegen den eineindeutigen irreversiblen Weg der Sinnverneinung, der logischerweise im
Imperativ zum Suizid enden müßte.

'Sinn' hieße demnach, der Vernunft dadurch Raum zu geben, daß die
Ambivalenz des menschlichen Lebens ohne Abbruch durchlebt wird und
daß der philosophische Selbstmord beiseite geschoben wird, ohne aber die
der kognitiven Dignität des Menschen angemessene Möglichkeit zum „alltäglichen", „immanenz-orientierten" Freitod apriori auszuschließen.

Während 'Sinn als Ziel' im Dunkel der Aporie und Agnosis verharrt,
während 'Sinn als Bedeutung' nicht über Begriffe wie Rätsel und Geheimnis
hinausgelangt, ist mit 'Sinn als Zweck-Mittel-Relation' immerhin die Abwendung des philosophischen Freitodes umschlossen. Wenngleich sich damit keine positiven Werte und Inhalte verbinden, ist es doch der einzige
'Sinn des Lebens', von dem man ohne Metaphern und Chinoiserien reden
kann und der stark genug ist, als Grundstein ethischer Erwägungen zu dienen.

6. ANSÄTZE ZU EINER PHILOSOPHIE DER PRAXIS

6.1. DIE AGNOSTISCHE ETHIK IM RAHMEN GEGENWÄRTIGER NORMEN- UND WERTDISKUSSIONEN

Mit den Überlegungen des voraufgegangenen Kapitels ist die eingangs konzipierte Themenstellung zu einem gewissen Abschluß gelangt: Es sollten die Sinnfrage untersucht und das Problem behandelt werden, wie sich der Mensch als einzelner und gesellschaftlicher angesichts dieser Grundfrage menschlichen Daseins verhalten könne. Wenngleich die Antwortmöglichkeit im Rahmen des aporetischen Agnostizismus in Abrede gestellt werden mußte, konnte doch der Suizid als mögliche logische Konsequenz zurückgewiesen werden. Demgegenüber wurde der Glaube an einen Sinn, näherhin der Glaube an ein Transzendentes, nicht mit gleicher logischer Stringenz abgewiesen: Aufgrund der aporetischen „Zweieindeutigkeit" blieb die objektive Möglichkeit seiner Erfüllung gegeben.

Des öfteren wurde angedeutet, daß der aporetische Agnostizismus Grundlage ethischer Schlußfolgerungen sein könne; — ja, es wurde gesagt, daß er in höherem Maße bestimmten Werten zu entsprechen vermöge als beispielsweise die großen monotheistischen Religionen oder als die empirischen, kritisch-analytischen oder sprach- und kommunikationstheoretischen Theorien. Dieser unbescheidene Anspruch müßte durch einen umfangreichen Traktat über die Philosophie der Praxis eingelöst werden, der hier nicht am Platze ist. Dennoch soll ihm zumindest in einigen kurzen Grundzügen entsprochen werden:

Vielfach mag es scheinen, als habe die Philosophie auf dem Gebiet der Ethik abdanken und diese Aufgabe an die Empirie abtreten müssen. So konnte der Anschein erweckt werden, daß man mit der systematischen wissenschaftlichen Aufarbeitung einer Fülle kontingenter Fakten über menschliches Verhalten, Handeln, über menschliche Bedürfnisse und Neigungen, Aussagen über menschliches und gesellschaftliches Sollen erhalten könne. Diesen Versuchen soll hier nicht nachgegeben werden. Wenngleich davon entfernt, im Sinne Kants moralische Gesetze *apriori* aufzustellen, wollen wir dennoch versuchen, aus den aufgeführten Vernunfterwägungen auf sittliche Grund- und Leitsätze zu schließen, und können uns daher an dieser Stelle an die Prinzipien Kant'scher Ethik erinnern, etwa an die Erläuterungen in der Vorrede zur Grundlegung der Metaphysik der Sitten, wo es heißt:

„Also unterscheiden sich die moralischen Gesetze sammt ihren Principien unter allem praktischen Erkenntnisse von allem übrigen, darin irgend etwas Empirisches ist, nicht allein wesentlich, sondern alle Moralphilosophie beruht gänzlich auf ihrem reinen Theil, und auf den Menschen angewandt, entlehnt sie nicht das mindeste von der Kenntniß desselben (Anthropologie), sondern giebt ihm, als vernünftigem Wesen, Gesetze a priori, die freilich noch durch Erfahrung geschärfte Urtheilskraft erfordern, um theils zu unterscheiden, in welchen Fällen sie ihre Anwendung haben, theils ihnen Eingang in den Willen des Menschen und Nachdruck zur Ausübung zu verschaffen, da dieser, als selbst mit so viel Neigungen afficirt, der Idee einer praktischen reinen Vernunft zwar fähig, aber nicht so leicht vermögend ist, sie in seinem Lebenswandel in concreto wirksam zu machen."[386]

Kant versucht demnach, auch der Moral Prinzipien zu verschaffen, die nicht aus der Erfahrung, sondern aus reiner Vernunfttätigkeit gewonnen sind, um sie somit auf feste, gesetzmäßige Füße zu stellen; — zugleich aber verkennt er nicht, daß eine „durch Erfahrung geschärfte Urtheilskraft" notwendig ist, also doch eine empirische, anthropologische Analyse, um festzustellen, wieweit die aufgestellten Gesetze mit der Wirklichkeit der menschlichen Natur übereinstimmen und in welchem Rahmen ihnen Effektivität zukommen könne.

Wir wollen analog verfahren, indem wir aus obigen Überlegungen verstandes- und vernunftgemäß begründete Folgerungen entwickeln, ohne zunächst eine systematische anthropologische Darlegung voranzustellen, — allerdings auch, ohne dies Bezugsfeld zu ignorieren.

In anthropologisch-biologischer Hinsicht müßte zunächst gefragt werden, ob den Überlegungen ein „monistisches", dicho- oder trichotomisches Menschenbild zugrundeliege (— wir hatten uns eingangs für das trichotomische Modell entschieden —), welche Bedeutung und Wirkkraft den einzelnen Konstituenten (Leib, Geist, Seele) zuzuschreiben sei und welche Rolle das ethisch grundlegende Problem der menschlichen Willensfreiheit spielen solle. Schließlich wäre zu untersuchen, ob dem Menschen bestimmte Grundbedürfnisse und Grund-Neigungen (Nahrungsaufnahme, Aggressio, Liebe, Sexualität), die früher sogenannten „Triebe", wesenseigen sind, wenn ja, wie man diese adäquat bezeichnen könne und in welchem Maße durch sie die moralische intellektuelle Entscheidungsgewalt von vornherein *ad absurdum* geführt würde oder bis zur Unkenntlichkeit begrenzt.

Unter Berücksichtigung all' dessen hat man — vor allem in der modernen Biologie, Ethologie und Ethnologie — im allgemeinen nicht dem klassisch-philosophischen, sondern umgekehrt einem empirisch-analytischen Verfahren den Vorzug gegeben und versucht, aus verschiedenen Erkenntnissen über das „natürliche" Verhalten „des Menschen" Rückschlüsse auf gesellschaftliche Sollenszustände zu ziehen. Dieses empirisch-induktive Verfahren, das aus der Untersuchung des Seienden auf Sein-Sollendes schließen will (bzw. anderen Disziplinen entsprechende Schlußfolgerungen nahelegt), ist indes nicht unproblematisch: Es hat sich, vor allem in der sogenannten Verhaltensforschung, gezeigt, daß die dort nahegelegten oder vollzogenen Schlußfolgerungen aus empirischen Beobachtungen zu einem gewissen (und in ethischer Hinsicht vielfach entscheidenden) Teil von den methodischen Ansätzen, diese wiederum und ihre Wertung von den allgemein weltanschaulichen und anthropologischen Vorstellungen und Vor-Urteilen des entsprechenden Forschers (und seiner getreuen Schüler) geprägt sein können.

So hat man sich in jahrzehntelangen und noch andauernden Kontroversen aus der Sicht der Naturwissenschaftler mit den klassischen Fragen der philosophischen Anthropologie befaßt: ob der Mensch frei sei oder determiniert, gut oder böse, rationalistisch oder voluntaristisch, Produkt des Zufalls oder hingeordnet aufs *Telos*, — und hat sich gegenseitig mit konträren oder kontradiktorischen Thesen und Theorien bekämpft. Dies läßt die philosophische Schlußfolgerung zu, daß es — so notwendig und wichtig die genannten Einzelforschungen auch sein mögen — auf dem empirisch-anthropologischen Wege   a l l e i n   nicht möglich ist, intersubjektiv kommunikable Aussagen über menschliche Grundbedürfnisse und menschliches Grundverhalten und darauf aufbauende ethische Leitsätze zu formulieren. Zwar kann mit Hilfe der Empirie Näheres gesagt werden über die Bedingungen und Voraussetzungen ethischen Verhaltens und die Wirkkraft moralischer Leitsätze, — dennoch kann man sich nicht auf die Naturwissenschaftler verlassen, sondern muß auf seiten der Philosophie das Bemühen rezidivieren, zu grundlegenden Aussagen zu gelangen.

Diese Ansicht teilt eine Gruppe aktueller Denker, die sich einerseits auf Kant, andererseits auf den „Paradigmenwechsel" zur Sprache und Kommunikation berufen und deren ethische Ausführungen daher allgemein als „T r a n s f o r m a t i o n   d e r   T r a n s z e n d e n t a l p h i l o s o p h i e" zusammengefaßt werden: Karl-Otto Apel, Jürgen Habermas und Hermann Krings an erster Stelle.[387]

Apel geht davon aus, daß „die eigentliche Begründung der ethischen Grundnormen und damit der normativen Ethik eine Sache der diskursiv-reflexiven Transzendentalpragmatik" sei, da sie von dem Umstand Gebrauch machen könne, „daß diejenigen, welche die Frage nach der Möglichkeit ethischer Normenbegründung aufwerfen, immer schon notwendigerweise in den geltungsreflexiven Diskurs eingetreten sind."[388] Die allgemeinen Argumentationsvoraussetzungen bergen in sich bereits ein Potential moralisch-praktischer Normen, die diejenigen, die sinnvoll, d. h. mit dem Anspruch auf verständnisorientierte Durchsetzung ihrer Interessen, argumentieren, bereits („*apriori*") akzeptiert haben, bevor sie in den Diskurs eingetreten sind: das Bemühen um die richtige Lösung, um einen vernünftigen Konsens, was beides zugleich die Anerkennung des Anderen als gleichberechtigten, wahrheits- und zurechnungsfähigen Argumentationspartner einschließt. Zugleich unterstellen sie aber bewußt und unbewußt auch die Normen einer unbegrenzten idealen Kommunikationsgemeinschaft und einer idealen Sprechsituation (wie Apel ausdrücklich unter Hinweis auf seine „Letztbegründungsformel" betont[389]). Aus dieser Anerkenntnis der Möglichkeit einer idealen Kommunikationsgemeinschaft folgert er u. a. auch das Bemühen um das konkret-aktuelle Überleben der Menschen (und somit indirekt den „Wert" des menschlichen Lebens, — ohne diesen Ausdruck zu verwenden).[390]

Habermas' rekonstruktiv ansetzende „Universalpragmatik" übernimmt Apels Ansätze, erweitert sie aber in der Hinsicht, daß man hinter den praktischen Diskurs die Zusammenhänge kommunikativen Handelns zurückverfolgen müsse, da schon im konsensuellen Handeln implizit die Möglichkeit praktischer Argumentation vorausgesetzt werde.[391] Das verständigungsorientierte (im Gegensatz zum rein strategischen) Handeln kann — analog zu Apel — seine moralisch-praktischen Implikate nur unter den Voraussetzungen einer Möglichkeit der „idealen Sprechsituation" verwirklichen, die näherhin gekennzeichnet wird durch „Verständlichkeit, Wahrheit, Wahrhaftigkeit und Richtigkeit." Die ideale Sprechsituation aber ist wiederum vom „*Apriori* der unbegrenzten und idealen Kommunikationsgemeinschaft" getragen.[392] Ethisches Handeln wird nach Habermas somit grundsätzlich bestimmt durch die diskursive Argumentation, in der die gegenseitigen Handlungsinteressen zur Geltung gebracht werden; umgekehrt müssen sich Überlegungen zur Begründung der Ethik von sprachlich-pragmatischen Implikaten der Diskurs-, Sprach- und Kommunikationstheorie leiten lassen.

Krings versucht, die „Transzendentalpragmatik" durch die wieder eher an Kant orientierte Frage nach der Bedingung der Möglichkeit der Anerkennung universeller Regeln und nach dem Konstituens der transzendentalen Aktualität von Kommunikation zu hinterfragen. Indem er betont, daß Kommunikation und Diskurs noch nicht an sich und *per se* das Gute und sittlich Verbindliche seien oder bedingten, verweist er — vor allem in der „Transzendentalen Logik" — auf die durch Entschluß, Reflexion und Affirmation gekennzeichnete Freiheit des Subjektes, das — im Unterschied zum Selbstbewußtsein Kants — durch die in sich offene und freie Struktur des Ursprungs der Wahrheit charakterisiert ist. So wird 'Freiheit' stärker als bei Apel und Habermas zu einem transzendental konstitutiven Unbedingten für ethisches Handeln, das seine Funktion aber nur auf dem Hintergrund des im Prozeß befindlichen und nicht-statischen Handlungs- und Kommunikationsgeschehens erhält.

Diese verschiedenartigen Formen einer „Transformation der Transzendentalphilosophie" auf der Basis einer wie auch immer gearteten Sprach- und Kommunikationstheorie stehen nicht in direktem Widerspruch zu der hier in Rede stehenden Konzeption, sondern gleichen ihr sogar in gewissen Voraussetzungen und Folgerungen: Als wichtigste Voraussetzung haben sie mit der Ethik des aporetischen Agnostizismus die Abgrenzung vom radikalen Skeptizismus gemein, der die Vernunft als regulative und letztlich normenbegründende Instanz stets in Frage stellen muß.[393]

Gemeinsam ist auch das Bemühen, die Vernunft nicht nur in ihrem Verhältnis zum (kantianischen) Selbstbewußtsein zu definieren, sondern sie als lebendiges Element eines nicht hintergehbaren kommunikativen Prozesses zu begreifen. Auf diese Weise wird sichergestellt, daß die grundsätzlichen Fragen des Menschen in einem Raum verständigungsorientierter Diskussion behandelt und einem zumindest potentiellen Vernunftkonsens der Diskursteilnehmer zugeführt werden können (wenngleich — dies wird bei den genannten Theoretikern meist weniger beachtet — wohl kaum einem emotional-psychischen Konsens der Partizipanten). Zudem wird die Fähigkeit der Vernunft definiert und unterstrichen, ihre eigenen historischen und anthropologischen Bedingungen und Voraussetzungen kritisch mitzureflektieren.

Als Folgerung teilen wir in gewisser Weise die Ansicht, daß die Anerkennung dieser Voraussetzungen zugleich zur Formulierung einiger ethischer Grundnormen führen muß, daß es — nach Apel — so etwas gibt wie eine (basale) „Ethik der Logik": Hierzu zählt die Anerkenntis der Anderen als gleichberechtigter, vernunftbegabter und wahrheitssuchender Gesprächspartner („Diskursteilnehmer"), somit das freiheitliche Gewährenlassen ihrer Argumentation unter Ausschluß von Gewalt und Repression („repressionsfreier Diskurs") und das gemeinsame Bemühen um vernunftgeleitete Klärung divergierender Problemlösungsvorschläge. Dies steht in Einklang mit den unten noch näher auszuführenden agnostischen Überlegungen, denenzufolge die vernunftbegründete Urteilsenthaltung in metaphysischen Grundfragen zur Anerkennung anderslautender Ansichten, mithin zur Toleranz und zur (gesellschaftlichen) Freiheit führen müßte und sollte.

Dennoch sind wir der Ansicht, daß diese kommunikationstheoretischen Ansätze einer umfassenden Ethik zu wenig tiefgreifend sind und zugleich zu viel Voraussetzungen in den Argumentationsgang mit einbringen. Alle drei Genannten gehen von der Kommunikation, vom Diskurs, als Ort vernunftgeleiteter Interessendurchsetzung bereits aus, bzw. von dem Dreischritt: Der Erkenntnis liegen leitende Interessen zugrunde. — Diese Interessen führen zur Formulierung bestimmter Werte. — Diese Werte führen zu gesellschaftlichen Normen als Mittel ihrer Durchsetzung. Zudem lassen sie sich hierbei primär vom verständigungsorientierten Kommunikationshandeln leiten, während die „strategische" (d. h. zielgerichtete, verlogene, unaufrichtige) Argumentation mehr oder weniger als defizienter Modus der „eigentlichen" Kommunikation abgetan wird. Es wundert nicht, daß bei einer solchen Fülle sprach- und kommunikationssoziologischer Vorgaben — wie sie freilich erst durch exakte und gründliche Untersuchungen genauer erwiesen werden müßten — schließlich die geforderte Kommunikation all' jene Normen und Werte widerspiegelt, die bereits in sie hineinprojiziert wurden: Wahrheit, Wahrhaftigkeit, Vernünftigkeit, Anerkennung, Toleranz etc. Es stellt sich die Frage, ob aus der internen Logik des Diskurses tatsächlich wesentlich mehr deduziert werden kann als die oben so genannte „(Minimal)-Ethik der Logik", die nur auf der gegenseitigen Anerkennung

logischer Regeln und deren praktischer, zielgerichteter Anwendung, beruht.
Nur mit Mühe und schwer zu vermittelnden Ableitungen versuchen Apel
und Habermas zu erläutern, wieso auf dieser Basis eine „ideale Kommunikationsgemeinschaft" (utopisch) antizipiert sei oder gar, wie man zum
humanitären Impetus gelangen könne, daß das (Über)Leben des Menschen
(als Individuum und als Gattung) normative Forderung sei.[394]

In jeder Hinsicht fraglich muß auch die recht häufige Verwendung an-
spruchsvoller Begriffe wie „transzendental" oder „universal" sein: Kann
man von einem *sensu stricto* transzendentalen Ansatz sprechen, wenn als
Bedingung der Möglichkeit von Erkenntis die immer empirisch-aposterio-
risch vorfindbaren Sprachzusammenhänge gewählt werden? Wieweit hilft
die Berufung auf die „Pragmatik" über die Schwierigkeiten hinweg, die mit
der Verwendung des Wortes „Transzendentalpragmatik" verbunden sind?
Wenn die Sprache bzw. Kommunikation in etwa jene Wichtigkeit erlangt
wie das (kantianische) Bewußtsein und wenn der Vorgriff auf die „ideale
Kommunikationsgemeinschaft" in etwa den Rang des (kantianischen)
kategorischen Imperativs einnimmt, dann muß man eine schärfere Abgrenzung des Apriorischen vom Aposteriorischen verlangen und die „Bedingung
der Möglichkeit von" unabhängig von empirischen Erhebungen zu formulieren suchen.

Indem Habermas die Bezeichnung „Transzendental-" fortläßt und sie
durch „Universal-" ersetzt, zeigt er die diskursinternen Schwierigkeiten
um diese Begriffe deutlich an. Indes läßt der Titel „Universalpragmatik"
ebensoviel Fragen offen wie der der „Transzendentalpragmatik": Bezieht
sich die Universalität auf den gesamthistorischen Prozeß (darauf könnte
Habermas' geschichtliche Unterscheidung von präkonventioneller, konven-
tioneller und postkonventioneller Phase der moralischen Entwicklung hin-
deuten), auf die Universalität einer (wie beschaffenen?) Vernunft oder gar
(was zu befürchten ist) auf die Universalität des allgemeinen Geltungs-
anspruchs?

So läge die Überlegung nahe, ob man der kommunikationstheoretisch
orientierten Normenbegründung nicht mit ähnlichen Argumentationsformen begegnen könne wie dem ontologischen Gottesbeweis: Bei jenem
wurde *apriori* ein Begriff Gottes konzipiert (*quo maius nil cogitari potest*),
der in sich bereits so viele absolute Vorstellungen abdecken mußte, daß es
in der argumentativen Schlußfolgerung nicht schwer war, aus diesen Vorstellungen auch die des notwendigen Seins (als integralen Bestandteils der
Vollkommenheit) herzuleiten. Die Kommunikationstheoretiker konzipieren
dagegen *apriori* eine ideale Sprach- und Kommunikationstruktur, die in sich
bereits eine Menge idealer Vorstellungen abdeckt (Verständlichkeit, Wahrheit, Wahrhaftigkeit, Richtigkeit), daß es nicht schwer wird, hieraus notwendigerweise ethische Normen zu deduzieren, denen man ein schlecht ge-
spieltes „*heureka*" zurufen kann. In beiden Fällen ist die reale Diskrepanz
zwischen gedachtem und wirklichem Sein nicht hinreichend beachtet.

Aus diesen (und anderen) Gründen wollen wir an dieser Stelle den ethischen Neuansatz weder auf einer empirischen, noch auf einer kommunikationstheoretischen Basis fußen lassen, — ganz zu schweigen von den anderen verschiedenen Ansätzen (Kritischer Rationalismus, Konstruktive Wissenschaftstheorie, Vertragstheorie Rawl's oder einfache Rekonstruktionen historischer Vorgaben), die hier für eine nähere Würdigung nicht in Betracht kommen. Betont werden soll dennoch, daß Empirie und Sprachtheorie — wenngleich nicht für die Grundlegung — so doch für jede nähere Ausarbeitung und Entfaltung einer Ethik von größter Bedeutung sein werden. Die Empirie hilft, die anthropologischen Wünsche, Neigungen und Bedürfnisse („Triebe") zu umschreiben und zu erkennen und das zu erwartende Verhalten des Menschen realistisch einzuschätzen. Dadurch wird das ethisch Sein-Sollende in einen konkreten Rahmen gestellt und werden die Glücksvorstellungen (in hedonistischer Sicht) vor Illusionen bewahrt. Die Kommunikationstheorie hilft zu verstehen, daß bereits die (interne) ethische Vernunftreflexion von normativen Vorgaben geprägt ist, die ein Minimum an ethischen Folgerungen einschließen (Ethik der Logik). Sie vermag zugleich die Reflexionen über Toleranz, Freiheit und Gerechtigkeit in den sprachlichen und diskursiven Zusammenhang einzuordnen, in dem sie sich immer schon bewegen und in welchem sie für eine Interpretation in Richtung (positiver) Utopie offenstehen.

6.2. Voraussetzungen und Grundfragen einer agnostischen Ethik

Die agnostische Ethik beansprucht, grundsätzlicher und entschiedener anzusetzen als die empirischen und kommunikationstheoretischen Versuche. Sie führt die Vernunft auf das reine Faktum des Nicht-Erkennen-Könnens zurück, das seine Gültigkeit aus der Struktur und Potenz der menschlichen Erkenntnisleistung bezieht und somit in gewisser Weise ein kognitives *Apriori* darstellt. Sie betont die Möglichkeit, unabhängig von empirischen Befunden aufgrund der Selbstreflexion der Vernunft zu der Einsicht gelangen zu können, daß in metaphysischer Hinsicht die menschliche *Ratio* zur *Epoché* genötigt ist. Die indispensable und nicht hintergehbare Kommunikation gewinnt hierbei primär maieutische, weniger generative Funktion: Sie dient im logischen Diskurs zur Klarstellung der Grenzen und Möglichkeiten der *Ratio* und somit zur Erlangung des agnostischen Standpunktes. Bestimmte materialethische Voraussetzungen, die über eine „Ethik der Logik" hinausgingen, werden nicht benötigt. Insofern träfe sich diese Vorgehensweise enger mit derjenigen Kants als die der besagten „Transformationsphilosophen". Ausdrücklich aber wollen wir betonen, daß wir vorliegenden Ansatz nicht mit Begriffen wie „transzendental", „universal" etc. schmücken wollen. Nennen wir ihn, weil er uns konsequent aus vorliegendem

Zusammenhang hervorzugehen scheint, den Ansatz zu einer „agnostischen Ethik". Eine solche Ethik ist zwar weder von vornherein mit einer Fülle kontingenter empirischer Daten behaftet noch vom Ensemble kommunikationstheoretischer Voraussetzungen belastet, dennoch ist auch sie keinesfalls eine voraussetzungsfreie Deduktion logisch-intern entwickelter Denkprozesse; so etwas gibt es nicht.

Sie weist einige wichtige Voraussetzungen und „Grundentscheidungen" auf, die zwar rational begründet werden können, aber dennoch einer — niemals rein logisch ableitbaren — subjektiven Setzung bedürfen. Wilhelm Weischedel hat in seiner „Skeptischen Ethik" v i e r „Grundentschlüsse" aufgezählt: zum Skeptizismus, zur Freiheit, zum Dasein und zur Gestaltung des Daseins.[395] Wir wollen versuchen, diese Gedanken auf vorliegenden Zusammenhang zu übertragen:

Den ersten „Grundentschluß", den zum „Skeptizismus", formulieren wir entsprechend vorliegender Terminologie um in „Grundentschluß zum Agnostizismus", indem wir präzisierend ergänzen, daß es sich, genauer gesagt, nicht um eine „Grundentscheidung zum Agnostizismus" handelt, sondern um eine Grundentscheidung für ein philosophisch-logisches Denken, das konsequent zum metaphysischen Agnostizismus führt. Eine Hinwendung zu einer solchen Art des Denkens ist aber nie in irgendeiner Form notwendig bedingt, sondern bleibt subjektive Leistung des denkenden Menschen, persönliche Entscheidung, zu der der eine fähig oder willens ist, der andere nicht. Die „choix" zugunsten des rationalen, kritisch-abwägenden Denkens, das zum Agnostizismus führt, kann nie eine verbindliche Entscheidung sein, sondern muß stets Sache des existenziellen Engagements bleiben. Es gibt keine „objektive" Instanz, die denjenigen, der sich der reinen Ratio zu entziehen sucht (östliches Denken, Heidegger etc.), auf den rechten Pfad der denkerischen Logik zurückführen könnte. Somit ist eine Grundentscheidung zum Agnostizismus zugleich eine solche zur Logik. Sie schließt das ein, was wir oben im Anschluß an die Überlegungen Apels und Habermas' als „Ethik der Logik" bezeichnet haben. Die Tatsache, daß ich in eine logische Unterhaltung mit Anderen eintrete, setzt Verschiedenes voraus und hat Verschiedenes zur Folge: Es setzt die Anerkenntnis von Regeln voraus (somit eine „normenfreundliche" Grundhaltung), die Anerkenntnis von Gesprächspartnern als ernstzunehmenden, prinzipiell gleichberechtigten, verständigungsbereiten, aufnahme- und zurechnungsfähigen Subjekten (somit eine Grundbereitschaft zur Toleranz und Freiheit) und die Absicht, ein konsensfähiges Diskussionsergebnis zu erzielen (somit eine nicht-repressive, nicht-strategische Friedensbereitschaft). Dies alles bedeutet zwar noch keine klare, ausgeprägte Theorie über Toleranz, Freiheit, Gemeinschaft etc., ist aber eine deutliche Vorgabe für die grundsätzliche Richtung der ethischen Diskussion. Somit setzt ein „Grundentschluß zum Agnostizismus" — im Gegensatz zu einem Entschluß zum Skeptizismus — keimhaft bestimmte Tendenzen einer daraus folgenden Ethik voraus.

Auch die zweite Grundentscheidung wurde von Weischedel bewußt un-korrekt und damit an-stößig formuliert: Eine „Grundentscheidung zur Freiheit" kann es nicht geben, da es entweder die Freiheit als solche gibt — dann braucht man sich nicht für sie zu entscheiden —, oder eben nicht gibt, — dann nützt auch keine noch so vehemente Entscheidung zu ihren Gunsten. Korrekter müßte es demnach — analog zur ersten Grundentscheidung — heißen: „Entscheidung für die philosophische These der menschlichen Willensfreiheit". (Diese Entscheidung haben übrigens die besagten Kommunikationstheoretiker vorweg getroffen, machen sie aber nur im Einzelfall — Krings — hinreichend deutlich). Die Entscheidung für diese philosophische Aussage bleibt aber letztlich Sache persönlicher Überzeugung; auch das Freiheitsproblem ist ein solches der *Agnosis*. Sosehr man sich auch bemühen mag, ist es letztlich nicht möglich, menschliche Willensfreiheit (*liberum arbitrium*) und damit Freiheit zum verantwortlichen, sittlichen Handeln zu „beweisen". Gegenüber radikalen Fatalisten, Deterministen und Materialisten bleibt der Philosoph der Freiheit machtlos. So muß die unbeweisbare Voraussetzung, daß der Mensch prinzipiell — trotz aller Einschränkungen — zu Akten freiheitlichen Handelns ermächtigt sei — einer wie folgt konzipierten ethischen Überlegung vorausgehen.

Die dritte Grundentscheidung ist jene zum Dasein selbst. Wir wiesen bereits darauf hin, daß der Agnostizismus in seiner reinen Gestalt den philosophischen Suizid zwar abweist, daß dieser im Falle unerträglicher Lebensbedingungen aber nicht von vornherein ausgeschlossen werden könne. Somit setzt der agnostische Ethiker für sich selbst die Annahme, daß sein Leben aufrechtzuerhalten sei. Auch eine solche Entscheidung aber ist, — da sie von zahlreichen äußeren und inneren Faktoren abhängig ist — wiederum Sache subjektiver Setzung und daher Vorbedingung für eine theoretische Entfaltung ethischer Prinzipien.

Hieraus folgt nach Weischedel nun die vierte der Grundentscheidungen: die zur Gestaltung des Daseins. Damit entscheidet er sich gegen ein planloses, dandyhaft-ironisches Umhergetriebensein in der Welt und für eine konkrete Inangriffnahme der Probleme ethischer Praxis. Auch eine solche grundsätzliche Entscheidung ist nicht selbstverständlich und notwendig und resultiert nicht geradewegs aus skeptischen und agnostischen Überlegungen. So setzt auch sie eine nicht rein logisch zu verankernde Hinwendung des ganzen Menschen voraus.

Somit erweist sich der aporetische Agnostizismus auch als eine Art von „Glauben" im weitesten Sinn. Er setzt den Glauben an das Denken, an die Freiheit, an sich selbst, an das praktische Handeln, voraus, bevor er ethische Konkretionen vornimmt. Diese grundsätzlichen Prinzipien strukturieren und definieren sein Denken und Handeln trotz aller vorausgesetzten Offenheit. Hierdurch unterscheidet sich der Agnostiker vom Skeptiker und Nihilisten: Der entschiedene Skeptiker müßte es ablehnen, von derartigen Grundentscheidungen auszugehen und würde sich stattdessen durch stetes,

beharrliches Weiterfragen und In-Frage-Stellen voran- bzw. im Kreise herum-
treiben, ohne je zu einem Ende zu gelangen. Er könnte somit auch nie einer
anderen praktischen Tätigkeit als der des philosophischen Fragens selbst
nachgehen.[396] Der konsequente Nihilist wiederum würde aus den Forderungen zu Grundentscheidungen den Schluß ziehen, daß weder eine empirische noch eine rationale Begründung der Ethik möglich ist und somit einer
apodiktischen Negation aller Werte und aller ethischen Bemühungen das
Wort reden. So versucht der aporetische Agnostizismus, gangbare Wege jenseits von Religion, Skeptizismus und Nihilismus zu beschreiten.

6.3. INDIVIDUELLE PRAXIS

Die besagten „Grundentscheidungen" sind solche des denkenden und zum
Handeln bereiten Individuums. Sie haben Bedeutung für die praktische
Gestaltung sowohl der jeweils einzelnen als auch des gesellschaftlichen
Lebensvollzuges. Dementsprechend sind auf zwei Ebenen Konsequenzen
zu ziehen, die sich einander nicht ausschließen, sondern ergänzen: Individuelle Praxis ohne gesellschaftlichen Bezug bleibt unvermittelt, steril und
inkonsequent; gesellschaftliche Praxis ohne Bindung an individuelle Reflexion bleibt theoretisch, unverwurzelt und ohne Halt.

6.3.1. Ataraxia

„Die Skepsis", so hatten wir eingangs Sextus Empiricus zitiert, „ist die
Kunst, auf alle mögliche Weise erscheinende und gedachte Dinge einander
entgegenzusetzen, von der aus sie wegen der Gleichwertigkeit der entgegengesetzten Sachen und Argumente zuerst zur Zurückhaltung, danach zur
Seelenruhe gelangen."[397] Das Verfahren, beide sich widersprechenden Ar-
gumentationen einander gegenüberzustellen und dann bezüglich des Urteils
Enthaltung — Epoché — zu üben, — das wir im Prinzip der hier vorgelegten
Behandlung der Sinnfrage zugrundegelegt haben — soll in der Tat zur „Unerschütterlichkeit", Seelenruhe — Ataraxia — führen, ja auf diese als ihr
eigentliches Ende abzielen. Die Ruhe tritt ein, weil der Skeptiker (Agnostiker) sich nicht mehr durch das Wechselbad von Pro und Contra erschüttern
läßt, den nutzlosen Streit von These und Antithese vermeidet, die unentwegt
auf- und niedergehenden Waagschalen beider Seiten anhält und als „ehrli-
cher Makler" der Philosophie schiedsrichterliche und ausgleichende Funk-
tionen übernimmt. Der, der Enthaltung übt im Urteilen, wird nicht zum
Missionar seines „Glaubens" werden und nicht solange ruhelos sein, bis er
seine Überzeugung so vielen Menschen wie möglich verkündet hat; er wird
nicht zum Glaubenskrieg ausziehen oder sich selbst zum Martyrer erklären
lassen, sondern er wird in innerer Souveränität und Unerschütterlichkeit die

„*tranquillitas animi*", das selige Lächeln des Buddha, zu erreichen streben. Er sucht die Ruhe im Nichtwissen, die Ausgeglichenheit in der *Epoché*, die Gelassenheit in der Unparteilichkeit.

Es liegt zunächst der Einwand auf der Hand, daß eine solche *Ataraxia* — angesichts des Wissen ums Nichtwissen — nicht auf dem mühseligen Marsch philosophischer Reflexion gewonnen zu werden bräuchte, sondern sich, da der Philosoph eingestandenermaßen nicht mehr wisse als der Nicht-Philosoph, auch im alltäglichen Lebensvollzug einstellen könne. Dies mag sich in der Tat bei dem ein oder anderen Menschen so oder ähnlich verhalten; dennoch besteht ein Unterschied zwischen demjenigen, der den dornigen Weg der Reflexion, des Zweifels, der Hoffnung, geht und dem, der diesen ausspart: Es ist der Unterschied zwischen dem Wissen ums Nichtwissen und dem einfachen Nichtwissen. Das metaphysische Bedürfnis, der innere Drang, bis ans Ende des Fragbaren zu fragen, hat die Eigentümlichkeit, daß es ebenso gestillt werden muß wie das physische, wenn der ganze Mensch seinem Anspruch und seiner Veranlagung gemäß (*katá physin*) leben will. Es führt zwar zu keinem greifbaren, materiell gesicherten Ergebnis (insofern relativ zu Nichts), aber dennoch zu einer subjektiven Entscheidung in Hinblick auf das eigene Leben. Derjenige, der sich diesem Reflexionsprozeß unterwirft, hat somit das Nichtwissen ums Nichtwissen, d. h. das dumpfe, unbefriedigte, brodelnde, amorphe Gefühl der einfachen und totalen Ignoranz, verwandelt in das (sokratische) Wissen ums Nichtwissen, d. h. in die dialektisch diskutierte, analysierte und geordnete Reflexion der Grenzen und Möglichkeiten menschlicher Erkenntnisfähigkeit und der daraus herzuleitenden Konsequenzen für das individuelle wie gemeinschaftliche Leben. Diese Differenz k a n n sich körperlich in derjenigen zwischen Ruhe, Ausgeglichenheit auf der einen und Neurotik, Rastlosigkeit auf der anderen Seite äußern.[398]

Der zweite Einwand betrifft die Differenz von Theorie und Praxis. Es liegt auf der Hand, daß die *Ataraxia* ein Zustand ist, der in der Praxis nur von einer geringen Minderheit erreicht wird. Natürlich ist der Agnostizismus kein Garant für *Ataraxia* oder auch nur der sicherste und leichteste Weg zu ihr. Zuviele gesellschaftliche, kulturell-traditionelle und persönliche Momente können dem im Wege stehen. Vor allem dürfte ein solcher Zustand in jenen kulturellen Breiten wesentlich schwieriger zu erreichen sein, die von Aktivismus, Erwerbsdenken und Aggression geprägt sind — wie etwa die westliche Welt — als in Gebieten, die seit Jahrtausenden an der Vertiefung und Verfeinerung bestimmter Meditationsmethoden arbeiten. Dennoch möchten wir betonen, daß ein Mensch, der in seinen wesentlichen Denk- und Lebensvollzügen von den Grundgedanken des aporetischen Agnostizismus beherrscht wird, notwendigerweise (auch ohne explizite Reflexion dieses Tatbestandes) wichtige Schritte in Richtung *Ataraxia* lenken wird; — umgekehrt daß ein Mensch, der auf anderem Wege „Seelenruhe" erlangt hat (etwa durch Meditation), in seinen theoretischen Äußerungen dem Agnostizismus recht nahe stehen wird.

6.3.2. Glück

Epikur zählt neben der *Aponía* (Freisein von Schmerz) die *Ataraxía* (See-lenruhe) zu den beiden Hauptzwecken des Glückseligkeitsstreben: Eng ver-bunden erscheint somit die Unerschütterlichkeit mit dem Glück. Eine solche Glückslehre (Hedonismus) hat schon realistisch-resignativ in Rechnung ge-stellt, daß das Glück besser negativ-defensiv definiert werden kann als positiv-material und daß es nur als relatives zu realisieren ist.

Dies veranschaulicht recht gut die Gegenüberstellung mit der positiven Definition Kants, nach welcher Glück „als die Befriedigung aller unserer Neigungen (sowohl extensive der Mannigfaltigkeit derselben, als intensive, dem Grade und protensive der Dauer nach)"[399] verstanden werden kann. Gemäß einer solchen Definition aber kann es niemals ein vollständiges, sondern höchstens ein relatives Glück für den Menschen geben. Denn der Befriedigung all' unserer Neigungen stehen die prinzipiellen Begrenzungen entgegen, die dem Menschen wesenseigen ist. Es sind dies nur einige wenige, die aber kräftig genug sind, die Erfüllung des Glücksverlangens zu sabotieren: Das Bewußtsein von der Begrenztheit der zeitlichen Dauer der Existenz; das Bewußtsein von der Begrenztheit der intellektuellen Fähigkeit, vor allem der Erkenntnisfähigkeit; das Bewußtsein von den Grenzen der Freiheit (sowohl der Willensfreiheit als auch der gesellschaftlichen Freiheit) und vielleicht noch viertens (wenn dies nicht ein Ausfluß des ersten Punktes ist) das Bewußtsein von den Grenzen des Glücks(gefühls).

Diese vier Begrenzungen gleichen schweren Ketten, mit denen d e r Mensch – j e d e r Mensch, unabhängig von seiner sozialen und historischen Situation – kraft seines Wesens von Geburt an gefesselt ist und an welchen in Empörung zu zerren zwecklos ist. Demnach könnte selbst ein Mensch, dem alles zukäme, was es an innerweltlicher Erfüllung seiner seelischen, intellektuellen und körperlichen Bedürfnisse gäbe, niemals hundertprozentig glücklich genannt werden, weil auch er vom Schmerz über die Grenzen seines zeitlichen Daseins; von der Verzweiflung, nicht wissen zu können; von der Empörung, nicht alles tun zu können, was er will, und von der Trauer über den vorschnellen Verlust höchsten Gefühls bedroht wäre. Der Agnostizismus fördert die Einsicht in diese Begrenzungen und somit wiederum die („stoi-sche") Aufforderung, das Unabänderliche nicht ändern zu wollen und die Energie auf das Änderliche zu konzentrieren.

Auf zweifachem Wege führt der Agnostizismus somit zur Lehre vom re-lativen Glück: Einmal begünstigt er direkt die Erkenntnis der grundsätzli-chen Begrenzungen menschlichen Daseins, die die Hoffnung auf absolute Glückserfüllung als schlechte Illusion entlarven; zum anderen weist er über die *Ataraxia* in dieselbe Richtung, die er als die ihm angemessene innere Haltung favorisiert. Hier wiederum schließt sich der (epikureische) Gedan-kenzirkel, daß die *Ataraxia* notwendig zur Erlangung des wahren (d. h. rela-tiven) Glücks ist.

Auch hier gilt es allerdings, den Satz der Unumkehrbarkeit zu beachten: Die Aussage, daß der aporetische Agnostizismus zur *Ataraxia* und zur Erlangung des relativen (d. h. wahren) Glücks führen kann, besagt nicht, daß beides nur auf dem Weg über ihn erreicht werden könne. Außerdem ist mit Voranstehendem nicht gesagt, daß das Glück bereits mit Hilfe von Einsicht und Seelenruhe erlangt sei: beides sind zwar notwendige, aber keine hinreichenden Voraussetzungen für relative *Hedoné*.

6.4. GESELLSCHAFTLICHE PRAXIS[409]
6.4.1. Das menschliche Leben

Der 'Sinn' des Lebens ist das (Weiter)Leben als Schild gegen die Unvernunft, gegen die nicht mehr vernunftgemäß begründete und begründbare Glaubens-Alternative (Entweder–Oder). Damit bejaht auch der Agnostiker in gewisser Weise einen residualen Wert, den des Lebens. Er hält es für sinnvoll zu leben, nicht weil er einen Zweck und ein Ziel des menschlichen Daseins konstituiert und akzeptiert hätte, sondern weil er keinen hinreichenden Vernunftgrund namhaft machen kann, der die philosophische Lebensbeendigung rechtfertigen könnte und weil er an der Hoffnung und Möglichkeit festhält, daß die menschliche Existenz auf transzendenter Ebene zur Aufhebung und Erfüllung gelangen könne. Der Wert, der logischerweise dem Leben zugebilligt wird, ist kein materiell bestimmbarer, anerkannter oder feststehender (Glaubens-)Wert, sondern ein Ergebnis logischer Untersuchung und rationaler Hoffnung. Er ist kein Wert als ob, kein Als-Ob-Wert im Sinne einer pragmatischen Fiktion explizit zugrundegelegter Wertlosigkeit, sondern – *sit venia verbo* – ein „Quasi-Wert", ein Wert, der gerade wegen der M ö g l i c h k e i t seines Unwertes behandelt werden muß wie ein herkömmlicher realer Glaubenswert. So ist er aber zugleich der Grundwert des Agnostikers, auf dem er die anderen ethischen Aussagen fußen lassen muß.

Die Formulierung von Grundwerten muß davon ausgehen, daß diese prinzipiell und tendenziell für alle Menschen kraft ihres Menschseins einsichtig und gültig sein können.[401] Dies muß auch für die agnostische Bestimmung des Grundwertes des Lebens gelten: Wenn man bedenkt, daß die vorgetragenen Überlegungen grundsätzlichen Wert auf Leistungskraft der menschlichen Vernunft legen, dann ist es nicht abwegig, allen Menschen die prinzipiell gleichen Möglichkeiten ihrer Vernunftentwicklung zuzuschreiben (ohne daß man ihnen damit schon einen gleichen Grad von Intelligenz zubilligen müßte). Dieses Maß an Vernunft und Intellekt aber, das nötig ist, die Sinnfrage in irgendeiner Form zu reflektieren, soll allen Menschen zugeschrieben werden (– wobei die Form, in der diese Reflexion und Artikulation stattfinden kann, von den jeweils spezifischen soziokulturellen und anthropogenen Prädispositionen abhängig ist). Demnach soll angenommen werden, daß alle Menschen im Grunde in der Lage sind, die Sinnfrage denkerisch zu bewältigen und eine der drei Haltungen zu beziehen: Glaube, Nihilismus oder Agnostizismus. (Damit ist natürlich nicht gesagt, daß auch alle Menschen zu einer solchen Stellungnahme willens sind). Wenn man nun aber gewisse Invarianten der Vernunft annehmen darf, die auf dem grundsätzlichen Interesse des Menschen an seinem Leben und an der Frage nach dem Sinn seines Lebens basieren, dann führt dies zu der Annahme, daß die verschiedenen Ausdrucksformen der jeweiligen Antworten in verallgemeinerter Form für a l l e Menschen Gültigkeit haben. Demnach wird davon ausgegangen, daß auch die Folgerungen, die sich gegen eine eineindeutig bestimmbare Lebensbeendigung und für die Aufrechterhaltung der Möglichkeit eines transzendenten Sinngaranten engagierten, in gewisser Weise von allen Menschen nachvollzogen werden könnten. Damit ist die Plausibilität der aporetisch-agnostischen Bestimmung des Werts des menschlichen Lebens als allgemein-menschlicher Grundwert gesichert (natürlich nicht „bewiesen" im Sinne eines naturwissenschaftlichen Beweisverlangens).

Die unmittelbare Schlußfolgerung aus diesem Grundwert ist aber diese: Der Agnostiker lehnt eine Praxis ab, die die Tötung anderer legitimiert oder die leichtfertig mit dem Leben anderer umgeht. Dies kann bereits der Fall sein, wenn allzu weitgefaßte Bestimmungen zu Unklarheiten über die Bewahrung des menschlichen Lebens zu Beginn oder am Ende der jeweiligen individuellen Existenz führen. Dies muß ebenfalls dann gelten, wenn staatliche Gemeinschaften offenkundige Aggressionspolitik betreiben und durch Aufrüstung die Kriegsgefahr verschärfen. Die Frage, wann die gesetzlichen Bestimmungen als „allzu weitgefaßt" anzusehen seien oder in welchem Fall die Militärpolitik aggressiv und gefährlich sei, kann zumindest in jenen Fällen beantwortet werden, wo die historische Erfahrung die mangelnde Sicherheit des menschlichen Lebens unter vergleichbaren Umständen beweist. Eine letzte Klarheit allerdings, welche konkreten ökonomischen und gesellschaftlichen Strukturen auf diesem Hintergrund abzulehnen und welche wiederum anzustreben seien, kann mit Hilfe der Philosophie auf dieser Basis noch nicht gewonnen werden. Hier ist in jedem Fall das zu berücksichtigen, was unten zu Toleranz, Gerechtigkeit und Freiheit gesagt werden wird.

6.4.2. Toleranz

Wenn es richtig ist, daß man bestimmte Weltanschauungen, Ideologien, Glaubensrichtungen, Sinnpostulate, nicht als entweder wahr oder falsch bezeichnen kann, so folgt, daß sie nicht gesellschaftlich normativ und verbindlich festgeschrieben werden können. Der Agnostiker wird — ebenso wie der Skeptiker — um die Grundhaltung der Offenheit bemüht sein. Dies schließt ein, daß er nicht in den Fehler verfallen darf, sich selbst und seinen Agnostizismus absolut zu setzen und alle anderen Lebensentwürfe als minderwertig abzukanzeln. Er kann und darf sich nicht selbst als den fraglos richtigen Denker und Menschen empfinden, sondern muß sich ebenso der Frage und der Fraglichkeit unterwerfen wie den jeweils anderen, dem er gegenübersteht und dessen Ansprüchen, Anliegen und Bedürfnissen er sich öffnet.[402] Der Agnostiker, der demnach weit entfernt ist von der Rolle des Weltenrichters (*arbiter mundi*), wird die Offenheit praktisch als Toleranz verwirklichen, als Toleranz im eigentlichen Sinn des Geltenlassens, als bereitwilliges und interessiertes Hinnehmen, und nicht als desengagiertes *Laissez-Faire* oder bigotte Ohnemichelei. Der aporetische Agnostizismus erfordert somit Gedanken- und Religionsfreiheit, Freiheit aller Weltanschauungen, aller politischen und persönlichen Ansichten; er erfordert die individuelle, rassische, sexuelle, soziale und wirtschaftliche Toleranz. Staatsreligion und Inquisition, Verfolgung und Folter Andersgesinnter, Verfilzung von Gesellschaft und Kirche, Religion und Macht, Bildung und Ideologie (im weiteren Sinne als interessengeleitete legitimierende Indoktrination) lehnt er ab.

So kann diese passiv scheinende Toleranz, die kein absolutes Gewährenlassen ist, sondern ein positiv gefaßtes Freisetzen und Freigeben, ein aktives Potential entfalten. Man stelle sich konkret vor, was es bedeuten würde, wenn irgendein Staat dieser Erde (so weit man sehen kann, gibt es keinen, auf den dies bereits zuträfe) mit den hier angedeuteten Prinzipien Ernst machen würde; — dann würde einsichtig, daß der aporetische Agnostizismus zu vielfältigen Veränderungen führen würde, die den abgegriffenen Namen 'Revolution' verdienten.

Eine besondere Schwierigkeit ergibt die Aussage, daß der passiven Toleranz als *Laissez-Faire* die aktive Toleranz als Eintreten gegenüber der Intoleranz an die Seite zu treten habe.[403] Wie man mit tausenden von Beispielen aus der geschichtlichen Vergangenheit belegen kann, versuchten und versuchen Inhumane und Intolerante vielfach, die Bemühungen der Toleranten zu durchkreuzen. Hier nun muß die passive in aktive Toleranz umschlagen: Die Unvernunft, die mit brutaler und bracchialer Gewalt vorgeht, kann von der Vernunft des wissenden Nichtwissens nicht hingenommen werden. Somit kann keine Einzelperson oder Gruppe geduldet werden, die mit körperlicher oder unerträglicher institutioneller Gewalt gegen andere eine bestimmte partikulare Weltsicht mit Absolutheitsanspruch durchzusetzen bemüht ist. Gerade diejenigen sind die gefährlichsten Gegner der Toleranz, die im Namen der Wahrheit aufzutreten vorgeben, mit dem Anspruch und der inneren Überzeugung, hierunter alle Menschen auch gegen deren Willen zu vereinnahmen. Der Agnostiker weiß um die Unvernünftigkeit und letztliche Unbegründbarkeit totalitärer Ideensysteme und muß alle ihm gegebenen Möglichkeiten ausschöpfen, um dem ein Ende zu gebieten. Sinnbejahungs- und Verneinungsformen mit Tendenz zur Totalität neigen — zumal wenn sie von innerer Glaubensüberzeugung (Fanatismus) getragen sind — zur Intoleranz und nehmen dabei meist die Tötung anderer oder ihrer selbst in Kauf: Dies widerspricht den erkenntnistheoretischen Prämissen des Agnostikers ebenso wie seiner ersten gesellschaftlichen ethischen Bestimmung, dem Schutz des menschlichen Lebens. So ist Toleranz nicht als das Martyrium des Einfältigen mißzuverstehen.

Festzuhalten bleibt jedoch, daß die Toleranz zwar aktiv, aber nie aggressiv sein soll; zwar effektiv, aber nicht gewaltsam; zwar defensiv, aber nie offensiv; zwar zielgerichtet, aber nicht zerstörerisch; zwar überzeugt, aber nicht brutal. Indem die Vertreter der Toleranz den Intoleranten als Menschen achten und respektieren (wer es mag, kann ihn auch „lieben"), verwahren sie sich zugleich gegen den Einsatz seiner Mittel und suchen nach neuen, gewaltfreien Wegen der Überzeugung oder des Widerstandes. Verschiedene soziologische Überlegungen zum gewaltfreien Widerstand oder zur Funktion des repressionsfreien Diskurses haben bereits versucht, Prinzipien der Toleranz zu konkretisieren und sind schon teilweise mit Erfolg realisiert worden.[404]

6.4.3. Freiheit

Toleranz und (gesellschaftliche) Freiheit (zur Willensfreiheit vergleiche die „Grundentscheidungen" in 6.2.) als grundsätzliche und wesenhafte Folgerungen aus dem aporetischen Agnostizismus sind keine real zu unterscheidenden Begriffe, sondern zwei Aspekte derselben Sache: Toleranz meint die praktische Folgerung der theoretischen Einsichten hinsichtlich des mitmenschlichen Zusammenlebens; Freiheit den Kerngehalt und Zweck des damit Verfolgten. Freiheit ist somit das eigentliche Ziel und der eigentliche Gehalt der praktischen Philosophie, die hier umrißhaft angedeutet werden soll. Auch der Freiheitsbegriff muß näher spezifiziert werden, wenn er nicht als Leerformel, sondern als Lehrformel dienen soll. Hegel und Marx lehren uns, Freiheit in dreifacher Weise zu befragen: als Freiheit wessen (für wen) . . . , Freiheit von . . . und Freiheit zu . . . Auf den hier vorgelegten Gedankengang übertragen hieße dies: Gefordert wird die Freiheit v o n allen gedanklichen (und wirklichen) Zwangssystemen, die auf allumfassenden, glaubensmäßigen Ideologien fußen; gefordert wird die Freiheit f ü r prinzipiell alle (sofern sie sich nicht als Gegner von Toleranz und Freiheit von dieser Forderung ausnehmen); gefordert wird die Freiheit z u r Wahl einer frei gewählten individuellen und zugleich das Gemeinwohl respektierenden Lebensgestaltung. Diese Freiheit ist somit zugleich Freiheit von Zwängen mit Ausnahme des Zwanges, keine körperliche oder sonstige unerträgliche Gewalt anzuwenden; Freiheit zu allem, mit Ausnahme zur Inhumanität, Intoleranz und Unfreiheit; Freiheit für alle mit Ausnahme derjenigen, die die Freiheit negieren. Diese dreifach dimensionierte Freiheit ist ebensowenig absolut wie die Toleranz und dementsprechend ebensovielen Unklarheiten

ausgesetzt. Eine absolut widerstandsfähige Definition würde der Freiheit
indes ebensowenig nützen wie der Versuch, sie gesellschaftlich optimal zu
schützen; man wird bemerken, daß sie sich just in jenem Moment, wo man
sie definitorisch oder gesellschaftlich hinreichend umgriffen zu haben und
gesichert glaubt, davongestohlen hat.

Ebenso wie die Toleranz hat die Freiheit aktiven und passiven Charakter. Einerseits ist sie gekennzeichnet durch individuellen Spielraum, eigenes
Wählenkönnen und persönliche Selbstbestimmung[405], einerseits ist sie
passives Gewährenlassen der anderen; andererseits aber ist sie – als Zustand
der Abwesenheit von Zwang[406] – Ziel und Anspruch unter jenen Verhält-
nissen, in denen sie noch unverwirklicht ist. Die neuzeitlichen Revolutions-
und Emanzipationsprozesse zeigen die explosive Kraft des Freiheitsverlan-
gens und verdeutlichen, daß sich Vertreter aller politischen Richtungen zumindest in der Verwendung des Wortes einig wissen.

So hat man sich aus der Sicht des aporetischen Agnostizismus demnach
aktiv um Freiheit zu bemühen, wo diese (noch) nicht vorhanden oder verwirklicht ist. Dabei wird es in der Praxis meist nicht sehr schwer sein, unfreie
politische Systeme von freiheitlichen zu unterscheiden. Dies wird weniger
positiv durch Überprüfung an einer aufgestellten Definition von Freiheit
geschehen können, als negativ durch die Indizien für ihre Abwesenheit: Der
unbefangene Beobachter wird bei grundsätzlicher intellektueller Redlich-
keit und emotionaler Offenheit recht schnell relativ freie Systeme von jenen
unterscheiden können, in denen Zwangsmaßnahmen herrschen, in denen
die persönliche Entfaltung und der individuelle Spielraum systematisch
unterdrückt werden; in denen die Menschen von Angst und Bedrückung
gequält, am freien Diskurs gehindert und in die Stimmung universaler Furcht
versetzt werden.

Wie weit diese negativ-defensiven Bestimmungen durch positive zu ergänzen sind, wird unter dem Punkt „Prinzipien einer gesellschaftlichen
Ordnung" (6.5.) erläutert werden.

6.4.4. Gerechtigkeit

Toleranz – als Geltenlassen des Anderen – mit Freiheit – als Abwesenheit
von Zwang – kombiniert – führt zur 'Gerechtigkeit'. Gerechtigkeit aber
schränkt – ebenso wie Toleranz – die Freiheit als absolute Unbegrenztheit
des individuellen Wollens ein. So stehen Freiheit und Gerechtigkeit in
einem dialektischen Interdependenzzusammenhang, den man auf die kurze
Formel bringen kann: Je mehr Freiheit, desto weniger Gerechtigkeit, je
mehr Gerechtigkeit, desto weniger Freiheit. „Die absolute Freiheit verhöhnt
die Gerechtigkeit. Die absolute Gerechtigkeit leugnet die Freiheit. Um
fruchtbar zu sein, müssen beide Begriffe sich gegenseitig ergänzen."[407]
Absolute und schrankenlose Freiheit, die jedem zu tun ermöglicht, was

diesem zu tun beliebt, ist absolute Ungerechtigkeit, weil sie notwendig zur Unterdrückung und Verelendung anderer führt; rigorose und genau geregelte Gerechtigkeit und Zuteilung, die jedem genau dasselbe zubilligt wie dem anderen, würde dagegen die freiheitlichen Bestrebungen der Menschen auf ein Minimum beschränken und zu einer absoluten Kontrolle und Zwangsherrschaft führen.

Mit dem „*suum cuique tribuere*", diesem uralten und von Cicero in diese Form gebrachten naturrechtlichen Grundprinzip, hat man in früheren Jahrhunderten eine Richtschnur für die Vermittlung von Freiheit und Gerechtigkeit aufstellen wollen. Es besagt, daß jedem einzelnen gemäß seinen natürlichen Fähigkeiten, Anlagen und Neigungen das ihm gemäße, das Seinige, von der Gemeinschaft gegeben werden müsse, damit er sich in nützlicher Weise entfalten könne. Dies aber schließt eine absolut gleichförmige Behandlung aller Menschen aus und läßt Unterschiede bei der Zuteilung von Gütern zu. Auch wenn Marx und Lenin für eine höhere Phase der Entwicklung des Kommunismus das Leitziel „Jeder nach seinen Fähigkeiten, jedem nach seinen Bedürfnissen"[408] proklamieren, knüpfen sie an diese alten Grundsätze an: Norm und Maß sind die Fähigkeiten und Bedürfnisse der einzelnen Menschen, die, wie Lenin darstellt, durchaus nicht gleich sind.[409] Es ist klar, daß zur Erreichung einer solchen Vermittlung von Freiheit und Gerechtigkeit eine zentrale ordnende Instanz notwendig ist. Diese Instanz ist herkömmlicherweise der Staat; man kann sich allerdings auch selbstverwaltende gesellschaftliche Körperschaften vorstellen, die den notwendigen zentralen Koordinationstätigkeiten obliegen, ohne die negativen Mechanismen staatlicher Herrschaft fortzuschleppen.

6.4.5. Interdependenz von theoretischer und praktischer Ebene

Zwar erstreckt sich die aus dem aporetischen Agnostizismus logisch zu folgernde Forderung zunächst auf den geistigen Bereich, indem sie gegen intolerante geistige Systeme mit Totalitätscharakter auftritt, doch liegt es in der Folgerichtigkeit der Gedankenführung, wenn damit zugleich auch jede konkrete praktische Form von totalitären und unterdrückenden Herrschaftsverhältnissen wirtschaftlicher, politischer, religiöser, sexueller oder anderer Natur abgelehnt wird. Wirkliche Gerechtigkeit und wirkliche Freiheit sind nur in einem politischen System möglich, das diese Prinzipien garantiert und das nicht beherrscht wird von *apriori* fixierten Evidenzpostulaten und universalen unausgewiesenen Normen. Gerechtigkeit und Toleranz können sich zugleich nur in einem Klima vollziehen, das auch von wirtschaftlicher, politischer und allgemein gesellschaftlicher Freiheit geprägt ist: Systeme, die Geschichtsdeutungen *en bloc* und Theorien aus der Fibel parat haben, können diesen Ansprüchen nicht genügen. Suchen wir diese Behauptungen durch eine dreifache Überlegung zu stützen!

Zwar lehnen wir für unseren Teil eine simple Basis-Überbau-Theorie im Sinne einer orthodoxen Marx-Interpretation ab und gehen stattdessen von einer Totalität des historischen Prozesses aus, die durch eine indispensable Interdependenz von geistiger und materielle Sphäre gekennzeichnet ist, — dennoch können wir aus den kritischen Bemerkungen Marxens zur Abhängigkeit bestimmter geistiger Gehalte von bestimmten Produktionsverhältnissen Maßgaben und Leitlinien kritischer Gesellschaftstheorie gewinnen. Marx lehrte nicht nur, daß die geistige Sphäre, der „Überbau" (Philosophie, Religion, Kunst) in direkter Abhängigkeit von der „Basis" stehe, so daß sie sich bei jeder gesellschaftlichen Revolution ebenfalls umwälzen müsse[410], sondern auch, daß die Herrschenden, besonders der Staat als solcher, bestimmte Ideenrichtungen, Interpretationen und Geschichtsdeutungen, kurz: bestimmte Ideologien (als Rechtsfertigungsmechanismen antagonistischer Produktionsverhältnisse) hervorbringen und unterstützen, so daß, überspitzt formuliert, die herrschenden Ideen jeweils die Ideen der Herrschenden seien und die Idee sich immer blamiere, sobald sie von der herrschenden Klasse getrennt sei.[411] Damit hat er einerseits zum Ausdruck gebracht, daß zwischen geistiger und materiellen Ebene keine absolute Beliebigkeit, sondern eine unabdingbare Verschränkung bestehe, andererseits die aufklärerische Kritik an einer ewigen Kumpanei zwischen Staat und Kirche, Religion und Unterdrückern, Priestern und Herrschenden auf eine vertiefte Argumentationsebene gestellt.

Wir wollen diese Aussagen nun nicht hier dergestalt mit dem aporetischen Agnostizismus in Einklang zu bringen suchen, daß wir positiv all' jene notwendigen und hinreichenden gesellschaftlichen und politischen Bedingungen namhaft machen, die zur Ermöglichung und Verwirklichung der ethischen Prinzipien des Agnostizismus' unabdingbar sind, sondern umgekehrt zunächst negativ-defensiv dadurch, daß eine größere Gruppe verschiedener Staats- und Regierungsformen bzw. politischer Maßnahmen in bestimmten Herrschaftssystemen als der Verwirklichung der obengenannten ethischen Postulate hinderlich erkannt wird. Es gilt somit die Forderung, daß jene Systeme entweder vollständig oder partikular zu verändern seien, welche

— bestimmte Religionen, Weltanschauungen oder sogenannte „wissenschaftliche Lehren" zur verbindlichen Norm erheben und die Nicht-Anerkennung dieser „Staatsreligionen" mit direkten Strafen oder indirekten Nachteilen ahnden,

— in der politischen Alltagspraxis oder in der legislativen Gestaltung mangelnden Respekt vor der Würde jedes einzelnen menschlichen Lebens erweisen,

— mit Hilfe von Folter, Gewalt, Mord und Terror operieren,

— die Gefahren universaler Massenvernichtung durch hemmungslose Vermehrung des Vernichtungspotentials unnötig vergrößern,

— durch die Aufrechterhaltung und Förderung bestimmter wirtschaftlicher Verhältnisse die Menschen in deren freiheitlicher Entwicklung so stark beschneiden, daß diese kaum Gelegenheit finden, sich anderen Bereichen als denen der materiellen Produktion und der physischen Reproduktion zuzuwenden,

— die sexuelle oder allgemein libidinöse Repression zum integralen Bestandteil gemacht haben oder diesen Repressionsmechanismen tatenlos zuschauen,

— durch vollständige An-archie keinen Ausgleich zwischen Freiheit und Gerechtigkeit mehr anzustreben vermögen,

— durch falsch verstandene Liberalismen den Einzelnen schutzlos den Angriffen anderer (im Sinne einer Hobbes'schen Wolfsgesellschaft) aussetzen.

Alle Herrschaftssysteme, die dem ein oder anderen Punkt entsprechen, vor allem aber solche, auf die mehrere der genannten Charakteristika zutreffen, erweisen sich der Verwirklichung des Agnostizismus als hinderlich. An dieser grundsätzlichen Überlegungen wird die eminent praktisch-politische Bedeutung der Lehre vom Nicht-Erkennen-Können deutlich, die in der Forderung gipfelt, die Verhältnisse so zu verändern, daß sie ein Fortschreiten im Geiste des Agnostizismus ermöglichen. Seiner Ausgangslage zufolge weder Reformist noch Revolutionär, kann der Agnostiker je nach konkreter Lage im Sinne reformistischer oder revolutionärer Bewegungen tätig werden (vorausgesetzt, er verletzt seine eigene Grundprinzipien: Toleranz, Achtung vor dem Leben, Freiheit und Gerechtigkeit hierbei nicht). So ist der Agnostiker keineswegs politisch desinteressiert und teilnahmslos, sondern wendet sich gegen jene Herrschaftsmechanismen und Gesellschaftsstrukturen, die seinen Grundauffassungen widersprechen. Eine positive, politologische Handlungsanweisung zur Gesellschaftsveränderung vermag er allerdings aus seinen wenigen Grundprinzipien nicht zu entwickeln und ist allen Wegen offen, die die genannten ethischen Konsequenzen nicht verletzen.

Während es relativ einfach ist, direkte Herrschaftsmechanismen wie Gewalt, Folter, Mord kenntlich zu machen, wird es schwieriger, die sublimen und untergründigen Unterdrückungsvorgänge ans Licht zu bringen, die ebenfalls dem Agnostizismus zuwiderlaufen. Weisen wir in einem zweiten Schritt demnach darauf hin, daß es auch in scheinbar freiheitlichen und liberalen Gesellschaftsformen eine Menge verschiedener soziologisch komplexer Prozesse geben kann, die statt Toleranz Intoleranz produzieren! Denken wir der Einfachheit halber an die modernen westlichen demokratischen Industriegesellschaften. Zwar hat man hier allerorten direkte Zwangs- und Repressionsmechanismen seit langem abgebaut und allen Menschen in weitgehend gleicher Form Anteil an den sogenannten Grundrechten gewährt, dennoch ist auf diese Weise keineswegs das Reich der Freiheit gekommen. Die Leistungs- und Industriegesellschaft ist z. B. von seiner solchen Fülle struktureller Gefahren durchzogen: Entfremdung der Arbeiter, materieller Gegensatz zwischen Privatbesitzern und Produzenten, Uniformität der Verwaltungsangestellten, Überproduktion, Rezession, Erwerbslosigkeit, Verarmung der Drittweltländer etc., daß hieraus eine chronische Vergewaltigung der arbeitenden Menschen, eine Unterdrückung ihrer vitalen Impulse, eine körperliche, mechanische, seelische, sexuelle Repression resultiert, auch wenn es kein einziges Gesetz juristischer Natur gibt, das diese Repressionen vorschreibt.[412] Folgen dieser Verhältnisse können in jeweils verschiedenen Gradstufen innere geistige Armut, Depression, Unzufriedenheit, Impotenz, Neurotik, Aggressivität, Sadismus, Apathie sein, so daß man bereits vielfach davor gewarnt hat, daß die westlichen „freiheitlichen" Demokratien bzw. die dort lebenden Menschen von einem allgemeinen psychischen Druck befallen, wohingegen die Bewohner der Dritten Welt von einem konkreten physischen Notstand unterdrückt würden. Folge derartiger Verhältnisse ist vor allem aufgestaute Aggression, die sich wiederum nur allzu leicht gegen gesellschaftliche Minderheiten jeder Art wenden kann.[413]

Auf diese Weise wird ein gedanklich unausgewiesener gesellschaftlicher Zustand zur Norm des Faktischen erhoben und gegen all' jene gekehrt, die dieser von Natur aus nicht entsprechen oder kraft Überlegung nicht entsprechen wollen: „Kommunisten", „Linke", Juden, Farbige, sexuelle und religiöse Minderheiten, sozial Deviante, Ausländer, Künstler, Intellektuelle. So kann unter scheinbar offenen und freiheitlichen Formen eine Dunstglocke der Intoleranz, Aggression und Mißachtung entstehen, die gerade in wirtschaftlich schwierigeren Zeiten von den staatlichen Organen als Element der Ablenkung und Kompensation insgeheim befürwortet werden kann. Auch hier hat der aporetische Agnostizismus eine originäre gesellschaftliche Aufgabe: Er sucht jenen Momenten der Intoleranz gegenzusteuern, die sich trotz umgekehrter Vorzeichen auszubreiten drohen.

Wie oben bei der Erörterung der Differenz zwischen simplem Nichtwissen und dialektischem Wissen ums Nichtwissen (6.2.1.) bereits dargelegt, gibt es einen dritten (von den ersten beiden nicht gesonderten) Bereich der praktischen Wirkkraft des Agnostizismus. Wenn es richtig ist, wie mit Camus und anderen behauptet wurde, daß die Frage nach dem Sinn des Lebens die entscheidende und wichtigste Frage des Menschen ist, daß mit anderen Worten jedem Menschen, der sich diese Frage und dieser Frage aus welchen Gründen auch immer nicht ausdrücklich stellt oder stellen kann, etwas qualitativ Wichtiges vom Leben abgeht, dann muß diese Feststellung zugleich mit dem ethischen Imperativ verbunden sein, s o auf die Menschen und ihre Lebensumstände einzuwirken, daß sie die Möglichkeit und Muße erlangen, die wesentlichen Fragen in der ihnen jeweils angemessenen Art zu reflektieren (vgl. 4.4.). Dies ist ein dritter Schritt: Während es grundlegend ist, direkte Zwangs- und Unterdrückungsverhältnisse zu beseitigen; während es notwendig ist, darauf aufbauend, die untergründigen Repressions- und Aggressionsmechanismen aufzusprengen, gehört es drittens zu den Anliegen eines aporetischen Agnostizismus, eine allgemeine Atmosphäre wirklicher und nicht künstlich oder kommerziell aufgesetzter Lebensqualität herbeizuführen, in der die Menschen den Atem ihrer selbst atmen, zu sich selbst gebracht werden und sich intellektuell, emotional und körperlich mit denjenigen Dingen auseinandersetzen, die sie zunächst und zutiefst angehen.

6.5. Prinzipien einer gesellschaftlichen Ordnung

Wenn wir versuchen, das, was oben verschiedentlich negativ-defensiv zu den Charakteristika einer wünschenswerten und möglichen sozialen Ordnung bemerkt haben, in positiver Form zusammenzufassen, werden wir einige Leitlinien für eine Theorie der Gesellschaft gewinnen können, die sich aus den Grundprinzipien der „agnostischen Ethik" herleiten lassen.

6.5.1. Empirische Voraussetzungen

Die Schwierigkeit, Grundsätze einer optimalen Gesellschaftsordnung zu erstellen, liegt zum Teil darin begründet, daß man auf diesem Gebiet — im Gegensatz zu dem Bereich transzendentaler und gnoseologischer Erwägungen — in sehr viel stärkerem Maß kontingente, empirische, aposteriorische Faktoren in Rechnung zu stellen hat (vgl. 6.1.). Zu diesen grundsätzlichen Voraussetzungen ethischen Handelns zählen wir vor allem: die Neigungen und Bedürfnisse der Menschen; die natürlichen und historischen Handlungsvoraussetzungen und die kommunikationstheoretischen Unabdingbarkeiten.

6.5.1.1. Die Neigungen und Bedürfnisse der Menschen

Wie gesagt (vgl. 6.1.), wäre es die Aufgabe einer ausgearbeiteten Philosophie der Praxis, unter diesem Punkt eine grundsätzliche Revision und Reflexion der konventionellen Trieblehre anzustreben. Wie angedeutet, soll hier der Begriff „Trieb" vermieden werden, weil er die Vorstellung von metaphysischen Hypostasen suggeriert, die den Menschen als solchen wider Wissen und Wollen zu bestimmten Handlungen an„treiben". Dennoch ist es offenkundig, daß der Mensch — als körperlich-seelisch-geistige Einheit — von grundsätzlichen Neigungen und Bedürfnissen geprägt ist, ohne deren Befriedigung er entweder stirbt (Nahrungsaufnahme) oder verkümmert (Liebeszuwendung). Neben dem Bedürfnis nach Nahrungsaufnahme (in fester und flüssiger Form, d. h. konkret Hunger und Durst) zählt hierzu das Bedürfnis nach Liebeszuwendung, das den Wunsch nach sexueller Betätigung (*Libido*) einschließt (nicht umgekehrt). Ist schon der innere Zusammenhang von Liebe und Sexualität Gegenstand heftiger Kontroversen, so erst recht das

Problem, ob die *Aggressio*(n) als eigenständiges weiteres Grundbedürfnis des Menschen anzusehen ist. Hier stellt sich seitens soziologischer und psychologischer Kritiker die Frage, ob das unbestreitbare Aggressionsverhalten nicht insgesamt auf kontingente historische und gesellschaftliche Faktoren zurückzuführen sei.[414] Wir möchten an dieser Stelle der Meinung zuneigen, daß ein gewisser Grad — im weitesten Sinne — aggressiven Verhaltens als angeboren anzusehen ist: zum einen das Bedürnis, sich körperlich-reflex gegen Angriffe anderer — u. U. mit Gewalt — zu wehren; zum anderen die — wieder u. U. gewaltsame — Befriedigung der beiden obengenannten lebensnotwendigen Bedürfnisse. Insofern wäre der „Aggressionstrieb" ein Ausfluß der Neigung zur Erhaltung des individuellen und gattungsmäßigen Lebens und könnte auch als „Erhaltungstrieb" (o. ä.) bezeichnet werden. Ob man diese Grund-Neigungen wiederum unter das schützende Dach eines allgemeinen Lebenstriebes („Wille zum Leben" — Schopenhauer) unterordnen will, ist dabei eher eine Sache des Geschmacks und der Metaphysik. Hier genügt es, zusätzlich darauf hinzuweisen, daß der menschliche Körper zum Zwecke der Erhaltung nicht nur eine hinreichende Befriedigung der oben genannten Neigungen und Bedürfnisse benötigt; sondern zugleich eine Kette weiterer Faktoren, ohne die er zu einem ungesunden oder verkrüppelten Dasein gezwungen wäre: Dazu zählen Schlaf und Motorik, Minimalhygiene und Bewahrung bzw. Herstellung von Kälteschutz.

Somit ist jede gesellschaftliche Ordnung — sofern sie willens ist, menschliches Leben zu wahren und zu schützen — dazu verpflichtet, für die Bereitstellung der Möglichkeiten zur Befriedigung dieser Grundbedürfnisse zu sorgen. Dies schließt ein, daß die Funktionsträger in einer optimal konzipierten gesellschaftlichen Ordnung entscheidende Kontrollfunktionen auf dem Gebiet der Produktion, Distribution und Konsumtion wahrnehmen, um gegebenenfalls verhindern zu können, daß eine Befriedigung der besagten Grundbedürfnisse aufgrund des Macht- und Besitzstrebens einzelner oder bestimmter Gruppen gefährdet wird.

Abschaffung von Hunger, Frieren und Entsagung aber ist erst eine notwendige, noch keine hinreichende Grundlage für eine (relative) menschliche Glückserfüllung. Hinzu treten die eigenständigen Ansprüche der psychischen und intellektuellen Sphäre. Die hieraus resultierende Problematik ist jedoch schwieriger, weil zwar eine vollständige Befriedigung von Hunger etc. innerhalb einer bestimmten menschlichen Population möglich ist, jedoch keine vollständige Befriedigung der psychischen und geistigen Ansprüche. Wir verweisen auf obige Überlegungen zum menschlichen Glück, insbesondere auf die Feststellung, daß die Grenzen der menschlichen Existenz und Erfahrung einer vollständigen Befriedigung unserer Neigungen auf diesem Gebiete im Wege stehen (6.3.2.). Dennoch muß eine soziale Ordnung auch diesen beiden Bereichen Rechnung tragen: Sie darf die Anforderungen der menschlichen Psyche, das vielgestaltige Liebesverlangen, die Phantasie, das Bedürfnis nach Ästhetik und die anderen emotional geprägten Ausdrucksformen menschlicher Daseinserfahrung, die stets über sich hinausdrängen, weder durch rigide Verbote und Gebote noch durch vorgestanzte Konsum- und Kulturschablonen unterlaufen; ebensowenig darf sie die stets ins Ungewisse und Unbekannte über sich hinausweisenden intellektuellen und forscherischen Bemühungen und Leistungen durch legislative oder gesellschaftliche Schranken begrenzen. Erst wenn Psyche oder Forscherdrang die Grenzen zum Reich des Zerstörenden und Lebensvernichtenden zu überschreiten drohen, ist gesellschaftlich ordnende Hand am Platz.

Die menschliche Grundneigungen konkretisieren sich als Interessen, welche als oberste gesellschaftliche Werte interpretiert werden und zu Normen gerinnen.[415] Die Verwirklichung dieser Grundneigungen nennen wir 'Glück' (welches, wie bemerkt, nur als relatives zu verwirklichen ist). Eine Theorie der gesellschaftlichen Ordnung muß sich durch unablässige empirische Forschung bemühen, diese Grundvoraussetzungen näher und vorurteilsfreier zu untersuchen, zumal eine Fehldeutung (etwa auf dem Gebiet der Sexualwissenschaften) zu unabsehbaren Folgen bezüglich der Normen und Werte führen kann. Desgleichen gilt, daß eine gesellschaftliche Ordnung, die ihre Werte und Normen ohne Ansehung der empirischen Verhältnisse lediglich nach obersten gedanklichen (moralischen, religiösen, weltanschaulichen) Leitvorstellungen ausrichtet, stets Gefahr läuft, durch Mißachtung der menscheneigenen Neigungen zu einem vergewaltigenden und diktatorischen System zu werden. Umgekehrt aber führen empirische Untersuchungen (etwa durch Anthropologie, Humangenetik, Ethnologie, Tier- und Humanethologie, Interaktionismus) noch keineswegs zu einer Ethik mit umfassendem Geltungsanspruch, weil empirische Ergebnisse stets mit kontigenten, revisionsbedürftigen und zeitgebundenen Zahlen, Daten, Fakten und Denkvoraussetzungen arbeiten, die im Fluß der Forschung und ihrer methodologischen Probleme stehen (vgl. 6.1.).

6.5.1.2. Die natürlichen und historischen Voraussetzungen

Jede Ethik muß sich der natürlichen und historischen (geographischen, klimatischen, geistesgeschichtlichen, traditionellen, kulturellen) Voraussetzungen bewußt sein, unter denen sie ihre Aufgabe anzugehen bemüht ist. Es gibt in der Wirklichkeit keinen praktischen Versuch zur Verwirklichung ethischer Grundsätze ohne die Konfrontation mit diesen „äußerlichen" Faktoren. Zwar bleiben die grundsätzlichen Werte im idealen Raum und lassen sich nicht in einfacher Form den natürlichen und historischen Voraussetzungen anpassen, dennoch schließt der Wunsch zur realen Verwirklichung der idealen Normen und Werte stets die Berücksichtigung der vorgegebenen Handlungsvoraussetzungen mit ein, um sich nicht selbst *ad absurdum* zu führen.

Denken wir beispielsweise daran, daß bestimmte klimatische, geographische und topographische Voraussetzungen — extreme Dürre, Wasserarmut, Periodizität von Bewässerung und Trockenzeit, schmaler Anteil fruchtbaren Landes, geringe natürliche Ressourcen, Überbevölkerung, Männer- oder Frauenüberschuß — gegebenenfalls eine Gewichtsverlagerung der allgemeinen („agnostischen") Prinzipien erforderlich machen können: etwa zugunsten von Gerechtigkeit auf Kosten der Freiheit; zugunsten der körperlichen und zuungunsten der intellektuellen Bedürfnisse; zugunsten von Lebenserhaltung und zuungunsten der Naturerhaltung.

Oder denken wir daran, daß die hochtechnisierten gesellschaftlichen Systeme des ausgehenden 20. Jahrhunderts in ganz anderer Weise besondere Einschränkungen und Vorgaben erzwingen könnten: Die natürlichen und historisch gewordenen Gegebenheiten — globale Verknappung der natürlichen Rohstoffe, die allgemeine, systemkonvergierende Gefährdung der äußeren Natur, die Ver- und Entsorgungsschwierigkeiten des atomaren Potentials, die Teilautonomie der Technik, Probleme der Überbevölkerung — können durchaus die Notwendigkeit einer grundsätzlichen Reflexion zur Vermittlung von individueller Freiheit und gesamtgesellschaftlicher Schutzfunktion erweisen, beispielsweise die Frage aufwerfen, ob die Priorität des Lebens der Gattung Mensch nicht u. U. Einschränkungen von Freiheit und Gerechtigkeit erforderlich machen wird.

Da sowohl die Erfahrungs- und Erwartungsmöglichkeiten der Menschen und ihre konkreten Handlungsbedingungen je nach Raum und Zeit, Kulturen, Zivilisationen, Nationen, Klassen, Schichten, Altersgruppen und Individuen außerordentlich verschieden sind,[406] ist es notwendig, jede Konkretisierung ethischer Grundsätze mit einer vorgängigen Rekonstruktion der jeweiligen historisch vorgegebenen Handlungsbedingungen zu konfrontieren. Es ist daher geboten, die gesellschaftlichen Bedingungen, unter denen man die ethischen Grundsätze in Anwendung bringen will, historisch zu begreifen, um zu einer sachgerechten Einschätzung der Mittel und Wege, der Widerstände und Hemmnisse, zu gelangen und um die „nicht beliebig verallgemeinerungsfähigen kulturspezifischen Traditionen"[417] erklären und verstehen zu können.

Aber es ist auch ebenso notwendig, das eigene Denken, die eigenen Problemlösungs- und Orientierungsverfahren gegen unzulässige Verabsolutierungen zu wappnen. Während die Rekonstruktion der historischen Handlungsbedingungen, der Denkstrukturen und „Mentalités", in der konkreten, räumlichen und zeitlichen Situation conditio sine qua non für ein effizientes Fortschreiten im Sinne der intendierten Änderungen ist, stellt die Befragung der eigenen Denkvoraussetzungen das notwendige Palliativ gegen einen lauernden Rückfall in totalitäre oder absolutistische Denkstrukturen dar.

Ferner — dies allerdings geht nicht konform mit relativierend-historistischen Ansätzen (etwa im Sinne Oelmüllers) — ist die Analyse der historisch-traditionellen Voraussetzungen zugleich Bedingung für die Differenzierung von kontingenten und apriorischen Denkprozessen. Wenn wir — siehe oben — voraussetzen, daß es einen kleinen, aber bedeutsamen Grundstock „ewiger", menschheitlicher Fragen gibt, dann hilft die Analyse der historischen Verhältnisse, die äußere traditionelle Hülle und Form, von dem inneren, im Prinzip selbigen, Kerngehalt besagter Probleme zu sondern. Die Schwierigkeiten einer solchen Rekonstruktion sind letztlich identisch mit denen der Geschichtswissenschaft, die es verbietet, ohne einen breiten Bestand qualifizierter und quellengesättigter Einzeluntersuchungen Aussagen allgemeiner Art zu tätigen. Vor allem wird es auch deshalb problematisch bleiben, hochabstrakte neue Versuche zur Periodisierung der Menschheitsgeschichte (Oelmüller, Habermas) entsprechend den Ansprüchen interdisziplinär konsensfähiger Wissenschaft zu formulieren.

6.5.1.3. Kommunikationstheoretische Voraussetzungen

Der dritte Strang notwendiger Voraussetzungen für eine Theorie der gesellschaftlichen Ordnung wurde bereits in den einführenden Bemerkungen zum Kontext gegenwärtiger Normen- und Wertbegründungen zur Sprache gebracht (vgl. 6.1.).

Wenn man das Interesse hat, unter Berücksichtigung der obengenannten Handlungsvoraussetzungen bestimmte Werte zu begründen und daraus Handlungsnormen abzuleiten, erfordert dies zugleich die Bejahung einer sprachlich-kommunikativen Ebene, die dadurch gekennzeichnet ist, daß sie eine Ebene des Bemühens um logische Ausdrucksformen, intersubjektive Kommunikabilität und Widerspruchsfreiheit sein soll (was keineswegs einschließt, daß sie diesen hohen Ansprüchen jeweils gerecht wird), und daß sie zugleich getragen ist von der grundsätzlichen Anerkennung der anderen Gesprächspartner („Diskursteilnehmer") als zurechnungs-, einsichts- und vernunftfähiger Personen.

Das, was oben verkürzt als „Ethik der Logik" bezeichnet wurde (6.1.), wird somit nicht erst nachträglich, sondern von vornherein in jede sprachlich-kommunikativ organisierte Diskussion eingebracht. Dies schließt eine prinzipielle Sprach- und Normen„freudigkeit" und eine nicht reflexiv einholbare grundsätzliche Bejahung des Anderen mit ein. Im Gegensatz zu diesen Formen der Problem- und Konfliktlösungsversuche stünden etwa anarchische oder spielerische Handlungsformen, die sich keinerlei vorgegebenen, sprachlich-logischen Einschränkungen und Begrenzungen unterwerfen, sondern die Wirkweise ihrer notwendigen Handlungsvollzüge vom willkürlichen Effekt ihrer kontingenten körperlich-seelischen Bedürfnisse abhängig machen würden.

Dies wiederum setzt voraus, daß sich gewisse Formen des vernunftgeleiteten, konsensfähigen Diskurses im Rahmen sozialer Systembildungen formiert haben und auf grundsätzliche Annahme der Betreffenden gestoßen sind. Da aber nicht alle gesprächskompetenten Diskursteilnehmer gleichzeitig bzw. ohne sinnvolle Abfolge reden, entscheiden und informieren können, setzt das kommunikationstheoretische Modell zugleich einen bestimmten, im einzelnen aber nicht näher bezeichneten Kreis von Funktions-, Kommunikations-, Entscheidungs-, Informations- und Kontrollträgern voraus. Dies verdeutlicht ein weiteres Mal, daß die Kommunikation keineswegs den Rang einer transzendentalen, apriorischen Größe hat, sondern lediglich den einer notwendigen, empirischen Voraussetzung für interessen- und vernunftgeleitete Willensbildung im sozialen Kontext.

6.5.2. Aufgaben und Ziele gesellschaftlicher Ordnung
6.5.2.1. Schutz des Lebens

Aufgrund der den Erkenntnisbemühungen inhärenten Aporien wurde oben der Wert des menschlichen Lebens als „Quasi-Wert", d. h. als nicht positivdeduzierter, sondern als potentiell-realer Wert bezeichnet (vgl. 5.4. und 6.4.1.). Wenn aber die Möglichkeit ausgesagt wird, daß das menschliche Leben (auch in metaphsischer Hinsicht) einen Sinn (in der oben beschriebenen Mehrdimensionalität) haben könne, dann resultiert daraus nicht nur der *Impetus*, den philosophischen Suizid als Konsequenz vermeintlicher Logik abzuweisen, sondern auch der, gesellschaftliche Formen des Schutzes des menschlichen Lebens zu bejahen und weiterzuentwickeln. Somit hat die gesellschaftliche Ordnungsleistung, die aufgrund der agnostischen Ethik konzipiert werden soll, sowohl den Schutz des Lebens des Individuums als auch den der Gattung herzustellen bzw. zu festigen.

Damit wird zunächst die Möglichkeit abgewiesen, daß sich die Form der gesellschaftlichen Ordnung entweder selbst oder in Gestalt einer legitimierenden Idee (Ideologie, Glaube) zum höchsten erstrebenswerten Ziel und Wert aufschwingen kann. Es ist im Rahmen des philosophischen Agnostizismus nicht möglich, einen wertgefüllten Begriff vom Staat — etwa den der „Wirklichkeit der sittlichen Idee" (Hegel) — festzuschreiben, — (ebensowenig wie es möglich ist, ihn pauschal — etwa als „kältestes aller kalten Ungeheuer" — Nietzsche — zu verteufeln). Jeder Versuch, den Staat oder eine andere Form gesellschaftlicher Ordnung an sich und *per se* als wert-voll und wünschenswert darzustellen, wird somit abgelehnt.

Damit verbunden ist die Forderung, bestimmte, von der Spitze der gesellschaftlichen Führung vorgeschriebene Ziel- und Wertsetzungen, die sich erkenntnismäßig jenseits der Grenzen menschlicher Empirie und Beweisfähigkeit befinden, abzuweisen. Ein Staat, der Werte wie 'Gott, Religion, Kaiser, Freiheit, Reich, Führer, Krone, Rasse, Vaterland, Volk, Nation, Klasse' zu normenbestimmenden Werten erhebt, muß aus der Sicht des aporetischen Agnostizismus ebenso als änderungs- und lernbedürftig gelten wie jeder Staat, der mit umfassenden dogmatischen Ideensystemen — wie etwa dem der mittelalterlichen Scholastik oder dem des stalinistisch depravierten Marxismus — seine Herrschaftsgrundlagen zu legitimieren sucht. Da es sich bislang geschichtlich erwiesen hat, daß auch intentionell nicht-repressive Systeme gesellschaftlicher Ordnung   d a n n   zu absolutistischen und totalitären Formen der Herrschaftsausübung tendieren, wenn sie nicht einer gut funktionierenden Form regelmäßiger Kontrolle unterworfen werden, liegt es aus der Sicht des Agnostikers nahe, gesellschaftliche Kontrollmöglichkeiten zu verlangen, die die intentionell-freiheitlichen Grundsätze überprüfen und bei Verletzung reklamieren können. Es sollte somit die konkret-gegenwärtige Aufgabe der Staaten sein, die in ihnen lebenden Menschen durch gezielte langfristige Lernprozesse in möglichst großem Umfang zu kompetenter Herrschaft und kompetenter Kontrolle zu befähigen.

Somit setzen wir das menschliche Leben als obersten, aus den Prinzpien der agnostischen Ethik hergeleiteten, konsensfähigen und gesellschaftsbildenden Wert. Dieses Leben gilt es, sowohl auf der gesellschaftlichen als auch auf der individuellen Ebene zu schützen.

Auf der gesellschaftlichen Ebene resultiert hieraus die Forderung, der Vernichtung der äußeren Natur (Tiere, Pflanzen, Atmosphäre, Wasser, Land), der plan- und ziellosen Ausbeutung der natürlichen Ressourcen und der Gefährdung der Menschheit durch Kriegsrüstung entgegenzuwirken: Die Schlagworte von Ökologie, Frieden und Freiheit können hier sachgerechte Anwendung finden. Daß eine Befriedigung der menschlichen Grundneigungen und -bedürfnisse auf allgemein-politischer Ebene notwendig ist, um die Menschen vor dem äußeren oder inneren Absterben zu bewahren, wurde bereits mehrfach gesagt.

Auf der individuellen Ebene ist zunächst dem Schutz des einzelnen Lebens Rechnung zu tragen, der sich besonders in der Anfangs- und Endphase des jeweiligen Lebensprozesses als diskussionswürdiges Problem konkretisiert. Hier hat das Ensemble der gesellschaftlichen Ordnungs- und Funktionsträger darauf achtzugeben, daß nicht der oberste Grundsatz des Zusammenlebens, der Schutz des Lebens allgemein, durch andere Prinzipien, etwa das des Glücks und der Freiheit des einzelnen, „ausgereiften" Lebens, in Mitleidenschaft gezogen wird. Andererseits folgt aus der Tatsache, daß der einzelne sich in der Anfangs- und Endphase seiner individuellen Lebensdauer am schwächsten und schutzbedürftigsten erweist, keineswegs, daß der allgemeine gesellschaftliche Schutz des anderen („erwachsenen") Lebens vernachlässigt werden dürfe.

6.5.2.2. Garantie der Toleranz

Als zweiter Grundsatz einer gesellschaftlichen Ordnung kann der der Toleranz angesehen werden. Zumindest in der Theorie hat sich seit den Zeiten der europäischen Aufklärung der Satz als Selbstverständlichkeit eingebürgert, daß jeder Bürger in seinem Staat nach seiner *Façon* selig werden können solle. Im Zuge einer schärferen Trennung zwischen Staat und Kirche, Gesellschaft und Religion, wurde der Staat mehr und mehr von der Funktion befreit, zugleich Exekutivorgan einer bestimmten Religion zu sein. Der aporetische Agnostiker ordnet sich in diesen geschichtlichen Prozeß ein, den er bejaht und fortzuführen heißt. Er geht davon aus, daß die Aufklärung noch unabgeschlossen vor uns liegt, da sich noch immer gesellschaftliche Großsysteme in stärkerem Maße von den Interessen bestimmter Religionen und Kirchen beeinflussen lassen als es die zweihundertjährige Tradition der Aufklärung erlauben würde. Im Namen dieser „Tradition der Toleranz" fühlt er sich nötigenfalls auch zu aktueller, unpopulärer Kritik berufen.

Der neuzeitliche Staat, der den Wechsel vom Glaubens- und Zwangsstaat zum modernen Verwaltungsstaat vollzogen hat, sieht seine primären Aufgaben vor allem in der Verwaltung, Organisation, Kontrolle, Information und Distribution — oder, systemtheoretisch abgekürzt: in der Koordination der gesellschaftlichen Subsysteme. Er steht dabei vor dem Dilemma, daß er sich weder den konventionellen (metaphysischen) Werten noch einer wie auch immer konzipierten Wertfreiheit verschreiben darf: Während erstere im kritischen Prozeß der geistigen Auseinandersetzung der letzten zweihundert Jahre untergegangen sind, hat sich letztere als gefährliche und schlechte Illusion herausgestellt, durch die lediglich das Durchschlagen vorhandener und neuer Zwänge und Normen gefördert wird. Diesem scheinbar unausweichlichem Zwiespalt suchen wir an dieser Stelle dadurch zu entgehen, daß wir einem als wünschenswert konzipierten gesellschaftlichen Ganzen weder die herkömmlichen Normen, noch die verlogene Wertfreiheit oktroyieren wollen, sondern die logisch deduzierten Grundsätze einer konsensfähigen agnostischen Philosophie.

Wie angedeutet (6.4.2.), gehört es zu den größten Problemen innergesellschaftlicher Organisation, Toleranz von Intoleranz, Freiheit von Unfreiheit, abzugrenzen sowie das schleichende Umschlagen von einem zum anderen zu verhindern. Als Realist hat der Agnostiker somit bestimmte Formen gesellschaftlicher Überwachung und Maßregelung in Kauf zu nehmen, die sich arbeitsteilig als Legislative, Exekutive und Judikative konkretisieren können. Er kennt allerdings kein sicheres Mittel, den Mißbrauch solcher Instanzen (entweder durch die gesellschaftlichen Funktionsträger oder Gruppen gegenläufiger Ansichten) zu verhindern, sofern er nicht ein geschlossenes Gesellschaftsmodell konzipieren möchte, in dem die Grundwerte von Toleranz und Freiheit ihrerseits durch eine logisch ineinanderverwobene Vielzahl von Detailbestimmungen und kasuistischen Vorschriften bis zur Unkenntlichkeit eingeschränkt werden. „Man darf die Freiheit nicht solange schützen, bis nichts mehr von ihr übrig ist."[418] Wenngleich sich der Agnostiker somit aus inneren Gründen — und nicht aus Koketterie mit der eigenen Bescheidenheit — für außerstande erklärt, ein komplettes,

in sich schlüssiges und befriedigendes optimales Gesellschaftsmodell zu- entwerfen, so weiß er sich andererseits doch in der Lage, aus seinen Überlegungen gewisse Maximen und Richtlinien herzuleiten, die die Garantie und
Bewahrung von toleranten Prinzipien fördern helfen können:

— Als intolerant gegenüber anderen ist derjenige anzusehen, der seiner
Vorstellung mit Hilfe von Gewalt gegen Personen Geltung zu verschaffen
sucht. Wer die Bemühungen um nicht-repressive Konfliktlösungen durch
den Einsatz bracchialer Gewalt konterkariert, muß von den Funktionsträ-
gern der gesellschaftlichen Ordnung nach Möglichkeit von seinem Vorhaben
abgebracht bzw. nach erfolgter, nicht verhinderter Durchführung, zur
Rechenschaft gezogen werden. (Anders liegen die Verhältnisse in einer
Gemeinschaft, deren Repräsentanten selbst ständige Gewalt verbreiten; hier
ist das Postulat von der Gewaltfreiheit in Auslegung der anerkannten Not-
wehrbestimmungen zu modifizieren).

— Als intolerant im Sinne vorliegender Gedanken sind auch die verschiedenen Formen der sogenannten strukturellen Gewalt anzusehen, die darin bestehen, daß eine Anzahl von Menschen zum Nutzen herrschender Menschen
dergestalt produktiv tätig werden müssen, daß sie die Gestaltung ihres eigenen Lebens hintanstellen bzw. gar nicht in Angriff nehmen können. Intolerant ist drittens auch jedes unausgewiesene Ressentiment und Vorurteil.
Beide richten sich meist gegen Personen, die als Fremde,[419] als Minderheit
oder als feindliche Gruppe angesehen werden: konkret gegen Angehörige
fremder Nationen, Rassen und Religionen; gegen Behinderte, Kriminelle,
sozial und sexuell Deviante; gegen 'die Frauen', 'die Männer'; gegen bekannte oder unbekannte Völker und 'Feinde'. Im Sinne der hier beschriebenen Prinzipien wäre es sicheres Indiz für Intoleranz, diese verschiedenen
Formen von Nicht-Offenheit ausnahmslos unter Strafe stellen zu wollen.
In den meisten Fällen wird man die Bemühungen und Hoffnungen auf langfristige Belehrung und Unterweisung zu stützen haben. Gewaltanwendung,
d. h. Überwindung und Isolation des Anderen, des Intoleranten, gegen seinen Willen, sollte nur dann in Anwendung kommen, wenn sich dies aus den
Notwehr- und Schutzgründen (als Ausfluß des Grundwertes des Lebens) als
erforderlich erweisen sollte.

In hochdifferenzierten Gesellschaften ist die Unterscheidung von Toleranz und Intoleranz nur durch eine Vielzahl von Einzelbestimmungen und
-gesetzen möglich, die es letztlich verunmöglichen, völlige Klarheit und
letzte Genauigkeit in dieses Halbdunkel menschlicher Problembewältigung
zu bringen.

— Die Verteidigung gegen die gewaltsame Form der Intoleranz darf
nicht als Strafe im herkömmlichen Sinne verstanden werden. Im Laufe der
Geschichte wurden insgesamt vier größere Theorien entwickelt, mit deren
Hilfe die Bestrafung eines Delinquenten legitimiert wurde:

— Sühne und Rache,
— Abschreckung der Anderen,

— Absonderung eines gefährlichen Elementes,
— Besserung.

Die Straftheorie in einer von agnostischen Grundsätzen geregelten Kommunität kann sich — weil nur metaphysisch und irrational herzuleiten — nicht mehr der ersten beiden Argumente bedienen, sondern muß die mit gewissen Formen der Gewalt und Isolation verbundene Bestrafung als besonderen Notfall für den betreffenden Einzelnen und die gesamte Gesellschaft interpretieren, als „Besserung" im Sinne einer Abwendung weiterer aggressiver, intoleranter und anti-freiheitlicher Aktionen.

Da somit jede Form atavistischer, metaphysischer und religiös-moralischer Überhöhung des Ausgrenzungsvorganges gegenüber Intoleranten unterbleiben soll, steht in einer wünschenswerten Gesellschaft zu erwarten, daß die 'Strafe' emotionsfreier betrachtet und ihrer Funktion entkleidet wird, selbst wiederum Vehikel der Perpetuierung von Gewalt und Intoleranz zu sein.

— Die Verteidigung der Gesellschaft vor äußeren und inneren gewaltsamen Attacken kann durch die strenge Beobachtung des Prinzips der Verhältnismäßigkeit vor möglichem Mißbrauch und naheliegenden Überreaktionen geschützt werden. Das heißt, daß die Maßnahmen gegen die Verletzer des Toleranzprinzips so gering und so human wie möglich, zugleich so zahlreich und wirksam wie nötig sein müssen. Vor allem heißt es darauf zu achten, daß die Abwehr Intoleranter nicht zum Zwecke offener oder geheimer Begünstigung anderer Ziele mißbraucht wird oder aus derartigen Gründen inszeniert wird: Typisches Beispiel dafür ist die Entwicklung bestimmter innerer und äußerer Feindbilder mit dem Ziel, von anderen Problemen abzulenken, integrierend zu wirken oder nicht reputierliche — etwa ökonomische Ziele — zu verschleiern. Wenn es sich zeigt, daß die Verteidigung der Gesellschaft gegenüber einer zahlenmäßig geringen Gruppe nur auf umfänglichen Wegen fast lückenloser Kontrollmaßnahmen möglich ist, so muß man kritisch überlegen, ob diese Form behördlicher Kontrolle ein effektiver und den „agnostischen" Prinzipien entsprechender Weg ist.

Derartige Überlegungen wurden — um wieder ein Beispiel aus der neueren Geschichte heranzuziehen — in der Bundesrepublik Deutschland am zehnten Jahrestag des sog. Extremistenbeschlusses bzw. Radikalenerlasses getroffen: Eine statistische Zusammenstellung (der Tagespresse vom 26. Januar 1982) hatte gezeigt, daß bei 775.463 Anfragen in zehn Jahren 14.477 „Erkenntnisse" gewonnen wurden, von denen 866 zur beruflichen Ablehnung führten. Demnach hat man zehn Jahre lang einen ungewöhnlich (oder sogar unverhältnismäßig) hohen bürokratischen, finanziellen und (was schlimmer ist) geistig-politischen Aufwand in Gang gesetzt, mit dem Ergebnis, ganze 866 sogenannte „Radikale" als gesellschaftliche Funktionsträger im öffentlichen Dienst abzuweisen. In einem solchen Falle würde der agnostische Ethiker den staatlichen bzw. gesellschaftlichen Ordnungskräften zwar nicht das grundsätzliche Recht absprechen, Gegner der tolerant-frei-

heitlichen Ordnung auszusondern, aber er würde — abgesehen von seinem
Zweifel an der Effektivität — die Opportunität solcher Maßnahmewellen
verneinen und einwenden, daß die auf diese Weise hervorgerufenen Nach-
teile die möglicherweise erreichten Vorteile überwiegen.

— Weil, wie gesagt, jede Anwendung gesetzlicher Bestimmungen die Gefahr des Mißbrauchs und Irrtums in sich birgt, sollte eine konkrete Beizie-
hung der gesetzlichen Normen sich eher nach den Möglichkeiten der D i s -
s i m u l a t i o n   als denen einer möglichst vollständigen Erfassung ausrich-
ten. Es wäre demnach überlegenswert, ob der (kirchenrechtliche) Begriff
der Dissimulation stärker in die allgemeinen Normensetzungsverfahren eingebracht werden könnte: Er besagt, daß „die Obrigkeit" über Mißstände,
die entweder nicht verhindert werden können, oder, falls dies versucht würde, leicht noch schlimmere Übel zur Folge haben könnten, hinwegsehen
kann, ohne allerdings diese Mißstände damit zugleich zu billigen, sondern
nur, um vorläufig auf strafrechtliche Verfolgung und Geltendmachung et-
waiger Nichtigkeitssanktionen zu verzichten.[420] Demnach sollte man
durch eine verstärkte Anwendung der „Verschweigung" gerade in der konkreten aktuellen politisch-technischen Lage zu verhindern suchen, daß eine
bürokratische Kontrolle mit Hilfe der modernen Technologie zu einer Verdrängung freiheitlicher gesellschaftlicher Spielräume und zur Eliminierung
der individuellen Bewegungsfreiheit (trotz umgekehrter programmatischer
Vorzeichen) tendiert.

6.5.2.3. Vermittlung von Freiheit und Gerechtigkeit

In einem dritten Schritt ist das Verhältnis gesellschaftlicher Ordnung zu
Freiheit und Gerechtigkeit anzusprechen. Der Staat und andere Formen gesellschaftlicher Ordnung haben, da sie der Funktion obliegen, Leben zu
schützen und Toleranz zu gewährleisten, zugleich die Herstellung und
Sicherung der Freiheit zum Ziel. Diese Freiheit haben wir oben positiv als
persönlichen Spielraum und Wählenkönnen, negativ als Abwesenheit von
Zwang definiert (6.4.3.). Eine vollständige Abwesenheit von Zwang aber
würde das persönliche Wählenkönnen in enge Grenzen weisen, da es dann
von der reinen Macht und Stärke anderer bestimmt würde. So beschränkt
sich die Freiheit gewissermaßen selbst und tritt in ordnungsgeregelten Ge-
sellschaftssystemen stets als relative auf.

Dies ist letztlich die Quintessenz der Grundtheorien verschiedener
Staatsdenker, die von der Rekonstruktion eines menschlichen Urzustandes
ausgingen, seien es Hobbes, Locke, Rousseau, mit gewissen Einschränkungen auch Hegel, Marx und Schopenhauer. Gemeinsam ist ihnen allen die
Frage: Was wäre, wenn es keinen Staat gäbe?, — um dann, in jeweils unterschiedlicher Form — die Notwendigkeit der Entstehung von Staaten darzu-
legen. Faktisch aber erweist es sich, daß die genannten Denker gesellschaft-

liche Urzustandstheorien entwerfen, die jeweils stark vom bereits vorausgesetzten anthropologischen Modell abhängig sind, — ob dies nun der „gute
Wilde" Rousseaus oder der „Wolfsmensch" Hobbes' sei.

Wir wollen diese Spekulationen weder in einer vollständigen Nacherzäh-
lung rekonstruieren noch um eigene vermehren. Es ist vielmehr Aufgabe
einer empirischen Forschung (und gehört somit nicht zu den Zielen, sondern zu den genannten Voraussetzungen der agnostischen Ethik), zu prüfen,
wieweit es überhaupt statthaft ist, von 'd e m' Typus der Urgesellschaft
oder 'd e m' Wesen des Menschen zu sprechen. Bei aller Vorsicht der
Übertragung gegenwärtiger Beispiele ist es nicht uninteressant, daß die
Ethnologen neben äußerst aggressiven Stämmen eine Reihe verschiedener
urzuständlich anmutender Lebensgemeinschaften namhaft machen können,
in denen bei Absenz größerer staatlicher Herrschaftsformen die typischen
Merkmale der Wolfsgesellschaft fehlen und in denen ein erstaunlich großes
Maß an Toleranz und Freiheit herrscht.[421]

Dies alles zeigt, daß die Vermittlung von Freiheit und Gerechtigkeit in
sehr unterschiedlichem Maße vollzogen werden kann, — wobei jeweils die
vorauszusetzenden empirischen Bedingungen ihre Rolle spielen. Die Vorstellung jedoch, daß man im Sinne einer Entwicklungslogik bestimmte Formen
des Staates aus urzuständlichen Vorgegebenheiten deduzieren könne,
gehört in das Arsenal der Philosophiegeschichte. In jedem Fall aber unterstützen die ethnologischen Untersuchungen auch die Annahme, daß man
nicht alle Vorstellungen einer repressionsfreien Gesellschaft als schlechte
Illusion abwerten kann und daß die Bemühungen um die Konkretisierung
einer agnostischen Ethik durchaus von realen Erwartungen und Hoffnungen
bestimmt sein können.

Dem ließe sich entgegenhalten, daß im Verlaufe der bisherigen Menschheitsgeschichte gesellschaftliche Existenzformen in relativer Ungebundenheit und Repressionsarmut nur in Gemeinschaften anzutreffen waren, deren kultureller Entwicklungsstand sehr viel niedriger erscheint als der hoch-
differenzierter neuzeitlicher und gegenwärtiger Industrienationen. Sigmund
Freud hat, wie bekannt, diesen Tatbestand seiner These zunutze gemacht,
daß die Kultur als ein „Sublimierungsvorgang" zu interpretieren sei, durch
den die menschlichen „Triebe" aus einer ursprünglich (phylo- und ontoge-
netischen) amorphen Ungebundenheit in die zweckgerichteten Kanäle
kultur- und ordnungsschaffender Systeme umgelenkt würden. Demnach
wäre die Einschränkung ursprünglicher Freiheit, nämlich der Freiheit der
sinnlichen Impulse, der Primär- und Partial„triebe", *conditio sine qua non*
für wachsendes Fortschreiten im Sinne eines (europäischen) Kulturbegriffs.

Demgegenüber hat der Agnostiker die skeptische Frage zu stellen, ob in
einer als optimal konzipierten und real möglichen Gesellschaft diese enge
Verbindung von Triebunterdrückung und Kultur ohne weiteres hinzuneh-
men und unabdingbar sei. Mit Herbert Marcuse hat er zu fragen, ob der
Wechsel vom „Lustprinzip" zum „Realitätsprinzip", d. h. von augenblick-

licher Befriedigung zu aufgeschobener Befriedigung, von Lust zu Lustent-
haltung, von Spiel zu Arbeit, von Empfangen zu Produzieren, von fehlen-
der Unterdrückung zu zusätzlicher Unterdrückung und künstlich geschaffe-
ner Sicherheit[422], unwidersprochen vorauszusetzen sei für die Existenzweise einer innerlich und äußerlich befreiten Gesellschaft, ohne daß diese
automatisch zu simplen Regressionsweisen in archaische Produktions- und
Interaktionsformen genötigt würde. Den Schreckensvisionen Freuds von der
destruktiven Potenz entfesselter Triebe (des „Es") hat er die Traumbilder
einer Welt entgegenzusetzen[423], die durch die befreiende Kraft neuerwach-
ter sinnlicher Fähigkeiten und Impulse, die das ausgetrocknete Bett des
bisherigen Sublimierungs- und Frustrationszwanges verlassen haben, zu
neuen, schöpferischen und noch nicht geahnten Möglichkeiten gelangt.
Gegenüber dem aktuellen Kultur- und Weltpessimismus angesichts der
schier unüberwindlichen akuten Bedrohungen der gesamten Menschheit, der
sich offensichtlich leicht mit den Vorstellungen einer rigide und universal
verwalteten Gesamtgesellschaft arrangieren kann, muß er die Einwände
geltend machen, daß noch nicht einmal ansatzweise der Versuch unternommen wurde, die positiven Chancen einer sozialen Gemeinschaft zu konkretisieren, die sich aus der einigenden, befreienden und befriedigenden Kraft
des *Eros* ergeben könnten. Dies wiederum würde einschließen, daß der
Abbau unterdrückender, hierarchischer Herrschaftsformen in den Bereich
des Möglichen träte, verbunden mit dem Bestreben, die künstlich erzeugte
gesamtgesellschaftliche Ungerechtigkeit in der Verteilung der materiellen
Güter zu beheben.

Noch muß in der heutigen Gesellschaft der ersten und zweiten Welt
jeder Einzelne für die Errungenschaften dieser Kultur einen hohen Preis
zahlen: Er zahlt mit „dem Opfer seiner Zeit, seines eigenen Bewußtseins,
seiner Träume"; die Kultur aber zahlt mit einem nicht geringeren Preis:
„mit der Preisgabe ihrer eigenen Versprechungen von Freiheit, Gerechtigkeit und Frieden für alle."[424] Während somit die bisherigen Versuche einer
Vermittlung von Freiheit und Gerechtigkeit in immer neuen Formen ge-
scheitert sind oder in andere Varianten desselben Widerspruchs überführt
wurden, könnte eine Gesellschaft auf der Grundlage des vital befreiten Menschen endlich das anstreben, was längst im Rahmen der ökonomischen und
technischen Möglichkeiten liegt, nämlich die gerechte Verteilung der Güter,
so daß kein einziger Mensch mehr Hungers sterben müßte. „Die Diskrepanz
zwischen möglich gewordener Befreiung und tatsächlicher Unterdrückung
ist zur vollen Reife gelangt: sie durchdringt alle Lebenssphären auf der gesamten Erde" schreibt Marcuse und sagt damit, daß es noch nie in der
Geschichte technisch-ökonomisch so konkret möglich gewesen wäre, für
Gerechtigkeit, Frieden und Freiheit aller zu sorgen. Daß dieses so hand-
greiflich scheinende Ziel dennoch unerreichbarer Wunsch ist, liegt nicht
zuletzt an den destruktiven, unterdrückenden Formen heutiger Naturbe-
wältigung und Herrschaftssysteme: Diese perpetuieren und verfeinern die

konkreten Formen der Unterdrückung von Freiheit in (verbal zugesicherter) Freiheit, anstatt sie durch die energische und systematische Verfolgung neuer, noch nicht gegangener Wege abbauen zu wollen.

So kann sich eine Philosophie der Freiheit aus dem Geist des Agnostizismus nicht mit einigen pragmatischen Gedanken zur Regelung von Freiheits- und Gerechtigkeitsproblemen auf der Basis des Bestehenden begnügen, sondern muß die neuen Chancen in den Blick nehmen, die sich aus einer noch nicht vollzogenen inneren Befreiung der Menschen ergeben könnten. Aufhebung der Triebunterdrückung, Abbau repressiver Machtinstrumente und gerechte Verteilung der nicht reproduzierbaren materiellen Güter sind nicht verschiedene Forderungen, sondern nur anderslautende Aspekte ein- und derselben Sache. Entsprechend seiner Grundgedanken kann sich der Agnostiker nicht mit dem defätistischen Bild einer menschenverachtenden Technokratie oder einer schleichenden Apokalypse zufriedengeben, sondern muß diesen Horizont durch positiv-utopische Gegen- und Traumbilder aufbrechen.

Doch auch hier gilt der Satz, daß der, der den Weg zu kennen glaubt, nicht unbedingt auch das Ziel kennt, auf das er zuläuft. Mit anderen Worten: Eine gesellschaftliche Ordnung im Sinne des aporetischen Agnostizismus läßt sich schwerlich weiter konkretisieren. Die erstellten Prinzipien ermöglichen keine genauere, bestimmte Stellungnahme zugunsten gewisser Staatsformen. Sie schließen zwar eindeutige Formen der Diktatur aus, lassen aber mehrere Wege zur Verwirklichung der agnostischen Ethik offen. Denkbar sind verschiedene Varianten der Demokratie, aber auch einer direkteren Volksbeteiligung; andererseits können unter bestimmten Voraussetzungen nicht einmal Aristokratie und Monarchie pauschal abgewiesen werden. Zugleich aber ist sich der Agnostiker der Tatsache bewußt, daß selbst bei Beachtung all' seiner ethischen Leitsätze eine i d e a l e Gesellschaft nicht geschaffen werden kann. Auch eine optimale menschliche Gemeinschaft bleibt noch immer, um mit Augustinus zu sprechen, „civitas permixta", d. h. eine Gesellschaft, in der sich die hohen Ansprüche untrennbar mit den menschlichen Begrenzungen vermischen.

So entsprechen die Vorstellungen des Agnostikers von einer als optimal konzipierten gesellschaftlichen Ordnung seinen Grundgedanken: Weder macht er sich anheischig, eine Staatstheorie aus universalen, apriorischen (Glaubens-)Prinzipien zu deduzieren und zu konstruieren, noch auf jede Form vernunftgeregelter zwischenmenschlicher Ordnung zu verzichten, weil diese stets mit einer Menge kontingenter Faktoren behaftet ist. Er entzieht sich auch hier dem desultorischen Entscheidungszwang, der ihm die Wahl zwischen „Geschlossener Gesellschaft" und Anarchie zubilligt, und richtet stattdessen sein Vertrauen auf die Fähigkeiten von Vernunft und Phantasie, abseits von Skylla und Charybdis geradeaus zu segeln.

ANMERKUNGEN

Hegel Philos. Bibl. Georg Wilhelm Friedrich Hegel, Ausgaben in der Philosophischen Bibliothek des Felix Meiner Verlages, Hamburg (Georg Lasson, Johannes Hoffmeister u. v. a.).

Hegel ThWA Georg Wilhelm Friedrich Hegel, Theorie-Werk-Ausgabe in 20 Bdn. Auf der Grundlage der Werke von 1832—45 neu edierte Ausgabe von Eva Moldenhauer und Karl Markus Michel, Frankfurt/Main 1971.

HPhGB Handbuch Philosophischer Grundbegriffe, Hg. Hermann Krings, Hans Michael Baumgartner und Christoph Wild, Studienausgabe in 6 Bdn, München 1973/74.

HWbPh Historisches Wörterbuch der Philosophie, Hg. Joachim Ritter (†) und Karlfried Gründer, bisher 6 Bde (A—O), Basel, Stuttgart 1971—1984 (wird fortgesetzt).

Kant AA Immanuel Kant, Kants Werke, Akademie-Textausgabe. Unveränderter photomech. Abdruck des Textes der von der Preußischen Akademie der Wissenschaften 1902 begonnenen Ausgabe von Kants gesammelten Schriften, Berlin 1968.

KrV Immanuel Kant, Kritik der reinen Vernunft B (= Kant AA Bd. III).

MEW Karl Marx / Friedrich Engels, Werke, Berlin (Dietz-Verlag) (zahlreiche identische Neuauflagen; noch nicht abgeschlossen).

NietzKGA Friedrich Nietzsche, Nietzsches Werke, Kritische Gesamtausgabe, Hg. Giorgio Colli / Mazzino Montinari (bisher 20 Bde in vier Abteilungen; Werke vollständig abgeschlossen, Kommentar noch nicht), Berlin, New York 1967—1983.

Nietzsche KTA Friedrich Nietzsche, Sämtliche Werke (Kröner-Taschenbuchausgabe Nr. 71—78), hier: Nr. 78, Stuttgart 1964.

SchopZA Arthur Schopenhauer, Zürcher Ausgabe, Werke in zehn Bänden, Hist.-krit. Ausgabe von Arthur Hübscher, 3. Aufl. Wiesbaden 1972, unveränd. Taschenbuch-Nachdr. ebd. (diogenes-Verlag) 1977 mit editorischen Materialien von Angelika Hübscher.

1. Vgl. Christoph Wild, Philosophische Skepsis (Philosophie, Analyse und Grundlegung, Bd. 2), Meisenheim 1980, S. 7 f., nach Sextus Empiricus, Grundriß der pyrrhonischen Skepsis I.8, Einl. u. Übers. v. Malte Hossenfelder, Frankfurt/Main 1968.

2. Vgl. ebd. S. 68.

3. Vgl. Heinz Robert Schlette (Hg.), Der moderne Agnostizismus, Düsseldorf 1979, darin ders., Vom Atheismus zum Agnostizismus, S. 207—223; zur Begriffsgeschichte S. 207 Anm. 3.

4. Wild 1968 (wie Anm. 1), S. 10, 60.

5. Ludwig Wittgenstein, Tractatus logico-philosophicus (edition suhrkamp 12), Frankfurt/Main 1969, hier Satz 6.54.

6. Im Sinne von Andreas Konrad, Untersuchungen zur Kritik des phänomenologischen Agnostizismus und des subjektiven Idealismus, München 1962, S. 9: „Naiver Realismus: Die Meinung (sie muß nicht begrifflich formuliert sein), daß es eine von erkennenden Subjekten unabhängige Realität gibt; daß sie erkennbar ist; daß wir sie wahrnehmen wie sie ist."

7. Jakob und Wilhelm Grimm, Deutsches Wörterbuch, 1. Abth., 10. Bd., Hg. M. Heyne / R. Meißner / H. Seedorf u. a., Leipzig 1905; Sp. 1103—1162.

8. Gerhard Sauter, Was heißt: nach Sinn fragen?. Eine theologisch-philosophische Orientierung (Kaiser — Traktate 53), München 1982, hier S. 12 (Sauters Arbeit enthält

zahlreiche wichtige begriffsgeschichtliche Analysen und Einzelangaben und verwertet einen breiten Literaturbestand, vgl. ebd. S. 172 f.).

9. Zit. nach: Brockhaus-Enzyklopädie, 17. Aufl., Bd. 17, Wiesbaden 1973, S. 455.

10. Deutsches Wörterbuch (wie Anm. 7), hier Sp. 1106.

11. Ebd. Sp. 1129 f. — Zur Verwendung beim jungen Marx vgl. insbesondere MEW Erg. Bd. 1 (Ökonomisch-philosophische Manuskripte — 1844), S. 541.

12. Deutsches Wörterbuch (wie Anm. 7), Sp. 1147 f.

13. Ebd.

14. Sauter 1982 (wie Anm. 8), S. 14: „Sinn bezeichnet von nun an *die Welt dessen, was für den Menschen und von ihm her bedeutsam ist.* Das ist die hermeneutische Bedeutung von 'Sinn'".

15. Ebd. S. 16.

16. Vgl. ebd. S. 17.

17. Zum sprach- und begriffsgeschichtlichen Befund vgl. vor allem: Richard Schaeffler, Art. Sinn, in: HPhGB 5, S. 1325—1341 (Sinn als Zweck, Bedeutung und Ziel); Reinhard Lauth, Die Frage nach dem Sinn des Daseins, München 1953 (Sinn als „konstituierende Hinordnung", Bedeutung, Zweck und Wert); Helmut Gollwitzer, Krummes Holz — Aufrechter Gang, München 1970, bes. S. 46 ff.; Gerhard Sauter 1982 (wie Anm. 8). — Eine exakte begriffsgeschichtliche Untersuchung ist nach wie vor Desiderat. Die Frage, ob der Sinnbegriff in gewissen Formen bereits im 19. Jahrhundert unter übergreifenden bzw. konkret metaphysischen Aspekten Verwendung gefunden hat, hat der Verfasser in vier (noch ungedruckten) Aufsätzen positiv beantworten können; vgl. Bernd-Ulrich Hergemöller, „Im Anfang war der Sinn" — Der Sinnbegriff in Goethes 'Faust'. — „Der tiefe Sinn der Idee" — Zur Interpretation eines Satzes aus Hegels „Philosophie der Geschichte. — „ . . . um menschlichen Sinn zu schaffen" — Der Sinnbegriff beim jungen Marx. — „Der Übermensch ist der Sinn der Erde" — Sinnfrage und Sinnbegriff in Nietzsches 'Zarathustra', Manuskripte Münster 1984.

18. Vgl. Schaeffler (wie Anm. 17); auch Günther Anders, Die Antiquiertheit des Menschen, Bd. 2, München 1980, S. 384 f.; Die von Sauter (wie Anm. 8), S. 27 ff., durchgehend getroffene Unterscheidung von 'sinnhaft' und 'sinnvoll' soll hier nicht nachvollzogen werden, da sie im Rahmen der vorgelegten Begrifflichkeit als nicht notwendig erscheint. (Unter 'sinnhaft' versteht Sauter den eher formalen Aspekt der rationalen Zuordnung, Verständlichmachung einer Handlung, während der Begriff 'sinnvoll' ziel- und wertgefüllte Implikate enthält. — Sauter benötigt diese Differenzierung zur Entfaltung seines theologischen Anliegens).

19. SchopZA I § 28, bes. S. 206 f.

20. SchopZA III, S. 383.

21. MEW 2 (Die heilige Familie), S. 98.

22. S. Freud, Gesammelte Werke, Bd. XI, 5. Aufl. Frankfurt/Main 1969.

23. G.W.F. Hegel; Vorlesungen über die Philosophie der Weltgeschichte, 2 Hälften (I: Die Vernunft in der Geschichte; II: Die orientalische Welt — Die griechische, die römische Welt — die germanische Welt), Hg. Johannes Hoffmeister (Philos. Bibl. Meiner Nr. 171a), unveränd. Nachdr. d. 5. Aufl. 1955 (1. Aufl. Georg Lasson 1917), Hamburg 1968, S. 149, 155; vgl. auch Hegel ThWA 12, S. 74, 86.

24. Vgl. vor allem MEW 13 (Vorwort zur „Kritik der politischen Ökonomie"), S. 8 f.

25. Gerade die Drei-Stadien-Theorie der moralischen Entwicklung zeigt diese Problematik. Habermas unterscheidet — anhand der Untersuchungen Piagets zur kognitiven Entwicklung des Kindes — in der Weltgeschichte zwischen der „vorkonventionellen", „konventionellen" und „postkonventionellen" Moral, wobei er zugleich die Utopie einer Idealgesellschaft auf der Basis des herrschaftsfreien Diskurses beibehält. Gerade hier lauern nicht nur metaphysische Implikate, sondern klassische Analogieschlüsse: Bekanntlich hatte schon Augustinus eine Beziehung zwischen Schöpfungstagen, Weltzeitaltern und Entwicklungsstufen des menschlichen Lebens konstruiert und theologisch-teleologisch in jene Form gebracht, die während des gesamten Mittelalters führend wurde. Der deutsche Idealismus hat diese Gedanken ebenfalls verarbeitet. — Zur gegenwärtigen Diskussion der Drei-Stadien-Theorie vgl. Willi Oelmueller (Hg.) Paderborner Kolloquien, Bd. I: Transzendentalphilosophische Normenbegründungen (utb 779), Paderborn 1978;

Bd. II: Normenbegründung – Normendurchsetzung (utb 836); Bd. III: Normen und Geschichte (utb 896), Paderborn 1979, bes. Bd. I mit Beiträgen von Apel, Habermas, Krings u. v. a.; zur Popularisierung der Drei-Stadien-Theorie vgl. insbesondere: Funkkolleg Praktische Philosophie – Ethik, Hg. v. Deutschen Institut für Fernstudien an der Universität Tübingen, Wiss. Team: K.-O. Apel, D. Böhler, O. Höffe u. v. a., Weinheim, Basel (Beltz) 1980.

26. Wilhelm Weischedel, Skeptische Ethik, Frankfurt/M. 1976, S. 38.

27. Zit. ebd. S. 74 nach Karl Jaspers, Der philosophische Glaube, München 1963, S. 14.

28. Weitschedel (wie Anm. 26), S. 37.

29. K. Jaspers (wie Anm. 27), ebd.

30. M. Heidegger, Die Frage nach der Technik, Nov. 1955, Vortragsende: „Je mehr wir uns der Gefahr nähern, um so heller beginnen die Wege ins Rettende zu leuchten, um so fragender werden wir. Denn das Fragen ist die Frömmigkeit des Denkens." – Dieses Zitat deutet schon an, daß Heideggers Deutung in eine andere Richtung geht als die oben im Text vorgelegte.

31. Jacques Monod, Zufall und Notwendigkeit, 2. Aufl. München 1971, S. 204.

32. SchopZA I, S. 201 f., 204, 229; III S. 365 f., 230 f., 233; V 238 u. a.

33. SchopZA III, S. 231.

34. Ebd.

35. André Malraux, zit. nach: Rupert Neudeck, André Malraux' heroischer Agnostizismus, in: H.R. Schlette (wie Anm. 3), S. 174.

36. Albert Camus, Der Mythos von Sisyphos, Das Absurde und der Selbstmord, zit. nach: ders., Das Frühwerk, Düsseldorf (Karl Rauch) 1967, S. 397 (auch in Einzelausgaben erhältlich).

37. Ebd. S. 397 f.

38. Ebd. S. 397.

39. NietzKGA VI 2 S. 24.

40. Ebd.

41. KrV B 833, S. 522.

42. Ebd. S. 523.

43. Camus (wie Anm. 36), S. 402.

44. Vermutlich liegt dieser Trugschluß in der abendländisch-scholastischen Tradition begründet, und zwar in der Frage nach dem Verdienst für die menschlichen Werke. Die detaillierte Kasuistik des Thomas von Aquin (mit der Differenzierung von 'meritum de congruo' und 'meritum de condigno'), die Polemik Luthers gegen diese Art von Heils- und Gerechtigkeitsdenken, schließlich die lange polemische Diskussion des Jansenismus und seiner augustinisch orientierten Gnadenlehre sind der historische Boden, auf welchem die Frage gestellt wird, ob das Leben sich lohne. Es ist z. T. ein Derivat der Frage, wie der Mensch gerechtfertigt werde, ob durch Werke oder durch reine Gnade. – Zu den Literaturangaben etc. vgl. A. Seigfried, Art. Lohn, 5 (theologisch), in: HWbPh V Sp. 511 f.

45. E. Bloch, Das Prinzip Hoffnung, Wiss. Sonderausgabe in 3 Bdn, Bd. 1 (Kap. 1–32), Frankfurt/M. 1970, S. 1.

46. Vgl. hierzu auch (aus psychoanalytischer Sicht): E. Fromm, Sein als Wirklichkeit, in: Haben oder Sein, Stuttgart 1976, S. 98 ff.

47. Gleichnamiger Titel eines Liedes von André Heller (LP Neue Lieder 1973, Seite a, Nr. 2).

48. Vgl. J. W. v. Goethe, Faust I:
   „Daß ich erkenne, was die Welt
   Im Innersten zusammenhält,
   Schau alle Wirkungskraft und Samen,
   Und tu nicht mehr in Worten kramen . . . "

49. Plat. Pol. 508 d/509 b.

50. Arist. de anima; de parte anim. A, 1; 641 a 17 – b 10; De gen. anim. B, 3; 736 b 27; Thomas von Aquino, De verit. q. 1, a. 1, c.

51. Alphons Maria Rathgeber, Heiligen-Legende, Eichstätt, Nürnberg 1956, S. 236, 266, 367.

52. MEW 3 (Die Deutsche Ideologie), S. 6.

53. Ebd. S. 26.

54. Ebd. S. 28.

55. MEW Erg. Bd. I (Ökonomisch-philosophische Manuskripte 1844), S. 539: „Der Tod scheint als ein harter Sieg der Gattung über das bestimmte Individuum und ihrer Einheit zu widersprechen; aber das bestimmte Individuum ist nur ein bestimmtes Gattungswesen, als solches sterblich."

56. Ernst Bloch, Tübinger Einleitung in die Philosophie, Bd. 1 (edition suhrkamp 11), 6. Aufl. Frankfurt/Main 1968, S. 7.

57. Ernst Bloch, Das Prinzip Hoffnung (wie Anm. 45), S. 49.

58. Johann Baptist Metz, Neugierde, Jagdtrieb und Flügelschlag . . . (Auszüge aus den Tagebüchern anläßlich des Todes von Ernst Bloch), in: Westfälische Nachrichten (Münster) 5.8.1978 (Nr. 173).

59. Vgl. die kurze Erläuterung in: Hans Waldenfels, Absolutes Nichts. Zur Grundlegung des Dialogs zwischen Buddhismus und Christentum, m. e. Geleitwort von Keiji Nishitani, Freiburg/Basel/Wien 1976, S. 17—22 (Anatman und Pratitya-samutpada).

60. Theodor Wiesengrund Adorno, Negative Dialektik (Ges. Schriften 6), Frankfurt/Main 1973, S. 369.

61. Helmut Gollwitzer 1970 (wie Anm. 17), S. 67 (Gollwitzer nennt ausdrücklich auch die anderen Verwendungsmöglichkeiten des Wortes 'Sinn', vgl. ebd. S. 50—82).

62. MEW 4 (Manifest der Kommunistischen Partei), S. 482.

63. Zur Marxschen „Teleologie" vgl. auch: MEW 13, S. 8 ff.; MEW 23, S. 16; insgesamt: Alfred Schmidt, Geschichte und Struktur, Fragen einer marxistischen Historik (reihe hanser 84), Regensburg 1971.

64. NietzKGA VI/1 (Also sprach Zarathustra), S. 9.

65. Martin Heidegger, Sein und Zeit, 11. Aufl. Tübingen 1967, S. 42 (Die Exposition der Aufgabe einer vorbereitenden Analyse des Daseins, § 9. Das Thema der Analytik des Daseins).

66. Frei nach: Michael Lauble, Einheitsideal und Welterfahrung. Zur Aporetik im Denken von Albert Camus, in: H.R. Schlette (Hg.) 1979 (wie Anm. 3), S. 122; Ders. jetzt ausführlich: Sinnverlangen und Welterfahrung. Albert Camus' Philosophie der Endlichkeit, Düsseldorf 1984.

68. Guter Überblick: Talcott Parsons, Aufsätze, Hg. Stefan Jensen, Opladen 1976.

69. Günther Anders, Die Antiquiertheit des Menschen. Über die Seele im Zeitalter der zweiten industriellen Revolution. München 1956, unveränd. Nachdr. ebd. 1968, S. 16 u. passim.

70. Anna-Teresa Tymieniecka, Why is there Something rather than Nothing? Prolegomena to the Phenomenology of Cosmic Creation, Assen 1966; dazu die Rezension von H. Kuhn, Warum nicht Nichts?, in: Philos. Rundschau 17 1970, S. 107—112; vgl. auch Martin Heidegger, Was ist Metaphysik?, in: ders. Wegmarken, Frankfurt 1967, S. 99—108.

71. Aurelius Augustinus, De bono conjugali, C. 10, hier zit. nach: SchopZA IV, S. 724.

72. H.R. Schlette, Skeptische Religionsphilosophie. Zur Kritik der Pietät, Freiburg/ Br. 1972, S. 30 ff.

73. Vgl. Helmut Gollwitzer 1970 (wie Anm. 17), S. 47 f. — Er weist darauf hin, daß der Begriff auch im (evangelischen) Lexikon: „Religion in Geschichte und Gegenwart" fehlt; dasselbe gilt für die beiden Auflagen des katholischen „Wetzer-Welte" (19. Jh.) und die erste Auflage des „Lexikon für Theologie und Kirche" (Buchberger). Die neue Auflage von Höfer / Rahner bietet eine kurze, dogmatische, Reflexion von B. Lotz über 'Sinn, Sinnlichkeit' (LThK 9 784—786), bietet aber zur Sinnfrage ebensowenig wie seine Vorgänger.

74. Gollwitzer 1970 (wie Anm. 17), S. 48.

75. H. Reiner, Der Sinn unseres Daseins, 2. Aufl. Tübingen 1964, S. 13.

76. Vgl. SchopZA V S. 66.

77. G.W.F. Hegel, Phänomenologie des Geistes, Nach dem Text der Originalausgabe herausgegeben von Johannes Hoffmeister (Philos. Bibl. Meiner 114), 6. Aufl. Hamburg 1952, S. 195, entspricht: ThWA 3, S. 199: „Der Zweckbegriff also, zu dem die beobachtende Vernunft sich erhebt, wie es ihr *bewußter Begriff* ist, ist ebensosehr als ein *Wirkliches* vorhanden und ist nicht nur eine *äußere Beziehung* desselben, sondern sein Wesen. Dieses Wirkliche, welches selbst (s)ein Zweck ist, bezieht sich zweckmäßig auf anderes, heißt: seine Beziehung ist eine zufällige, *nach dem, was beide unmittelbar sind;* unmittelbar sind beide selbständig und gleichgültig gegeneinander. Das Wesen ihrer Beziehung aber ist ein anderes, als sie so zu sein scheinen, u n d   i h r   T h u n   h a t   e i n e n   a n d e r e n   S i n n, als es *unmittelbar* für das sinnliche Wahrnehmen ist; die Notwendigkeit ist an dem, was geschieht, verborgen und zeigt sich erst *am Ende,* aber so, daß eben dies Ende zeigt, daß sie auch das Erste gewesen ist." (Hervorhebungen vom Verf., kursiv von Hegel). – Zur Interpretation der Hegelschen Verwendung des Sinnbegriffs im Kontext von 'Bedeutung', 'Ziel', 'Zweck' und 'Idee' vgl. demnächst: B.-U. Hergemöller, „Der tiefe Sinn der Idee" (wie Anm. 17).

78. MEW Erg. Bd. I (Ökonomisch-philosophische Manuskripte – 1844), S. 536, 542.

79. Somit ist es ein begriffsgeschichtliches Mißverständnis, wenn Helmuth Rolfes, Der Sinn des Lebens im marxistischen Denken, m. e. Vorwort von Johann Baptist Metz, Düsseldorf 1971, meint, beim jungen Marx den modernen Sinnbegriff des 20. Jahrhunderts wiederzufinden, vgl. etwa S. 123: „Damit können wir zusammenfassend sagen: Die in allen Äußerungen anklingende Doppeldeutigkeit des Wortes 'Sinn' ist beabsichtigt. Sie ergibt sich notwendig aus dem Verständnis des Menschen als Ensemble der gesellschaftlichen Verhältnisse." – Wir können dagegen feststellen, daß Marx nie und an keiner Stelle ·im teleologisch-weltanschaulichen Sinn vom „Sinn des Lebens, Daseins etc." gesprochen hat.

80. NietzKGA VII/1 S. 169, 4 (199); VI/1, S. 296; vgl. ebd. S. 8. – Die begriffsgeschichtliche Zäsur im deutschsprachigen Sinnbegriff wird m. W. erstmalig von Gerhard Sauter 1982 (wie Anm. 8) betont, der davon spricht, daß „im Laufe des 19. Jahrhunderts" das Wort 'Sinn' erst „das absolute und zugleich höchst frag-würdige Gewicht" erhalten habe, „das für uns heute am meisten wiegt und uns zumeist schon niederdrückt" (vgl. ebd. S. 16 f.). – Wir meinen, diese Zäsur konkret in Nietzsches Zarathustra, namentlich in dessen erstem Buche, entdeckt zu haben (Februar 1883); vgl. B.-U. Hergemöller, „Der Übermensch ist der Sinn der Erde" (wie Anm. 17).

81. Arist. Met. Γ 1, 1003 a 21.

82. KrV B, S. 260 Anm.

83. „Freiheit als Einsicht . . . " nicht bei Marx, sondern erstmalig bei Engels im sog. „Anti-Dühring", vgl. MEW 20, S. 106: „Hegel war der erste, der das Verhältnis von Freiheit und Notwendigkeit richtig darstellte. Für ihn ist die Freiheit die Einsicht in die Notwendigkeit. 'Blind ist die Notwendigkeit nur, *insofern dieselbe nicht begriffen wird.*' Nicht in der geträumten Unabhängigkeit von den Naturgesetzen liegt die Freiheit, sondern in der Erkenntnis dieser Gesetze, und in der damit gegebenen Möglichkeit, sie planmäßig zu bestimmten Zwecken wirken zu lassen . . . " (kursiv von Engels). – Zum Freiheitsbegriff im Marxismus-Leninismus vgl. noch immer: Roger Garaudy, Die Freiheit als philosophische und historische Kategorie (= phil. Diss. Moskau), Berlin (Ost) 1959 (aus Garaudys orthodox-marxistischer Phase).

84. E.M. Cioran, Die verfehlte Schöpfung (*Le mauvais démiurge,* Paris 1969, dt. v. François Bondy), Wien (Europa) 1973, S. 64 f.

85. NietzKGA IV/3 (Menschliches – Allzumenschliches II) Nr. 14, S. 186 f.

86. R. Carnap, Überwindung der Metaphysik durch logische Analyse der Sprache, in: Erkenntnis 2 1931, S. 219–141, auch in: H. Schleichert (Hg.), Logischer Empirismus – der Wiener Kreis, München 1975, S. 149–171, hier zit. nach: Friedo Ricken, Agnostizismus in der analytischen Philosophie, in: H.R. Schlette (Hg.) (wie Anm. 3), S. 181–206, hier S. 186.

87. Das Falsifikationsproblem hat A. Flew in seiner schon einschlägig bekannten „Gärtnerparabel" erläutert: „Zwei Forschungsreisende kommen zu einer Lichtung im Dschungel, auf der Blumen und Unkraut wachsen. Der eine behauptet, die Lichtung werde von einem Gärtner gepflegt, der andre, es gebe keinen Gärtner. Sie schlagen da-

her ihre Zelte auf und halten Wache, sehen aber niemals einen Gärtner. Daraufhin behauptet der eine, es handele sich um einen unsichtbaren Gärtner, aber ein solcher läßt sich weder durch einen elektrisch geladenen Stacheldrahtzaun noch durch Bluthunde feststellen. Dennoch bleibt der Gläubige bei seiner Behauptung, die er jetzt folgendermaßen modifiziert: Der Gärtner ist unempfindlich gegen elektrische Schläge; Hunde können ihn nicht riechen; er verursacht kein Geräusch. Daraufhin fragt der Skeptiker, was dann von der ursprünglichen Behauptung noch bleibe und wie ein solcher Gärtner sich von einem nur eingebildeten oder überhaupt keinem Gärtner unterscheide." zit. nach F. Ricken (wie Anm. 86), S. 184.

88. F. Ricken (wie Anm. 86), S. 182, hier nach: A.J. Ayer, Sprache, Wahrheit und Logik, Stuttgart 1970 (Language, Truth and Logic, London 1936).

89. L. Wittgenstein (wie Anm. 5), Satz 7 (Schluß), S. 115.

90. Ebd. Satz 6.53, S. 115.

91. L. Stegmüller, Hauptströmungen der Gegenwartsphilosophie, 4. Aufl. Stuttgart 1969, S. 354.

92. F. Ricken (wie Anm. 86), S. 182.

93. Zit. ebd. S. 96, nach D.Z. Phillips, Religion without Explanation, Oxford 1976.

94. Vgl. zu dieser Argumentationsrichtung R. Schaeffler (wie Anm. 9), der 'Sinn' von vornherein als Sinnpostulat auffaßt und dann im transzendentalphilosophischen Sinn in den Zusammenhang mit Erfahrung bringt.

95. Programmatisch: J. Habermas, Erkenntnis und Interesse, jetzt: mit einem neuen Nachwort (stw 1), Frankfurt/Main 1973.

96. Dazu aus einer an Heidegger angelehnten Sicht: G. Prauss, Erkennen und Handeln in Heideggers „Sein und Zeit", Freiburg, München 1977, bes. S. 98 f.

97. F. Ricken (wie Anm. 86), S. 184, 194.

98. So Herwig Blankertz, Theorien und Modelle der Didaktik, 5. Aufl. München 1971, S. 111.

99. H.R. Schlette, in: ders. (Hg.) (wie Anm. 3), S. 218.

100. KrV B 699.

101. J.W. Goethe, zit. nach G. Siegmund, Sein oder Nichtsein, 2. Aufl. Trier 1970, S. 147 (dies Werk stellte eine etwas betuliche und befangene, aber literarisch recht gut belegte, Einführung in die Problematik dar).

102. Zit. ebd. (wie Anm. 101).

103. Zit. ebd. (wie Anm. 101), S. 44. – Auch Søren Kierkegaard hat bekanntlich das Wort von der „Krankheit zum Tode" wiederaufgegriffen, es aber in einer ganz anderen Weise entfaltet. Bei ihm ist die Krankheit zum Tode nicht die vitale Krankheit Goethes, sondern das geistige Leiden des Menschen, genauer: die Verzweiflung, die sich bis zu jenem Punkt steigert, wo sie verzweifelt vor Gott sie selbst sein will (vgl. ders., Werke, übers. L. Richter, Rk 71-81-89-113-147; IV: Die Krankheit zum Tode, 4. Aufl., Reinbek b. Hamburg 1969, S. 71). Bei Kierkegaard wird Verzweiflung zur Sünde; auf den Sünder wartet die Erlösung (ebd. S. 73–118). Der Tod ist nicht der irdische Tod Goethes, sondern der geistige Tod, und die eigentliche Qual der Verzweiflung ist es, nicht sterben zu können (S. 17 f.).

104. J.E.D. Esquirol, Des Maladies Mentales, 2 Bde, Paris 1838; eine dt. Kurzfassung in „Hubers Klassiker der Medizin und der Naturwissenschaften", Bd. XI, Bern 1968.

105. R. Gaupp, Über den Selbstmord, 2. Aufl., München 1910, S. 22 f.

106. Zit. nach V.E. Frankl, Die Sinnfrage in der Psychotherapie (Serie piper 214), München 1981, S. 27.

107. Ebd. S. 26.

108. Ebd. S. 23.

109. Ebd. S. 24.

110. Ebd. S. 25.

111. Ebd. S. 26.

112. Ebd. S. 123 f.: „Mit gleichem Recht also läßt sich für den totalen Un-Sinn der Welt plädieren, wie für einen All-Sinn der Welt. Mit gleichem Recht – das heißt aber: mit gleichem logischem Recht bzw. Unrecht. Tatsächlich ist die Entscheidung, vor die

wir uns hiermit gestellt finden, keine logische Entscheidung mehr. Logisch spräche ebensoviel für das eine wie das andere, logisch sind beide Denkmöglichkeiten echte Möglichkeiten des Denkens."

113. Eine aktuelle, recht polemische aber gezielte Frankl-Kritik auch in: Günther
Anders, Die Antiquiertheit des Menschen, Bd. II: Über die Zerstörung des Lebens im
Zeitalter der dritten industriellen Revolution, München 1980, S. 362—390.

114. Jean Amery, Hand an sich legen. Diskurs über den Freitod, 2. Aufl. Stuttgart
1972, S. 85.

115. Vgl. z. B. G. Siegmund (wie Anm. 101), S. 301 f.; E. Stengel, Selbstmord und
Selbstmordversuch, Frankfurt/M. 1969, S. 44—51; Christa Braun, Selbstmord, München
1971, S. 78—92; K.E. Rothschuh, Art. Krankheit, in: HWbPh IV, Sp. 1184—1190; H.
Pohlmeier (Hg.), Selbstmordverhütung — Anmaßung oder Verpflichtung?, Bonn 1978. —
Dagegen z. B. immer noch das „Handbuch der Selbstmordverhütung" von K. Thomas,
Stuttgart 1964, S. 270: „Zehn Erkenntnisse, die für alle Suicidgefährdeten gelten",
Nr. 2: „Lebensmüde sind krank."

116. J. Amery (wie Anm. 114), S. 20, 48.

117. E. Ringel, Selbstmordverhütung, Bern/Stuttgart/Wien 1969, S. 97 ff., gibt
(unfreiwillig) ein gutes Beispiel für das ärztliche Kunststück, jeweils genau an den entscheidenden Fragen vorbeizumanövrieren und sie dadurch zu verdrängen.

118. J. Amery (wie Anm. 114), S. 87.

119. MEW Erg. Bd. I (Phil.-Ökon. Manuskripte), S. 537.

120. Vgl. das „klassische" Vorwort in MEW 13 (Zur Kritik der politischen Ökonomie, 1.1.1859).

121. MEW 2 (Die heilige Familie), S. 56.

122. MEW 3 (Die deutsche Ideologie), S. 46.

123. MEW Erg. Bd. I (Phil.-ökon. Manuskripte), S. 536.

124. MEW 25 (Das Kapital Bd. III), S. 828 Anm.

125. Klaus / Buhr (Hgg.), Philosophisches Wörterbuch, Bd. I, 8. Aufl., Berlin (Ost)
1971, S. 352.

126. So A. Maceina, Sowjetische Ethik und Christentum. Zum Verständnis des
Kommunistischen Menschen, Witten 1969, S. 133, auch zit. bei: A. Buchholz, Der
Kampf um die bessere Welt. Ansätze zum geistigen Durchdenken der Ost-West-Probleme,
Stuttgart 1961, S. 156. — L. Kolakowski, Die Weltanschauung und das tägliche Leben
(dt.: Der Mensch ohne Alternative), München 1960, S. 191—215; danach: Robert
Schulz, in: Beiträge zur Kritik der gegenwärtigen bürgerlichen Geschichtsphilosophie,
1958, S. 11—52; die Zahl der anschließenden Werke aus dem marxistischen Feld und
Umfeld, die sich in Polemik oder in Dialog mit der Frage nach dem Sinn des Lebens
auseinandersetzen, ist Legion.

127. Henri Lefébvre, Der dialektische Materialismus, Frankfurt/M. 1966, S. 13—
91, hier zit. nach H. Rolfes (wie Anm. 79), S. 140.

128. A. Schaff, Marxismus und das menschliche Individuum, Wien 1965, S. 321 f.,
hier zit. nach H. Rolfes (wie Anm. 79), S. 166.

129. L. Kolakowski (wie Anm. 126), hier zit. nach H. Rolfes (wie Anm. 79),
S. 175 f.

130. Milan Machovec, Der Sinn des menschlichen Lebens, in: Disputation zwischen
Christen und Marxisten, Hg. Martin Stöhr, München 1966, S. 75—95, hier S. 91 f., hier
zit. nach H. Rolfes (wie Anm. 79), S. 182.

131. So Roger Garaudy, in: R. Garaudy, J.B. Metz, K. Rahner, Der Dialog oder:
Ändert sich das Verhältnis zwischen Katholizismus und Marxismus? (rororo a 944),
Reinbek 1966, S. 134.

132. Vgl. dazu den Einwand von J.B. Metz, in: Der Dialog (wie Anm. 131), S. 134:
„Setzt sich dieses Todesverständnis nicht mindestens im selben Maße dem Verdacht der
Mythisierung und Mystifikation des sterblichen Daseins aus, wie er das dem christlichen
Todesverständnis vorwirft?"

133. Diese Bemerkungen geschehen zugleich in der Erwartung, daß der gegenwärtige Stillstand im Dialog mit dem Marxismus durch eine neue „Welle" anregenden
Gedankenaustausches abgelöst werden wird.

134. Vgl. dazu Werner Post, Kritik der Religion bei Karl Marx, München 1969, bes. S. 292 ff.

135. MEW 23 (Kapital, Bd. 1), S. 12.

136. W. Reich, Die Entdeckung des Orgons I. Die Funktion des Orgasmus. Sexual-ökonomische Grundprobleme der biologischen Energie (*The function of the Orgasm, The Discovery of the Orgons*, Vol. I, Selbstverlag 1942; Teilübers. v. K.H. Bönner, Köln-Berlin 1969); Lizenzausgabe (fischer tb 6140), 8. Aufl. Frankfurt/M. 1979, S. 77.

137. Ebd. S. 210.

138. Ebd. S. 269.

139. Ebd. S. 269.

140. Vgl. AAO (Aktions-Analytische Organisation Bewußter Lebenspraxis), Das AAO-Modell, Bd. 1, 2. Aufl., Neusiedler See (Östr.) 1976, darin: O. Mühl, Der Sinn des Lebens (1975), S. 165 f., hier S. 165: „also man kann es drehen wie man will, religiös oder wissenschaftlich, man stößt immer wieder auf dieselbe mauer. es bleibt ein rätsel. das hirn als organ für solche erkenntnis versagt, es ist sicher auch nicht dafür geschaffen, entstanden. das hirn hat lediglich die aufgabe, sich in der welt zu orientieren und am leben zu erhalten. es ist kein organ für metaphysische erkenntnisse. es ist unfähig, den sinn des lebens zu erkennen."

141. Ebd. S. 166.

142. R. Taëni, Das Angst-Tabu und die Befreiung (rororo 7426, 2. Aufl. von ders. Latente Angst: das Tabu der Abwehrgesellschaft. Versuch einer ganzheitlichen Theorie des Menschen. Hamburg 1979), S. 405.

143. G. Anders II (wie Anm. 113), S. 369.

144. J.B. Metz. Positivismus, Marxismus und Christentum im Test der Sinnfrage, Vorwort zu: H. Rolfes (wie Anm. 79), S. 7.

145. F. Hacker, Aggression, Die Brutalisierung der modernen Welt, Wien, München, Zürich 1971, S. 138.

146. Vgl. M. Heidegger, Sein und Zeit (wie Anm. 65), bes. S. 231—436, dort vor allem Kap. 3: Das eigentliche Ganzseinkönnen als der ontologische Sinn der Sorge.

147. M. Montaigne, zit. nach G. Anders I (wie Anm. 69), S. 233.

148. Theait. 156 d.

149. Zit. nach SchopZA III S. 187.

150. SchopZA I (Welt als Wille und Vorstellung) § 34, S. 231.

151. SchopZA I, S. 63.

152. M. Heidegger, Was ist Metaphysik, in: ders. Wegmarken, Frankfurt/m. 1962, S. 211.

153. Ebd. S. 8 f.

154. Ebd. S. 12.

155. Ebd. S. 18.

156. Ebd. S. 107.

157. E. Bloch, Spuren, 2. Aufl. Frankfurt/M. 1972, S. 216.

158. Ebd. S. 218.

159. E. Bloch, Prinzip Hoffnung (wie Anm. 45) I, S. 337 f.

160. Vgl. ebd. S. 338.

161. S. Kierkegaard, Der Begriff Angst. Eine simple psychologisch-hinweisende Erörterung in Richtung des dogmatischen Problems der Erbsünde von Vigilius Haufniensis, Kopenhagen 1844, Dt. Übers. Liselotte Richter (rororo kl. 71), 6. Aufl. Reinbek 1969, S. 57.

162. M. Heidegger, Sein und Zeit (wie Anm. 65), S. 187.

163. Zu den anthropologischen Konstanten rechnet auch Schopenhauer die Angst, vgl. SchopZA I S. 206: „Im Grunde entspringt dies daraus, daß der Wille an sich selber zehren muß, weil außer ihm nichts daist und er ein hungriger Wille ist. Daher die Jagd, die Angst und das Leiden."

164. M. Heidegger, Sein und Zeit (wie Anm. 65), S. 188.

165. S. Kierkegaard (wie Anm. 161), S. 55.

165. Vgl. M. Heidegger, Sein und Zeit (wie Anm. 65), S. 188 f.

167. M. Heidegger, Was ist Metaphysik?, in: ders. Wegmarken, Frankfurt 1967, S. 8.

169. Bezeichnenderweise fehlt er im HWbPh und wird auch bei Heidegger (vgl. Anm. 170) nur kurz und anscheinend verlegenheitshalber eingeflochten.

170. M. Heidegger, Was ist Metaphysik? (wie Anm. 152), S. 8.

171. SchopZA III S. 175.

172. Sen. de vita b. XIII, S. 19 f.

173. Vgl. Art. Polignac, in: Wetzer-Welte II 1897, Bd. 10, Sp. 133.

174. NietzKGA VI/2 (Jenseits von Gut und Böse), Nr. 270, S. 235 f.

175. NietzKGA VI/1 (Also sprach Zarathustra), S. 233.

176. Vgl. die Interpretation Albert Camus', in: Der Mensch in der Revolte (L'Homme Revolté, Paris 1951, dt. v. Justus Streller, neubearb. v. G. Schlocker u. F. Bondy) 3. Aufl. (rororo 1216), Reinbek b. Hamburg 1971, S. 31 ff.

177. Zit. nach Marion Luckow, Die Homosexualität in der literarischen Tradition, Stuttgart 1962, S. 33.

178. Albert Schweitzer, Die Ehrfurcht vor dem Leben (1919), in: ders., Die Lehre von der Ehrfurcht vor dem Leben, Hg. H.W. Bähr, München 1966, S. 32, 36.

179. Erich Fromm, Haben oder Sein, Stuttgart 1976, S. 161.

180. SchopZA II § 66, S. 455.

181. I. Eibl-Eibesfeldt, Liebe und Haß, Zur Naturgeschichte elementarer Verhaltensweisen, München 1970, achte Aufl. München (serie piper 113) 1978.

182. V.E. Frankl (wie Anm. 106), S. 64.

183. „Latent": P. Tillich; „struktural": H.R. Schlette; „anonym": K. Rahner; – zur Problematik vgl.: H.R. Schlette, Strukturen des Christentums, philosophisch, in: ders. Aporie und Glaube, München 1970, S. 114 ff.

184. Vgl. Anm. 36.

185. A. Camus (wie Anm. 36), S. 414.

186. Ebd. S. 441.

187. Ebd. S. 442.

188. Vgl. ebd. S. 518 f. und H.R. Schlette, A. Camus heute: Wege der deutschen Camus-Rezeption, Hg. v. dems. (WdF CCCXLI), Darmstadt (WBG) 1975, S. 183 f.

189. A. Camus (wie Anm. 36), S. 456.

190. Ebd. S. 518 f.

191. Ebd. S. 68, vgl. auch S. 190 f. (Ansätze im Frühwerk), dann ders., Der Mensch in der Revolte (wie Anm. 176), S. 237 ff.

192. Ders., Der Mensch in der Revolte (wie Anm. 176), S. 228.

193. Ebd. S. 229.

194. Ebd. S. 232; H.R. Schlette (wie Anm. 188), S. 176 f.

195. A. Camus, Der Mensch in der Revolte (wie Anm. 176), S. 238 ff.

196. R.M. Rilke, Sämtl. Werke, Hg. E. Zinn (Nachdr. d. Ausgabe Frankfurt 1955–66), Frankfurt 1976, Bd. 2, S. 717–720.

197. Ders., Erste Duineser Elegie, ebd. S. 685.

198. KrV B 620 ff., S. 397 ff.

199. K.D. Nothdurft, Studien zum Einfluß Senecas auf die Philosophie und Theologie des Zwölften Jahrhunderts, Diss. Leiden/Köln 1963, S. 194.

200. KrV B 625 f.

201. Auch Karl Marx hat sich aus ähnlichen Gründen gegen den ontologischen Gottesbeweis gewandt, den er „hohle Tautologie" nannte und lediglich als Beweis menschlichen Selbstbewußtseins gelten lassen wollte; vgl. MEW Erg. Bd. 1, S. 317 f. (Anmerkungen zur Doktordissertation).

202. KrV B 632 f., S. 404 f.

203. KrV B Anm. S. 404.

204. Ebd. 635, S. 405.

205. SchopZA III S. 55; vgl. auch ZA V (Über die vierfache Wurzel des Satzes vom zureichenden Grunde), S. 52 ff. und ZA II, S. 589 ff.

206. W. Derham, Physico-theology or: A demonstration of the Being and attributes of God, from his works of creation, London 1713 (danach viele Auflagen, Dt. zuerst von J.A. Fabricius, Hamburg 1730).

207. KrV 650 f., S. 414 f.

208. H. Kraft, Kaiser Konstantins religiöse Entwicklung (Beitr. z. Hist. Theol. 20), Tübingen 1955, Brief 15, S. 208 ff.

209. Hegel ThWA 12, S. 28. Zitat fehlt in: Philos. Bibl. 171a (wie Anm. 23), S. 48.

210. Schopenhauer fügt noch — halb-ironisch — den „keraunologischen" Beweis hinzu, der darauf basiert, daß die F u r c h t der Menschen die Götter geschaffen habe (vgl. SchopZA II S. 624 f.).

211. Pius XII., Discorsi e Radiomessaggi di Sua Santità Pio XII, 2. marzo 1939 — 9. ott. 1958, Vatikan (Libreria editrice Vaticana), 20 Bde u. ein Reg. Bd., hier bes.: Bd. XIII, S. 401—406 (Varie vie per determinare l'origine del mondo nel tempo); vgl. Bd. XIV, S. 212 und Bd. XII, S. 503 (*Errore moderne circa la creazione del mondo*).

212. Dies beispielsweise die Ansicht Schopenhauers, vgl. SchopZA VII S. 135.

213. Hegel ThW A 16, S. 100; vgl. G.W.F. Hegel, Vorlesungen über die Philosophie der Religion, mit einem bibliographischen Anhang, 2 Bde (I: Begriff der Religion; II: Die bestimmte Religion), Hg. Georg Lasson (Philos. Bibl. Meiner Nr. 59), Nachdr. d. 1. Aufl. 1925 Hamburg 1966, S. 85 f. (sinngemäß, das entsprechende Zitat fehlt).

214. Hegel ThWA 16 S. 94; Philos. Bibl. 59 (wie Anm. 213), S. 89.

215. Hegel ThWA 16, S. 113; = Philos. Bibl. 59 (wie Anm. 213), S. 172.

216. Hegel ThWA 16, S. 101; vgl. Philos. Bibl. 59 (wie Anm. 213), S. 162.

217. Hegel ThWA 16, S. 102; vgl. Philos. Bibl. 59 (wie Anm. 213), S. 164.

218. Hegel ThWA 12, S. 386; besser: Hegel, Phänomenologie (Philos. Bibl. 114, wie Anm. 77), S. 313—346.

219. Hegel ThWA 12, S. 86; vgl. G.W.F. Hegel, Vorlesungen über die Philosophie der Weltgeschichte (Philos. Bibl. 171a, wie Anm. 23), S. 182.

220. Hegel ThWA 12, S. 77; = G.W.F. Hegel, Vorlesungen über die Philosophie der Weltgeschichte (Philos. Bibl. 171a, wie Anm. 23), S. 167 ff.

221. Hegel ThWA 16, S. 65 ff.; entspricht: G.W.F. Hegel, Vorlesungen über die Philosophie der Religion (Philos. Bibl. 59, wie Anm. 213), S. 62 ff., S. 242 ff.

222. Hegel ThWA 10, S. 17; = G.W.F. Hegel, Enzyklopädie der philosophischen Wissenschaften im Grundrisse (1830) (Philos. Bibl. Meiner Nr. 33), neu herausgegeben Friedhelm Nicolin / Otto Pöggeler, 6. Aufl. Hamburg 1959, S. 313.

223. Hegel ThWA 16, S. 108; = Philos. Bibl. 59 (wie Anm. 213), S. 168.

224. Hegel ThWA 10, S. 18; vgl. Philos. Bibl. Nr. 33 (wie Anm. 222), Zusatz zu § 381, fehlt hier (vgl. S. 314).

225. Hegel ThWA 10, S. 25; vgl. Philos. Bibl. Nr. 33 (wie Anm. 222), fehlt hier.

226. Hegel ThWA 10, S. 24 f.; vgl. Philos. Bibl. Nr. 33 (wie Anm. 222), fehlt hier.

227. Hegel ThWA 12, S. 18 u. ö.; vgl. Philos. Bibl. 171a (wie Anm. 23).

228. Zit. nach: T.W. Rhys Davids (Hg.), Buddhist-Sutras (Sacred Books of the East in 50 Vol., Bd. 11), New Delhi / Patna / Varanasi, Nachdr. 1973, S. 146 ff.: The Foundation of the Kingdom of Righteousness (Dhamma-kakka-ppavattana-sutta); L. Silburn, Le Bouddhisme, Textes réunis, traduits et presentés, Paris 1977, S. 37 ff.: Le dhamma: Les quatres vérités mystiques. Le sermon de Bénarès.

229. Vgl. Waldenfels 1976 (wie Anm. 59).

230. Vgl. Waldenfels 1976 (wie Anm. 59), S. 21; auch: E. Frauwallner, Geschichte der indischen Philosophie, Bd. I, Salzburg 1953, S. 197; Lambert Schmithausen, Art. Dharma, in: HWbPh II, Sp. 161 f.; H. Dumoulin, Der Buddhismus, in: Weltgeschichte der Gegenwart, Bd. II, Bern, München 1963, S. 626—646; ders. (Hg.), Buddhismus der Gegenwart, Freiburg/Br. 1970; ders., Der Erleuchtungsweg des Zen im Buddhismus, Frankfurt/Main 1975; W.L. King, Buddhism and Christianity, Some Bridge of Understanding, London 1962; ders., The Impersonal Personalism and Subjectivism of Buddhist 'Nihilism', in: JR 8/4 1975, S. 37—53; von den älteren Autoren allgemein: Glasenapp, Frauwallner und Karl Eugen Neumann.

231. Nietzsches KTA Nr. 78, passim, etwa S. 25, 54, 113 ff. — Nietzsches nachgelassene Schriften und Fragmente (KGA VIII. 1—3) werden hier in der (allgemein verbreiteten) Fassung zitiert, die Elisabeth Förster-Nietzsche und Peter Gast unter dem Titel „Der Wille zur Macht" ediert haben. Späteren Forschungen muß ein kritischer Vergleich mit der Gesamtausgabe vorbehalten bleiben.

232. R. Wilhelm (Hg.), Laotse, Tao-te-king, in: Die Philosophie Chinas (Diederichs-Kassette, Bd. 5), Düsseldorf, Köln 1976, S. 25.

233. Ebd. Nr. 25, S. 65.

234. Ebd. Nr. 21, S. 61.

235. Ebd. S. 25.

236. Dieser Fehlschluß findet sich des öfteren bei V.E. Frankl (wie Anm. 106), z. B. S. 22: „Was aber ist Selbstmord? Ein Nein auf die Sinnfrage" (gesperrt von Frankl).

237. J. Moreau, Die Christenverfolgung im Römischen Reich, 2. Aufl., Berlin, New York 1971, S. 58 f.

238. E. Durkheim, Le Suicide, 1897, dt. Darmstadt 1973.

239. A. Camus (wie Anm. 36), S. 401. – In diesem Sinne auch J. Amery, in: Schultz-Gerstein, Doppelkopf, Frankfurt/M. 1979, S. 24 (Amerys letztes Interview vor seinem Suizid).

240. Diese und viele andere Beispiele in: A. Alvarez, Der grausame Gott. Eine Studie über den Selbstmord. (The Savage God – A Study on Suicide, London 1971 – dt. Ausgabe Hamburg 1974 (fischer-Nr. 3807) Frankfurt/M. 1980.

241. Seneca, de prov. VI, 7 (WBG I, S. 39).

242. E.M. Cioran, Die verfehlte Schöpfung (Le mauvais démiurge, a. d. Franz. v. F. Bondy), Wien 1973, S. 56.

243. Ebd. S. 59 f.

244. Seneca, de prov. VI, 6 (WBG I, S. 38 f.).

245. Nietzsche KTA Nr. 78 („Der Wille zur Macht"), S. 522.

246. Ebd. S. 505.

247. Ebd. S. 505 f.

248. E. Fromm, Anatomie der menschlichen Destruktivität (The Anatomy of Human Destructiveness, New York 1973, aus dem Amerik. v. L. u. E. Mickel), Stuttgart 1974, 3. Aufl. 1977, S. 300 (dort zit. nach H. Thomas, The Spanish Civil War, New York 1961).

249. S. Kierkegaard, Entweder – Oder, Unter Mitw. v. Niels Thulstrup u. d. Kierkegaard-Gesellschaft Hg. v. Hermann Diem u. Walter Rest (aus dem Dän. v. Heinrich Fauteck – Text der Jakob-Hegner-Ausgabe Köln 1960), 2. Aufl. (dtv 6043) München 1978, S. 739.

250. Ebd.

251. Ebd. S. 241.

252. Vgl. B. Woodward / C. Bernstein, The final Days, New York 1976.

253. Zit. A. Alvarez (wie Anm. 240), S. 211.

254. Ph.H.Th. d'Holbach, Système de la nature ou Des Lois du monde physique et du monde moral, neue Ausgabe v. D. Diderot, Paris 1821, Nachdr. Hildesheim 1966; vgl. auch: M. Naumann (Hg.), Paul Thiry d'Holbach, Ausgewählte Texte, Berlin (Ost) 1959, bes. S. 21–62: Die Lehre von der Religion.

255. L. Feuerbach, Wesen des Christentums, Hg. W. Bolin / F. Jodl / H.M. Sass (Ges. Werke Bd. 6), 2. Aufl. 1960/62, S. 44 ff., 58 ff. (bis etwa S. 74).

256. MEW I (Einleitung in die Hegelsche Rechtsphilosophie – Vorrede), S. 378.

257. In seinem letzten Interview (mit Pierre Victor) schreibt Sartre der Hoffnung konstitutive Bedeutung bei jeder menschlichen Handlung zu und distanziert sich von der 'Angst' und der 'Hoffnungslosigkeit' seiner Frühwerke: Die Linke neu denken – Über Hoffnung und Moral. Ein Gespräch mit Benny Lévy, in: Freibeuter 4/5 1980, S. 37–50, 1–22.

258. J.P. Sartre, Die Wörter (Les Mots, aus d. Franz. v. H. Mayer, rororo 1000), 6. Aufl., Reinbek 1972, S. 59.

259. Ebd.

260. J.P. Sartre, Der Ekel (La Nausée, aus d. Franz. v. H. Wallfisch, rororo 581), 14. Aufl., Reinbek 1975, S. 111.

261. F.M. Dostojewski, Die Brüder Karamasoff, Roman (aus dem Russ. v. E.K. Rahsin 1906–1919, Neuausgabe 1952–1963), Lizenz-Ausgabe München 1977/1980, Bd. 1, S. 114.

262. A. Camus, L'Homme revolté (wie Anm. 176), S. 84.

263. F.M. Dostojewski, Die Dämonen. Roman (Werke wie Anm. 261), S. 905.

264. Eine quellengetreue Darstellung: Roland Villeneuve, Gilles de Rays, une grande figure diabolique, Paris 1955.

265. P. Celan, Gedichte (Hg. Beda Allemann), 2 Bde, Frankfurt 1975, hier Bd. 1, S. 225.

266. Ebd. S. 244 (Mandorla).

267. W. Capelle (Hg.), Die Vorsokratiker (Kröner Tb 119), Stuttgart 1968, S. 345.

268. Ebd. S. 323 ff.

269. Vgl. Anm. 1.

270. Iring Fetscher, Art. Nihilismus, in: Die Religion in Geschichte und Gegenwart, 4. Bd., Tübingen 1960, Sp. 1481 f.

271. F. Nietzsche KTA Nr. 78 („Der Wille zur Macht"), S. 3.

272. Ebd. S. 10.

273. Ebd. S. 412.

274. Ebd. S. 212.

275. Ebd. S. 10.

276. Ebd. S. 44.

277. Ebd. S. 54.

278. Ebd. S. 184 u. ö.

279. Ebd. S. 269.

280. Ebd. S. 277.

281. Ebd. S. 578. Zum Begriff des Dionysischen vgl.: Max L. Baeumer, Das Dionysische in den Werken W. Heinses, Bonn 1964.

282. NietzKGA VI/1 (Also sprach Zarathustra), S. 89 f.

283. Louis Aragon, Manifest, in: Maurice Nadeau, Geschichte des Surrealismus, Reinbek 1965, S. 32.

284. J.P. Sartre, Das Sein und das Nichts, Versuch einer phänomenologischen Ontologie (L'Etre et le Néant, Paris 1943, a. d. Franz. v. J. Streller u. a.), 5. Aufl. der ersten vollständigen dt. Ausgabe, Reinbek 1976, S. 134 o. ö.

285. Ebd. S. 132.

286. Ebd. S. 396, 687.

287. Ebd. S. 65.

288. Ebd. S. 136.

289. Ebd. S. 137.

290. Ebd. S. 150.

291. Ebd. S. 696.

292. Ebd. S. 699.

293. Ebd. S. 783.

294. Ebd. S. 672.

295. Ebd. S. 672.

296. Ebd. S. 687.

297. Ebd. S. 679.

298. Ebd. S. 680.

299. Ebd. S. 679.

300. Belege: H.R. Schlette (wie Anm. 3), S. 207—16.

301. SchopZA V, S. 66.

302. Einführung und Überblick: Alltagswissen, Interaktion und gesellschaftliche Wirklichkeit, 2 Bde, Hg. v. d. Arbeitsgruppe Bielefelder Soziologen (reader) (rororo Studium 54), Reinbek 1973 f.; K.O. Hondrich, Menschliche Bedürfnisse und soziale Steuerung (rororo Studium 68), Reinbek 1975.

303. Dies trifft sich in etwa mit dem Bereich, der seit der Philosophie des späten Mittelalters (Petrarca, Machiavelli) ·'fortuna' genannt wird. Peter Wust, Ungewißheit und Wagnis, Münster 1965, S. 98 ff., spricht von der „untersten Ebene des Insecuritas-Raumes" (unter ausdrücklicher Bezugnahme auf die beiden Genannten).

304. Vgl. Th.W. Adorno, Negative Dialektik (Werke 6), Frankfurt 1973, S. 361 f.

305. Vgl. Reader Anm. 302, Bd. I, S. 204 ff.

306. Beispiele: Wer weiß, wer weiß. – Man kann nie wissen. – Vielleicht ist.doch etwas dran. – Wer weiß, wofür das noch gut ist. – (vgl. H.R. Schlette, Skeptische Religionsphilosophie, Freiburg 1972, Vorsatzblatt).

307. Spiegel-Umfrage: Was glauben die Deutschen? 18.12.1967.

308. Vgl. J.P. Sartres berühmtes Wort aus „Huis clos": L'enfer, c'est les autres. Die Hölle – das sind die anderen", in: ders., Gesammelte Dramen (rororo-Sonderband), Reinbek 1969, Bei geschlossenen Türen (Dt. v. Harry Kahn), 5. Szene, S. 97.

309. Wie bekannt, bestehen die „Pensées" aus einem Haufen ungeordneter Zettel, die von den verschiedenen Herausgebern nach jeweils unterschiedlichen Kriterien zusammengestellt wurden. Hier werden drei Ausgaben parallel zitiert:

Str. = F. Strowski, Pascal, Edition définitive des œuvres complètes, Paris (Ollendorff) 1923–1931; die Strowski'sche Numerierung auch in: W. Rüttenauer (Übers.), Blaise Pascal, Gedanken, m. e. Einf. v. R. Guardini, Lizenzausgabe Birsfelden-Basel (Schibli-Doppler).

Br. = L. Brunschvicg, Pascal, Pensées et opuscules, Paris (Libr. Hachette), 20. Aufl. 1933.

Laf. = Louis Lafuma, Pascal, Œuvres Complètes, préf. H. Gouhier, Paris (du Seuil) 1963.

„denkendes Schilfrohr": Str. Nr. 128, Br. Nr. 347, Laf. Nr. 200.

310. Str. Nr. 313, Br. Nr. 72, Laf. Nr. 199.

311. Str. Nr. 51, Br. Nr. 260, Laf. Nr. 504 f.

312. Str. Nr. 83, Br. Nr. 233, Laf. Nr. 418.

313. Str. Nr. 336, Br. Nr. 434, Laf. Nr. 131.

314. Str. Nr. 1, Br. Nr. 194, Laf. Nr. 432.

315. Wie Anm. 312.

316. Str. Nr. 336, Br. Nr. 434, Laf. Nr. 131.

317. Wie Anm. 312.

318. Wie Anm. 316.

319. Vgl. Str. Nr. 52, 336; Br. Nr. 268, 434; Laf. Nr. 170, 131.

320. Str. Nr. 30, Br. Nr. 187, Laf. Nr. 12.

321. Str. Nr. 83, Br. Nr. 233, Laf. Nr. 418.

322. Str. Nr. 90, Br. Nr. 278, Laf. Nr. 424.

323. Sören Kierkegaard, Entweder – Oder (Ein Lebensfragment herausgegeben von Victor Eremita, Kopenhagen 1843), Unter Mitwirkung von Niels Thulstrup u. d. Kopenhagener Kierkegaard-Gesellschaft Hg. Hermann Diem und Walter Rest (aus dem Dän. v. Heinrich Fauteck), ungekürzte Ausgabe der Jakob-Hegner-Ausgabe (Köln 1960), München 1975 (dtv 6043); dän. Ausgabe: Søren Kierkegaard, Enten – Eller. Et Livs-Fragment udgivet af Victor Eremita, Hg. J.L. Heiberg, 7. Aufl. Kopenhagen 1937.

324. Vgl. Entweder – Oder (wie Anm. 323), S. 109 ff.

325. Ebd. S. 180 ff.

326. Ebd. S. 717.

327. Ebd. S. 725.

328. Ebd. S. 731.

329. Ebd. S. 711.

330. Ebd. S. 729.

331. Vgl. ebd. (Vorwort) S. 8.

332. Ebd. S. 841.

333. Sören Kierkegaard, Philosophische Brocken (Werke, Hg. u. übers. Liselotte Richter, rororo Bd. V, Nr. 147), Reinbek, 2. Aufl. 1967, S. 104.

334. Ebd. S. 104.

335. Ebd. S. 99.

336. Ebd. S. 104.

337. Sören Kierkegaard, Die Krankheit zum Tode (Werke wie Anm. 333, Bd. IV), Reinbek, 4. Aufl. 1969, S. 21.

338. Ebd. S. 328.

339. Vgl. ebd. (Glossar) S. 136.

340. Ebd. S. 125.

341. Ebd. S. 44.
342. Ebd. S. 47.
343. Ebd. S. 125.
344. Ebd. S. 44.
345. Ebd. S. 63 f.
346. Ebd. S. 47.
347. Ebd. S. 17 f.
348. Peter Wust, Ungewissheit und Wagnis (Gesammelte Werke, Hg. Wilhelm Vernekohl, Bd. IV), Münster 1965, S. 264.
349. Ebd. S. 57.
350. Ebd. S. 114.
351. Ebd. und passim.
352. Ebd. S. 228.
353. Ebd.
354. Ebd. S. 131.
355. Ebd. S. 137.
356. Ebd. S. 12.
357. Ebd. S. 142.
358. Ebd.
359. Ebd. S. 68.
360. Ebd. S. 71.
361. Ebd. S. 205.
362. Ebd.
363. Ebd. S. 229. (Hervorhebungen vom Verf.).
364. Ebd. S. 229 f.
365. Ebd. S. 76.
366. Ebd. S. 149.
367. Ebd. S. 129, 162.
368. Ebd. S. 204 f.
369. Ebd. S. 129.
370. Ebd.
371. Ebd. S. 224.
372. Ebd. S. 238.
373. Ebd. S. 277.
374. Ebd. S. 273.
375. Vgl. H.R. Schlette, in: ders. (wie Anm. 3), S. 222.
376. Thomas Bernhard, Der Weltverbesserer (Schauspielhaus Bochum, Uraufführung, Programmbuch 16), Stuttgart 1980, S. 59.
377. K.-D. Ulke, Ausprägungen des Agnostizismus bei Hume, Kant und im Viktorianischen England, in: H.R. Schlette (wie Anm. 3), S. 26 f.; ausführlicher: ders. Agnostisches Denken im Viktorianischen England, Freiburg/München 1980.
378. Thomas Henry Huxley (1825—95), Agnosticism and Christianity, Collected Essays V, London 1894.
379. K.-D. Ulke (wie Anm. 377) schlägt den Begriff „anarchischer" A. vor (S. 30), während H.R. Schlette in demselben Sammelband (wie Anm. 3), S. 215 f. die beiden Begriffe „änigmatischer" bzw. „aporetisch-änigmatischer" A. zur Debatte stellt. Die Begriffe „anarchisch" und „änigmatisch" sind zwar durchaus treffend, aber doch größeren Mißverständnissen ausgesetzt als der seit der platonischen Philosophie selbstverständliche Begriff „aporetisch". Daher sollte man m. E. diesem einfachen Ausdruck den Vorzug geben.
380. Die Zweiteilung „aporetisch" und „positivistisch" bei: Bernd Brömmelkamp, Weder — Noch, Traktat über die Sinnfrage, Münster 1978, S. 168.
381. So H.R. Schlette (wie Anm. 3), S. 216.
382. Im weiteren Sinn müßte man zum „analytischen" A. auch jene modifizierten Sinnlosigkeitsverdikte über den abstrakten Charakter der Gottes- und Seinsfrage rechnen, die beim jungen Marx geäußert werden; vgl. dazu Werner Post, Agnostizismus im Marxschen Denken, in: H.R. Schlette (wie Anm. 3), S. 49—67, bes. S. 55 f.

383. Wilhelm Weischedel, Skeptische Ethik, Frankfurt/M. 1976, S. 184.

384. Man sollte den Ausdruck „philosophischer Suizid" strikt auf jene Formen der Freitötung beziehen, die aus philosophischen Motiven resultieren. Albert Camus, Der Mythos von Sisyphus (in: Frühwerk, wie Anm. 36), hat dagegen unter der Überschrift „Der philosophische Selbstmord" das Denken „unserer Zeit" untersucht, „das von einer philosophisch begründeten Sinnlosigkeit der Welt durchdrungen und gleichzeitig in seinen Schlüssen äußerst zerrissen ist." (ebd. S. 440).

385. Die Frage ist nicht uninteressant, ob es in der Geschichte oder wenigstens in der Literatur den Fall gibt, daß ein erklärter Agnostiker erklärten „philosophischen Selbstmord" (und damit im Sinne unseres Werkes einen Selbstwiderspruch) oder zumindest einen „allgemeinen, immanenz-orientierten" Freitod vollzieht. Beides ist m. W. nicht bekannt. Reinhard Leuze bezeichnet in dem Aufsatz „Das Problem des Agnostizismus bei Hegel" (in H.R. Schlette, wie Anm. 3), S. 40 ff., Kiriloff aus Dostojewskis „Dämonen" als eine „durch und durch skeptische Existenz." (Bekanntlich hat Kiriloff sich gegen Ende des Romans erschossen). Camus hat aber schon — auch zu Recht — in seinem Essay „Das Absurde und der Selbstmord (wie Anm. 384), S. 401, Kiriloff (neben Peregrinos Proteus und Jules Lequier) zu jenen Denkern gerechnet, die dem Leben jeden Sinn absprachen und daher den Suizid als reine Konsequenz vollzogen. — In der Tat erscheint Kiriloff bei Dostojewski zwiespältig. Anfangs wird er durchweg als radikaler Skeptiker präsentiert (vgl. F. Dostojewski, Die Dämonen, wie Anm. 263, S. 158, 326, 522), der sich schließlich in den entscheidenden Schlußgesprächen als Atheist und Nihilist zu erkennen gibt. Dadurch, daß er sich nach seiner subjektiven Abschaffung Gottes selbst — kraft des Suizides — an dessen Stelle setzen will, wird er im Sinn vorliegenden Schemas zu einem „transzendenz-orientierten" Sinnverneiner. Aufgrund dieses fließenden und schillernden Persönlichkeitsbildes kann man Kiriloff weder für den Skeptizismus, noch für den Nihilismus voll und ganz in Anspruch nehmen, — am allerwenigsten für den Agnostizismus.

386. KantAA IV S. 389.

387. Eine gute Zusammenfassung des Forschungs- und Diskussionsstandes sind die drei von Willi Oelmüller herausgegebenen Paderborner Kolloquien (wie oben Anm. 25).

388. Wie Anm. 25 Bd. I, S. 165.

389. Ebd.

390. Ebd. S. 24, Zitat aus K.O. Apel, Transformation der Philosophie, Bd. II, Frankfurt 1976 (stw 165), S. 431: „Erstens muß es in allem Tun und Lassen darum gehen, das Überleben der menschlichen Gattung als der realen Kommunikationsgemeinschaft sicherzustellen, zweitens darum, in der realen die ideale Kommunikationsgemeinschaft zu verwirklichen. Das erste Ziel ist die notwendige Bedingung des zweiten Ziels; und das zweite Ziel gibt dem ersten seinen Sinn, — den Sinn, der mit jedem Argument schon antizipiert ist."

391. Ebd. S. 127.

392. Ebd. S. 108.

393. Der Agnostizismus wird in den angesprochenen Sammelbänden gar nicht, der Skeptizismus nur in den einleitenden Bemerkungen Oelmüllers (Bd. I, S. 10) gewürdigt, die zudem auf einem argumentativ und sprachlich recht niedrigen Niveau stehen: „Voraussetzung der Skeptiker ist die Prämisse, daß es kein wissenschaftliches Verfahren zur Normenbegründung und Normendurchsetzung gibt, das Individuen und sozialen Gruppen bei der Bewältigung ihrer Handlungskonflikte und Orientierungskrisen Orientierungshilfen bieten kann. Und doch müssen auch Skeptiker leben und handeln, wenn sie nicht den Freitod wählen. Sie schweigen dann darüber, worüber man nicht wissenschaftlich reden kann, oder empfehlen etwa eine 'einfache Sittlichkeit'".

394. Vgl. Anm. 390.

395. W. Weischedel (wie Anm. 383), S. 182 ff.

396. Insofern ist Weischedels Ethik (vgl. Anm. 383) nicht konsequent skeptisch.

397. Chr. Wild (wie Anm. 1), S. 8.

398. Diesen medizinischen Nachweis haben V.E. Frankl und seine Schüler gebracht. (Vgl. — auch zur Kritik an seinem Entwurf — Anm. 106 ff.; allg. Lit.: W. Bister, Art. Logotherapie, in: HWbPh V 502).

399. KrV B. 834.

400. W. Weischedel (wie Anm. 383) baut in seiner „skeptischen Ethik" ein ganzes System auf, das er in vier „Grundentschlüsse" (1. Skeptizismus, 2. Freiheit, 3. Dasein, 4. Gestaltung des Daseins, — vgl. o.), drei „Grundhaltungen" (Offenheit, Abschiedlichkeit, Verantwortlichkeit) und jeweils, auf diesen Grundhaltungen basierende „Haltungen" (zur Offenheit gehören: Wahrhaftigkeit, Sachlichkeit, Geltenlassen, Toleranz, Mitleid; zur Abschiedlichkeit: Entsagung etc., Selbstbeherrschung und Besonnenheit, Tapferkeit, Großmut, Gelassenheit; zur Verantwortlichkeit: Solidarität, Gerechtigkeit, Treue) einteilt. M.E. geht logisch allerdings nur die Grundhaltung der Offenheit aus seinem skeptischen Ansatz hervor bzw. die Haltung der Toleranz. Alle anderen Wertbegriffe lassen sich letztlich auf andere Einflüsse zurückführen. In vorliegendem Traktat wurde demnach nur auf die 'Toleranz' Bezug genommen; die 'Gerechtigkeit' in obenstehendem Text auf andere Weise begründet als bei Weischedel.

401. Die Legitimität einer „unhistorisch-statischen" Sichtweise wird dagegen nachdrücklich bestritten von W. Oelmüller (wie Anm. 25), Bd. I, S. 50 ff.: „Zur Rekonstruktion unserer historisch vorgegebenen Handlungsbedingungen."

402. Vgl. W. Weischedel (wie Anm. 383), S. 193, 206.

403. Vgl. ebd. S. 206.

404. Zu diesem Thema vgl.: Theodor Ebert, Gewaltfreier Aufstand (fischer 1123), 2. Aufl. Frankfurt/Hamburg 1971 (mit Lit.) sowie die von diesem herausgegebene Zeitschrift: gewaltfreie aktion, Berlin (West) 1969 ff.

405. So Weischedel (wie Anm. 383), S. 127—137, i. d. S. schon SchopZA II S. 373.

406. Vgl. Herbert Marcuse, Triebstruktur und Gesellschaft (Bibl. Suhrkamp), Frankfurt 1978, S. 186.

407. A. Camus, L'Homme revolté (wie Anm. 176), S. 236.

408. W.I. Lenin, Staat und Revolution (Werke Bd. 25), S. 482.

409. Ebd. S. 480.

410. Vgl. vor allem das „klassische" Vorwort vom 1.1.1859, in: MEW 13.

411. Vgl. MEW 3, S. 46.

412. Vgl. hierzu die Überlegungen von W. Reich, H. Marcuse, E. Fromm, passim.

413. Damit soll nicht umgekehrt eine einfache Herleitung der Aggression aus der Frustration vertreten werden; die Diskussion um die Entstehung der Aggression soll hier nicht tangiert werden (vgl. jedoch zur Aggression-Frustration-Lehre jetzt die Aufsatzsammlung: Hans-Joachim Kornadt, Hg., Aggression und Frustration als psychologisches Problem, 2 Bde, Darmstadt 1981/82).

414. Zu den Vertretern der Theorie von ursprünglicher, angeborener Aggression zählen: A. Schopenhauer (vgl. ZA I 198; II 414 ff.; VIII, 479); Fr. Nietzsche („Der Wille zur Macht"); K. Lorenz („Das sogenannte Böse") und I. Eibl-Eibesfeldt („Liebe und Haß"); die Herleitung der Aggression aus soziologischen und psychologischen Zuständen nehmen vor: W. Reich („Die Funktion des Orgasmus"), Arno Plack („Die Gesellschaft und das Böse"), H. Marcuse zum Teil („Triebstruktur und Gesellschaft"); eine differenzierte Haltung nehmen ein: Fr. Hacker („Aggression"); E. Fromm („Anatomie der menschlichen Destruktivität") und der (insgesamt kaum beachtete, aber fundierte) J.P. Scott („Aggression", 2. Aufl. Chicago 1975).

415. Frei nach J. Habermas, Mündlicher Vortrag, in: Oelmüller Bd. I (wie Anm. 25, S. 123 ff.

416. W. Oelmüller, in: ders. (Hg.), Bd. I (wie Anm. 25), S. 50.

417. Ebd. S. 67.

418. So H. Kipphardt in dem Drama „In der Sache J.F. Oppenheimer."

419. Als Ausdruck für die Furcht von Fremdem und Fremden hat sich „Xenophobie" eingebürgert; die Furcht vor Neuem nennt C.G. Jung im Unterschied dazu „Misoneismus", — ders., Der Mensch und seine Symbole, Sonderausgabe Hg. v. M.-L. v. Franz, Freiburg/Br. 1979, S. 23.

420. Vgl. J. Lederer, Art. Dissimulation, in: LThK (wie Anm. 73), Bd. 3, Sp. 425.

421. Eine gute Zusammenstellung: E. Fromm, Anatomie der menschlichen Destruktivität (The Anatomy of Human Destructiveness, New York 1973, dt. v. L. u. E. Mickel), Stuttgart 1974, bes. S. 115—158.

422. H. Marcuse, Triebstruktur und Gesellschaft (wie Anm. 406), S. 18.
423. Vgl. ebd. S. 95.
424. Ebd. S. 102.

PERSONENREGISTER *

*Kursiv gesetzte Namen beziehen sich auf die Seiten des Anmerkungsteils

SACHREGISTER*

*Das Sachregister enthält die Begriffe, die nicht direkt durch die Gliederung erschlossen werden können

PARADEIGMATA

Innovative Beiträge zur philosophischen Forschung

Band 1
WILHELM SCHMIDT-BIGGEMANN
Topica Universalis
Eine Modellgeschichte humanistischer und barocker Wissenschaft
1983. XXIV, 328 S. Geb. 86,–

Band 2
CLAUS BALDUS
Partitives und distriktives Setzen
Eine symbolische Konstruktion der apriorischen Synthetik
des Bewußtseins in Fichtes Wissenschaftslehre von 1794/95
1982. VIII, 96 S. Geb. 36,–

Band 3
ALBERT GROTE
Anzahl, Zahl und Menge
Die phänomenologischen Grundlagen der Arithmetik
1983. VII, 140 S. Geb. 44,–

Band 4
JOHN SALLIS
Die Krisis der Vernunft
Metaphysik und Spiel der Einbildungskraft
1983. XIII, 169 S. Geb. 48,–

Band 5
BRUNO BARON VON FREYTAG LÖRINGHOFF
Neues System der Logik
Symbolisch-symmetrische Rekonstruktion
und operative Anwendung des aristotelischen Ansatzes
1985. XVII, 108 S. Geb. 36,–

Band 6
BERND-ULRICH HERGEMÖLLER
Weder — Noch
Traktat über die Sinnfrage
Mit einem Vorwort von Heinz Robert Schlette
1985. XIII, 210 S. Geb. 36,–

Band 7
RAINER HEGSELMANN
Formale Dialektik
Ein Beitrag zu einer Theorie des rationalen Argumentierens
1985. Ca. 208 S. Geb. ca. 68,–

Stand 1.3.1985

FELIX MEINER VERLAG · HAMBURG

Schriften zur
Transzendentalphilosophie
Herausgegeben von K. Hammacher, R. Lauth und G. Funke

Band 1:

Klaus Hammacher (Hrsg.): Der transzendentale Gedanke
Die gegenwärtige Darstellung der Philosophie Fichtes
1981. XVI, 616 S., 8 Taf. Geb. 162,– DM.

Der Band enthält die Referate und Diskussionen einer Tagung, zu der sich 45 Fichte-Forscher aus aller Welt in Österreich zusammenfanden. Er repräsentiert das neue Fichte-Bild der internationalen Forschung der letzten 30 Jahre.

Band 2:

Reinhard Lauth: Die Konstitution der Zeit im Bewußtsein
1981. VIII, 129 S. Geb. 36,– DM.

„In besonderem Maße ist uns die Zeit ein Rätsel, das uns bohrende Fragen aufgibt. Nun jedoch vollbringt Lauth das schwierige Unternehmen, das Mysterium der Zeit der Reflexion zu unterwerfen ohne sie zu zerstören... Die Originalität Lauths... zeigt sich in der präzisen, algebraischen Analyse des **reinen** Phänomens der Zeit." X. Tilliette

Band 3:

Wolfgang Schüler: Grundlegungen der Mathematik in transzendentaler Kritik
Frege und Hilbert
1983. XV, 192 S., Geb. 78,– DM.

Schüler erörtert die Grundlagenkrise der Mathematik, die durch die Aufdeckung der logischen Antinomien in den mengentheoretischen Grundlegungsversuchen entstand, aus transzendentalphilosophischer Sicht und gibt eine auch dem mathematisch weniger Bewanderten verständliche Nachzeichnung der Problematik.

Band 4:

Marek J. Siemek: Die Idee des Transzendentalismus bei Fichte und Kant
1984. VIII, 216 S., Geb. 42,– DM.

Mit seiner Unterscheidung einer „epistemischen" Diskussionsebene bis Kant und der „epistemologischen" Ebene, auf der die grundsätzliche Relation zwischen Sein und Wissen erkannt ist, behandelt S. ein im Brennpunkt der modernen Diskussion stehendes Problem.

Band 5:

Klaus-M. Kodalle (Hrsg.): Karl Christian Friedrich Krause (1781-1832)
Studien zu seiner Philosophie und zum Krausismo
1985. VIII, 295 S., Geb. 78,– DM.

Krauses System eines „Panentheismus" wurde besonders im spanisch-sprachigen Kulturbereich, den kein anderer deutscher Philosoph ähnlich stark beeinflußte, wirksam. Dabei blieb der „Krausismo" auch in kultureller, pädagogischer und politischer Hinsicht prägend. Dieser Band erschließt Krauses Rechts- und Sozialphilosophie sowohl im Vergleich mit seinen Zeitgenossen Fichte, Hegel und Schelling als auch in aktueller Hinsicht.

Band 6:

Reinhard Lauth: Die transzendentale Naturlehre Fichtes
nach den Prinzipien der Wissenschaftslehre
1984. XVIII, 191 S., Geb. 68,– DM.

Die vorliegende Arbeit stellt erstmals Fichtes Naturlehre in ihrem systematisch rigorosen Aufbau vor und zeigt ihre epistemologischen und erkenntniskritischen Ansätze.

Stand: 1.3.1985

FELIX MEINER VERLAG · HAMBURG